Vocal music is always the best!

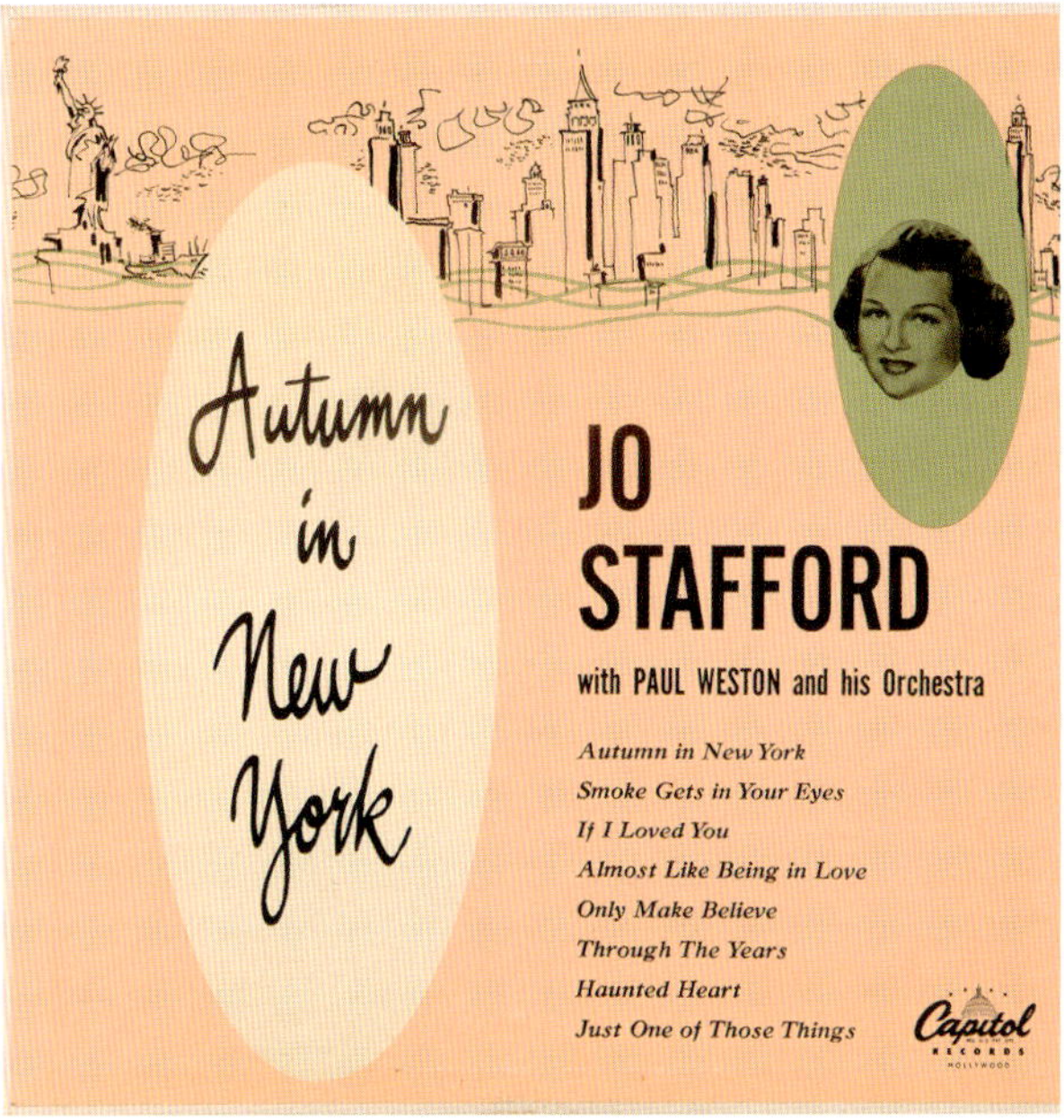

Jo Stafford『Autumn In New York』(10inch)
CAPITOL　M197〈p14〉

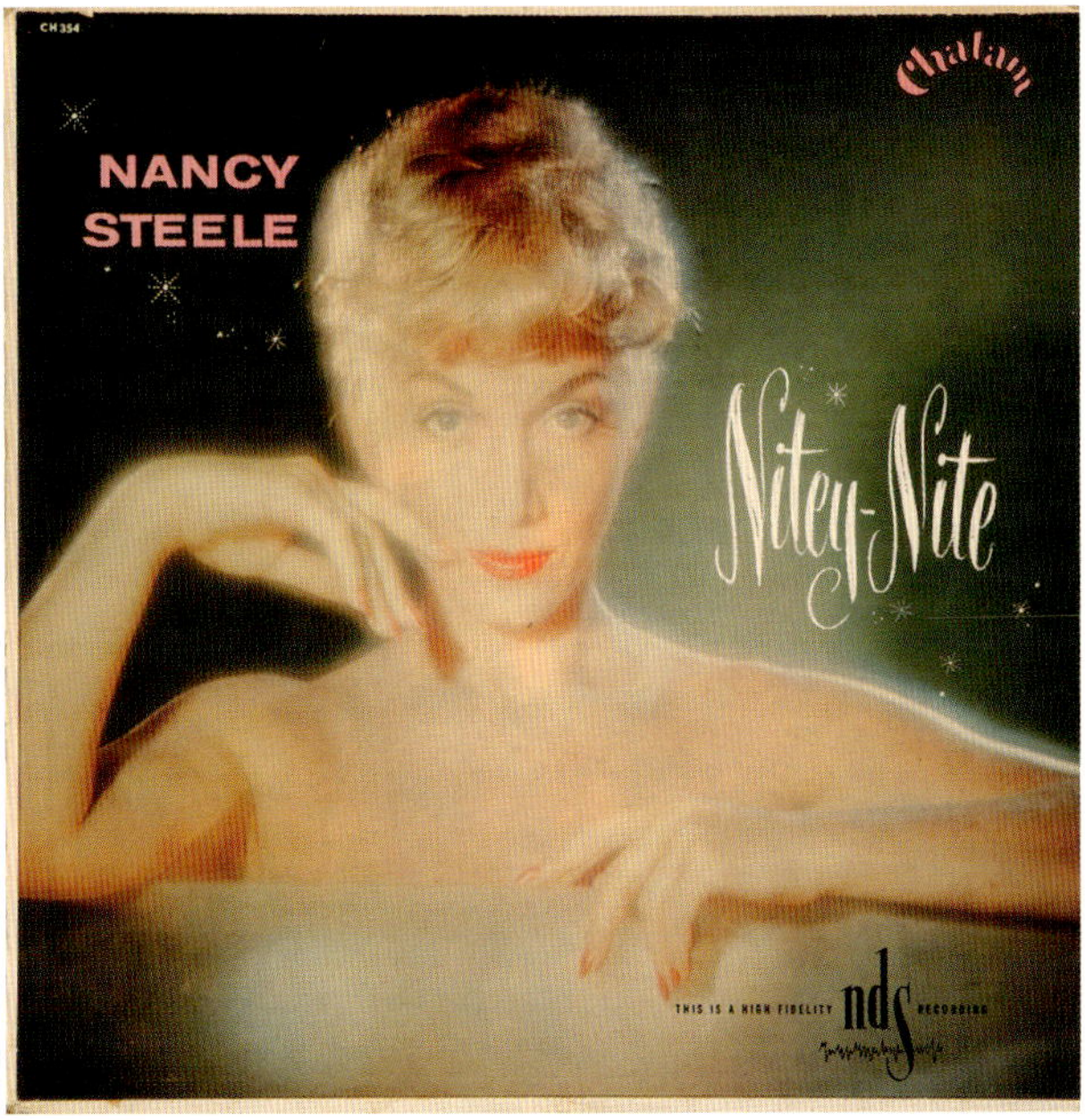

Nancy Steele『Nitey Nite』
CHATAM　CH354〈p19〉

※掲載されているレコードジャケットはすべて著者所有のものを撮影したため、一部経年劣化などによりジャケットがかすれているものもあります。ご了承ください。
※各レコードのデータの最後の〈　〉内の数字は掲載ページを示しています。

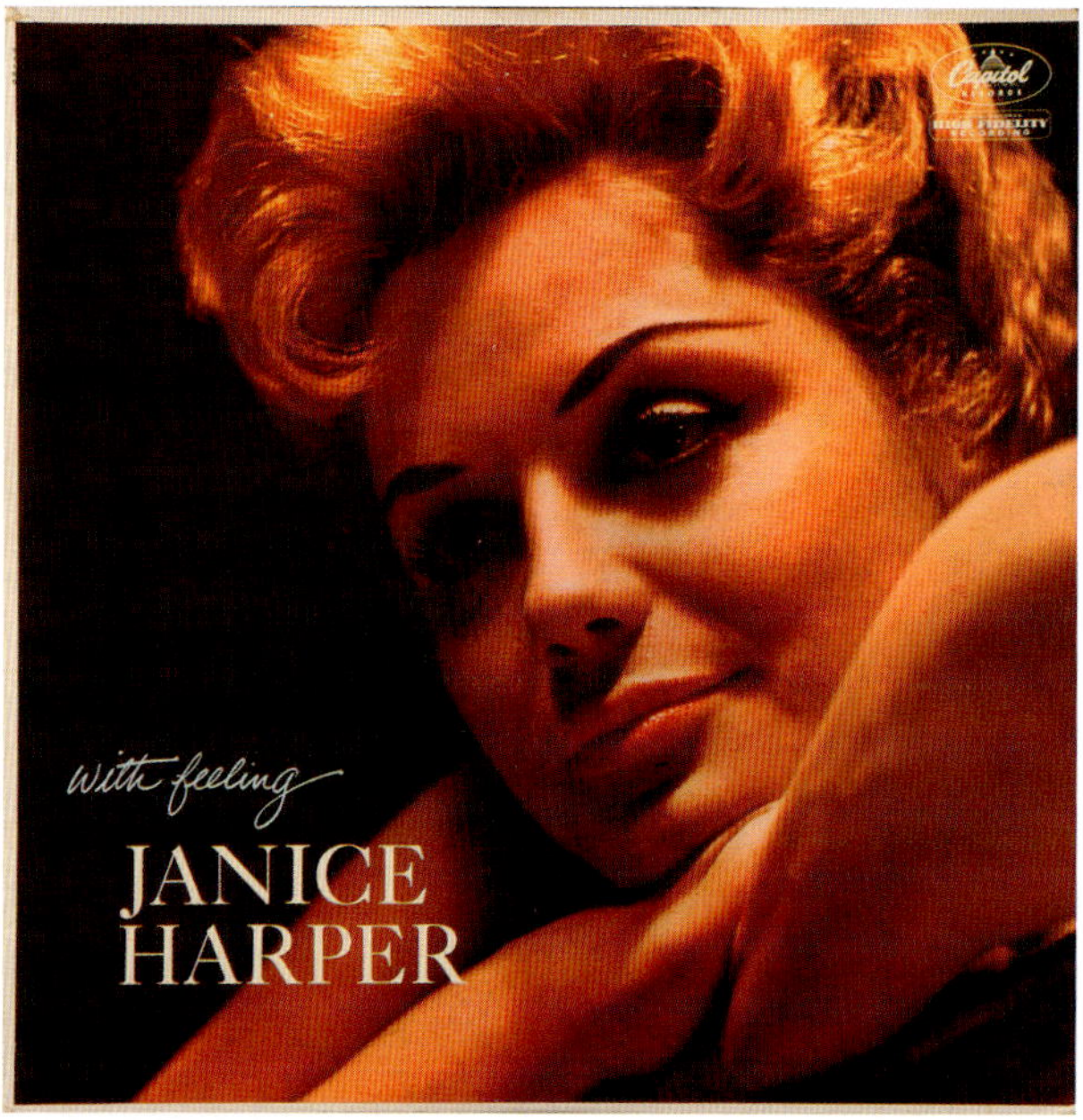

Janice Harper『With Feeling』
CAPITOL　TI195〈p20〉

Betty Bennett『Nobody Else But Me』
ATLANTIC　1226〈p21〉

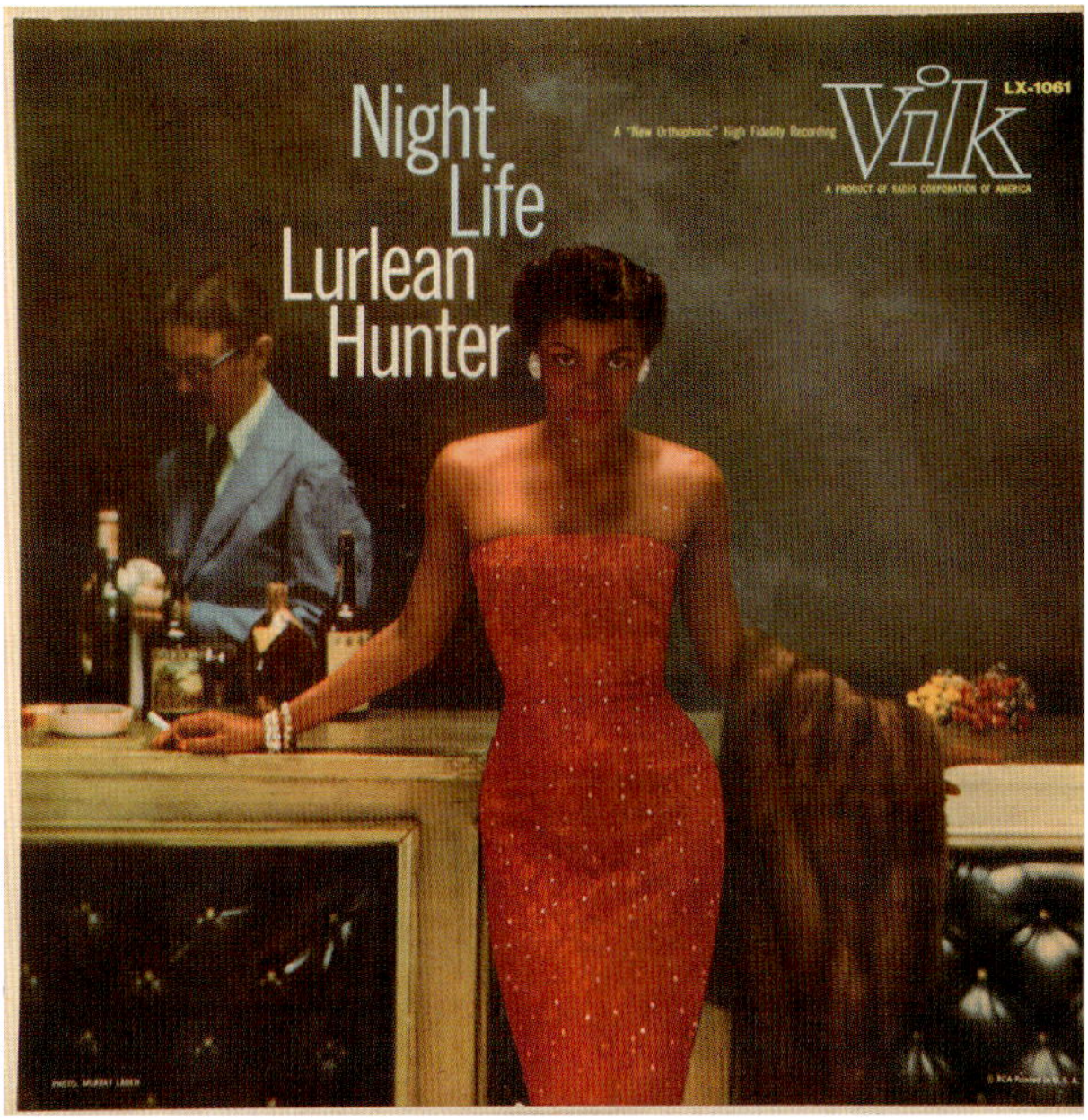

Lurlean Hunter『Night Life』
VIK　LX1061〈p24〉

Erin O'Brien『Songs From The Heart Of Erin O'Brien』
CORAL　SCRL57194〈p25〉

Beverly Kenney『Born To Be Blue』
DECCA　DL8850〈p26〉

Anita O'Day『Pick Yourself Up』
VERVE　MGV2043〈p31〉

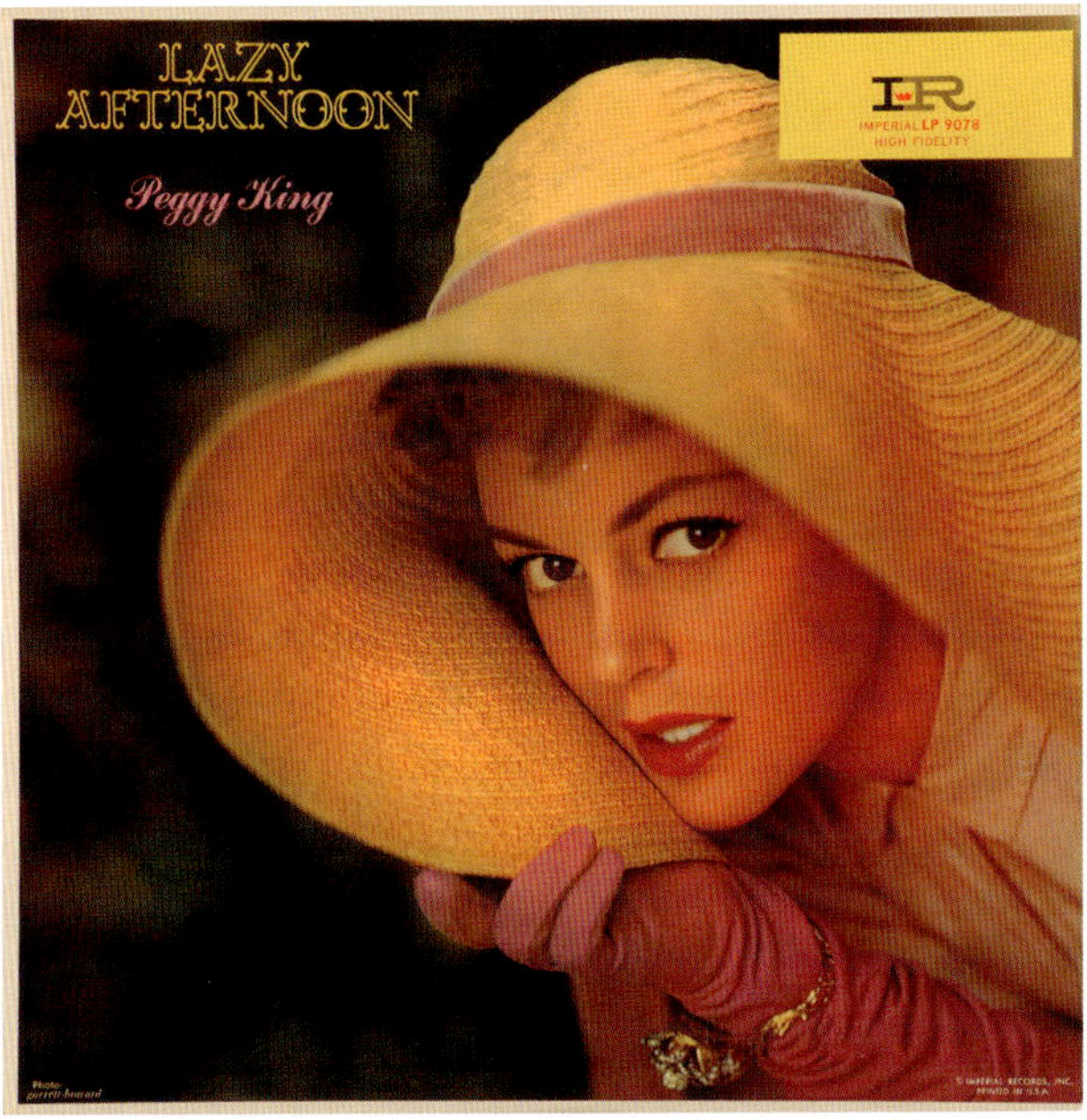

Peggy King『Lazy Afternoon』
IMPERIAL　LP9078〈p33〉

Barbara Lea『Barbara Lea With The Johnny Windhurst Quintets』
PRESTIGE　7065〈p91〉

Donna Brooks『I'll Take Romance』
DAWN　DLP1105〈p154〉

Charlene Bartley『The Weekend Of A Private Secretary』
RCA VICTOR　LPM1478〈p122〉

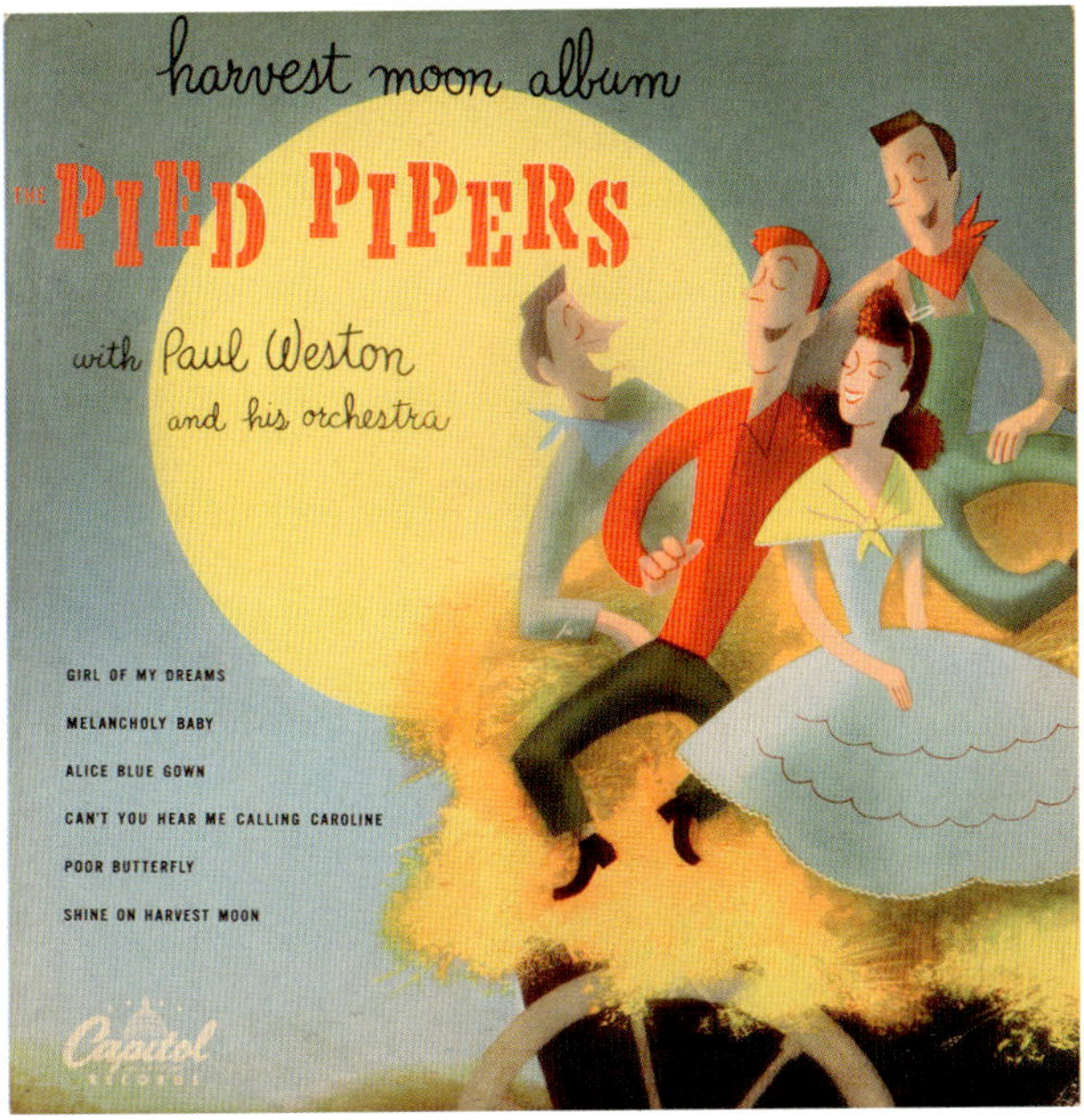

The Pied Pipers『Harvest Moon Album』(10inch)
CAPITOL　H212〈p77〉

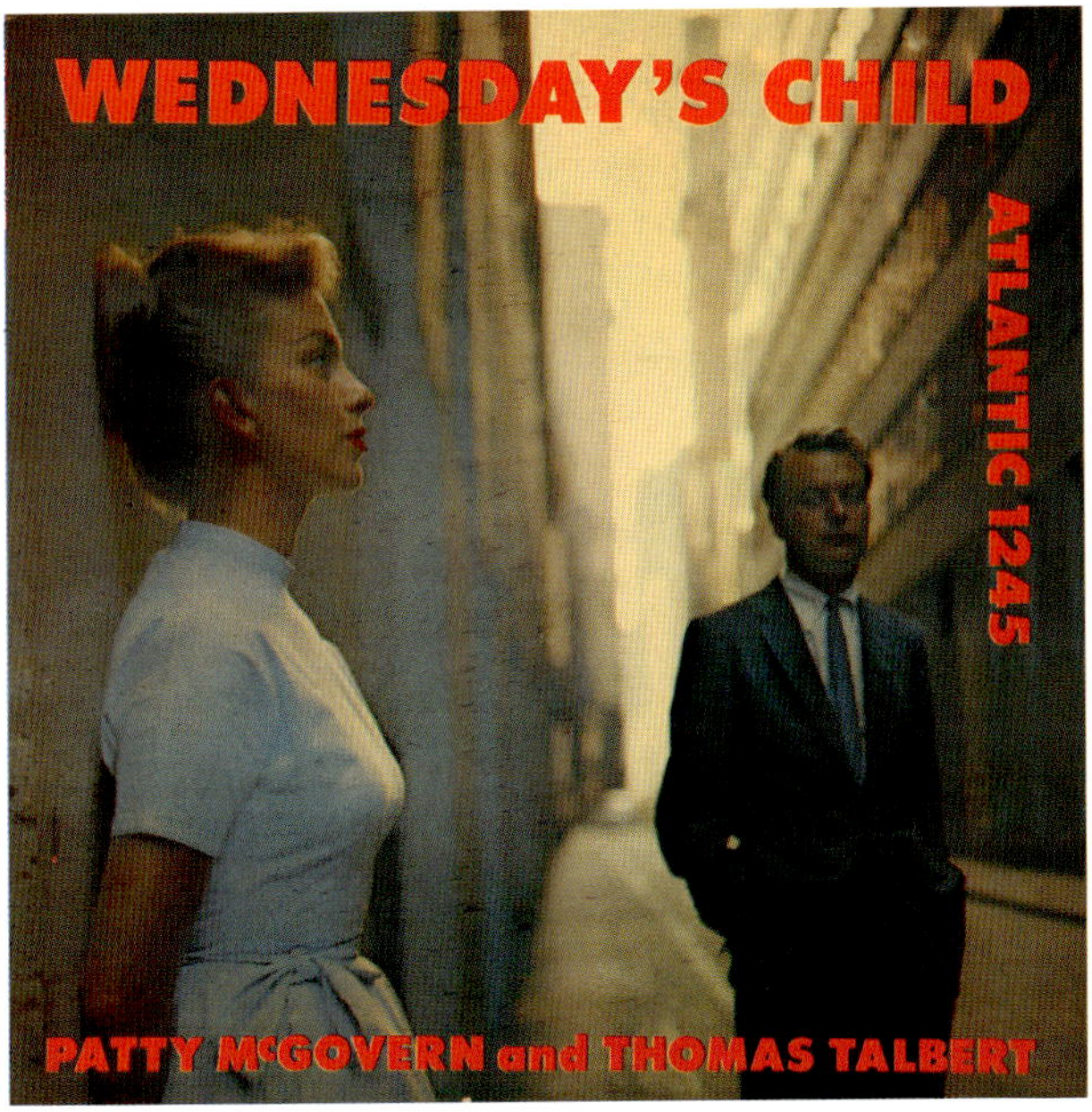

Patty McGovern『Wednesday's Child』
ATLANTIC　1245〈p52〉

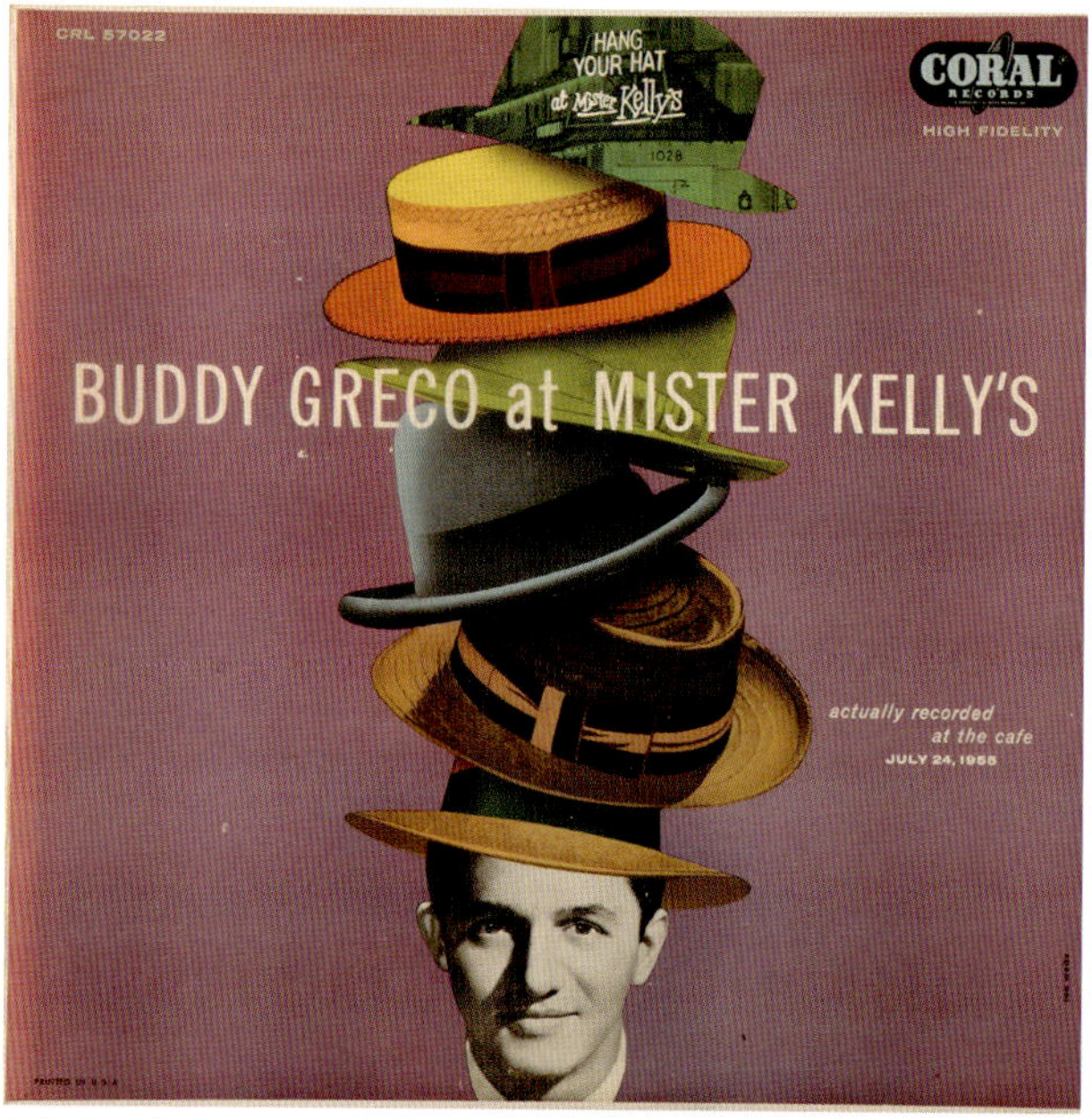

Buddy Greco『At Mister Kelly's』
CORAL　CRL57022〈p163〉

Judy Garland『Judy Garland Sings』(10inch)
MGM　E82〈p82〉

Joyce Carr『Make The Man Love Me』
SEECO　CELP440〈p220〉

Dean Martin『A Winter Romance』
CAPITOL　T-1285〈p112〉

The Mello-Larks And Jamie 『The Mello-Larks And Jamie』(10inch)
EPIC　LN1106〈p189〉

Helen Merrill 『Dream Of You』
EMARCY　MG36078〈p160〉

Darlene『Come On Over』
EPIC　LN3465〈p208〉

Sarah Vaughan『The Divine Sarah』(10inch)
MERCURY　MG25188〈p156〉

Patti Page『And I Thought About You』(10inch)
MERCURY　MG25209〈p193〉

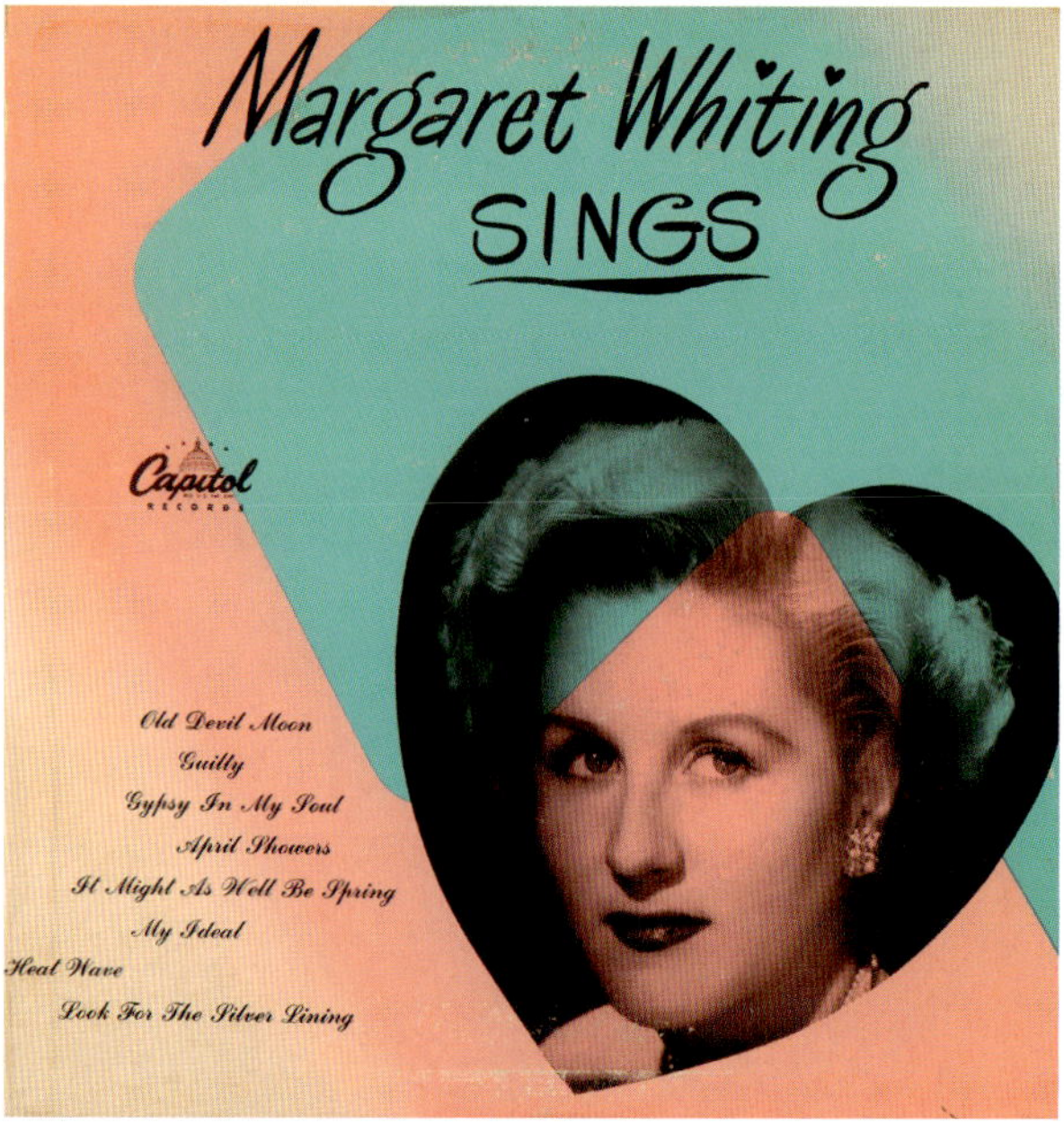

Margaret Whiting『Margaret Whiting Sings』(10inch)
CAPITOL　H234〈p127〉

Doris Day『Lullaby Of Broadway』(10inch)
COLUMBIA　CL6168〈p128〉

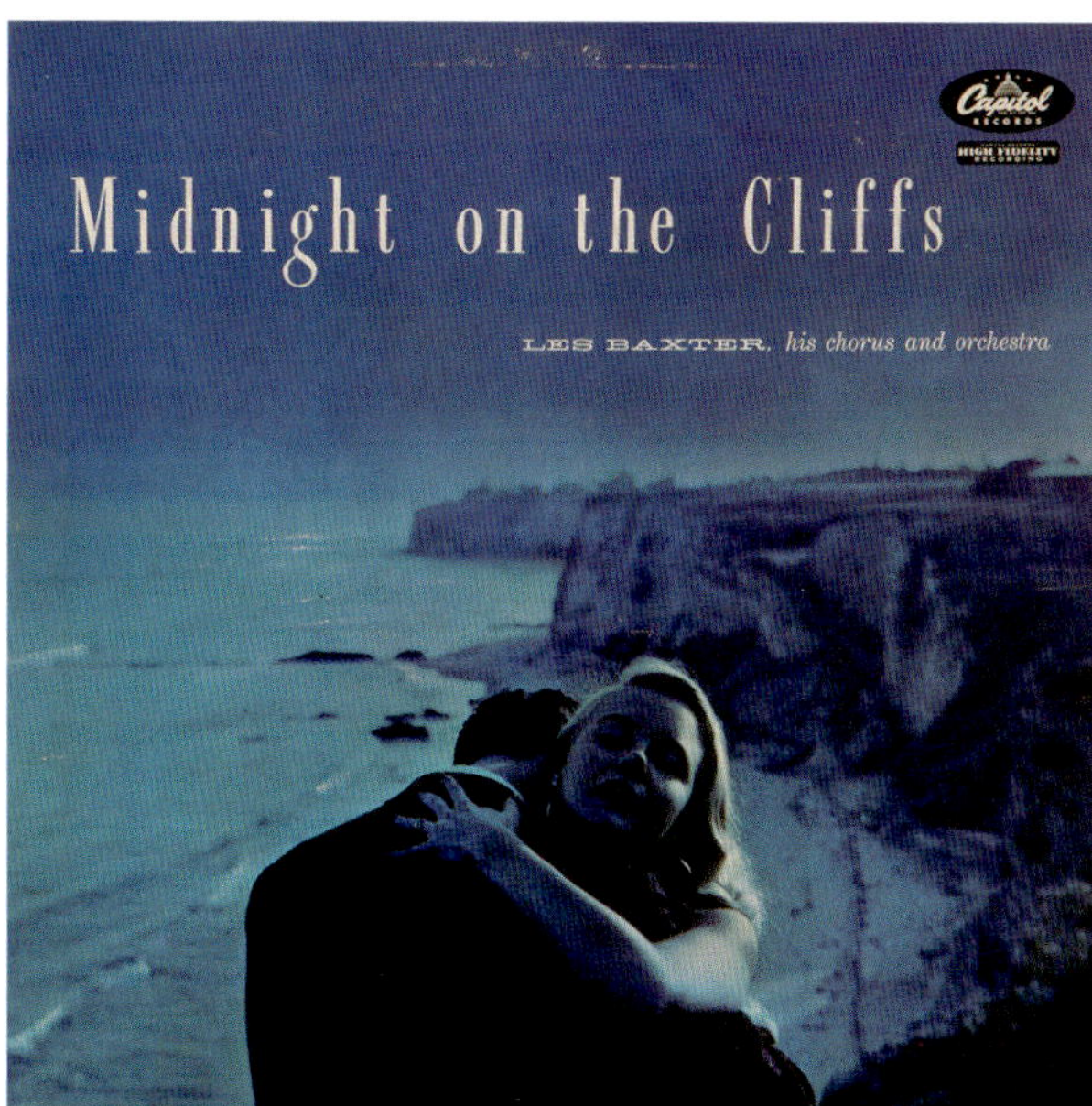

Les Baxter (Sue Allen)『Midnight On The Cliffs』
CAPITOL　T843〈p132〉

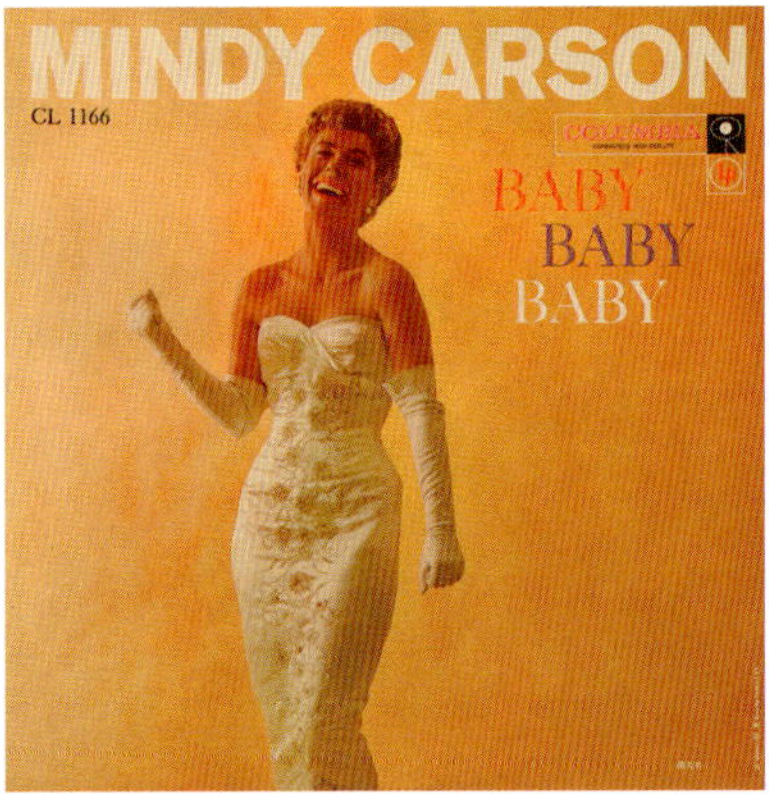

Mindy Carson『Baby, Baby, Baby』
COLUMBIA　CL1166〈p37〉

Ann-Margret『Bachelor's Paradise』
RCA VICTOR　LPM2659〈p16〉

Jaye P. Morgan『Jaye P. Morgan』
RCA VICTOR　LPM1155〈p95〉

Cathy Hayes『It's All Right With Me』
HIFI RECORDS　R416〈p18〉

Ella Fitzgerald『Sings The Rodgers And Hart Song Book』
VERVE　MGV4002-2〈p226〉

Teddi King『Now In Vogue』
STORYVILLE　LP903〈p152〉

Vikki Carr『Anatomy Of Love』
LIVERTY　LRP3420〈p114〉

Chris Connor『He Loves Me, He Loves Me Not』
ATLANTIC　1240〈p142〉

Joni James『Little Girl Blue』(10inch)
MGM　E272〈p179〉

Joy Bryan『Make The Man Love Me』
CONTEMPORARY　M3604〈p138〉

The Pat Moran Quartet『While At Birdland』
BETHLEHEM　BCP6018〈p187〉

Billie Holiday『Solitude』
VERVE　MGV8074〈p215〉

Helen Carr 『Down In The Depths Of The 90th Floor』(10inch)
BETHLEHEM　BCP1027〈p202〉

Frank Sinatra 『Frankie』
COLUMBIA　CL606〈p184〉

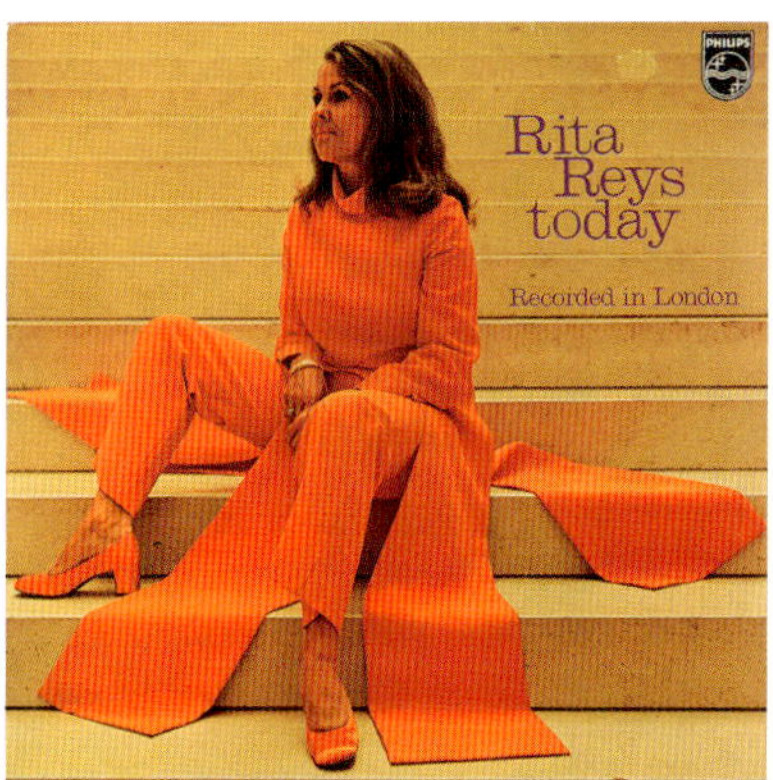

Rita Reys 『Rita Reys Today』
PHILIPS　849 013PY〈p206〉

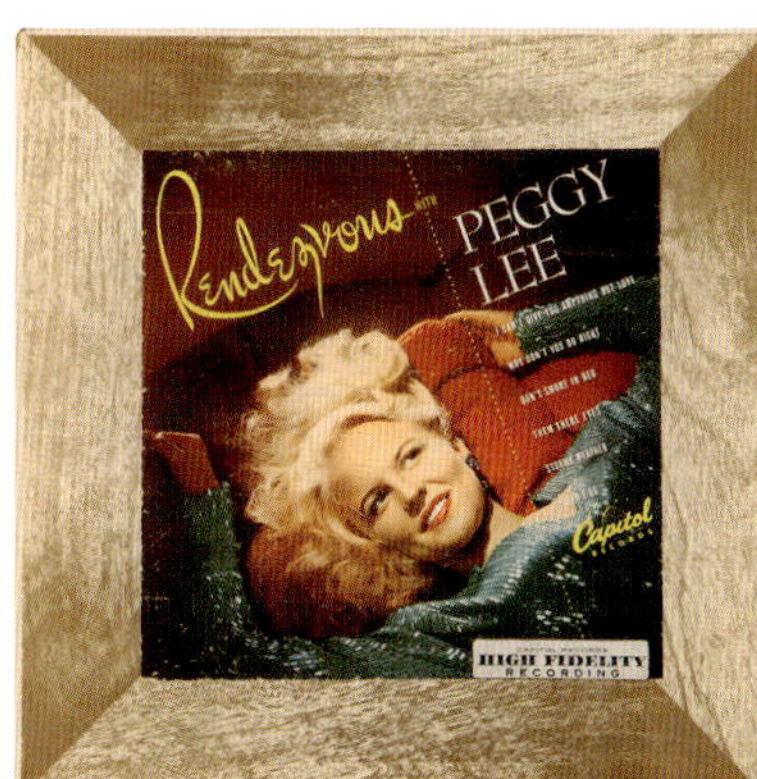

Peggy Lee 『Rendezvous With Peggy Lee』(10inch)
CAPITOL　H151〈p134〉

Barbara Russell『Swing With Me』
UNITED ARTISTS　UA6088〈p29〉

Lola Albright『Dreamsville』
COLUMBIA　CL1327〈p17〉

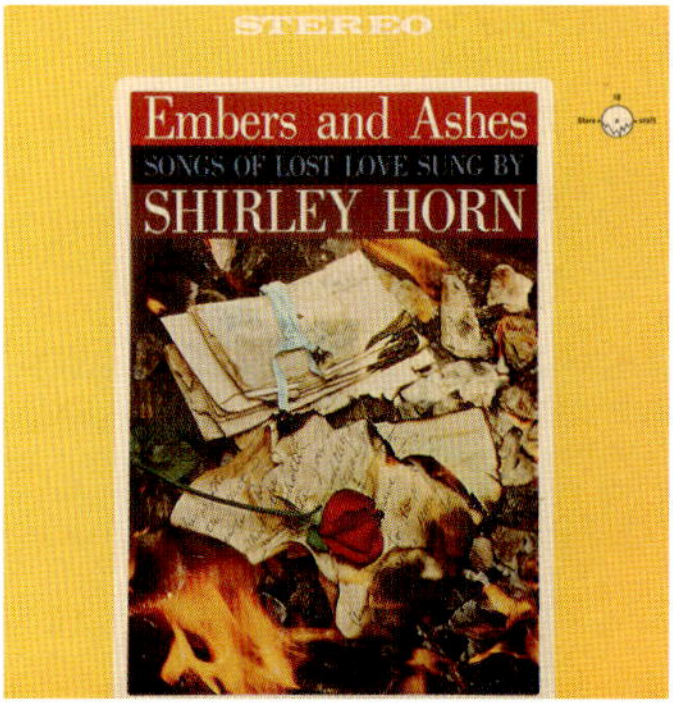

Shirley Horn『Embers And Ashes』
TERE-O CRAFT　SST16〈p35〉

Julie London『Calendar Girl』
LIVERTY　SL9002〈p22〉

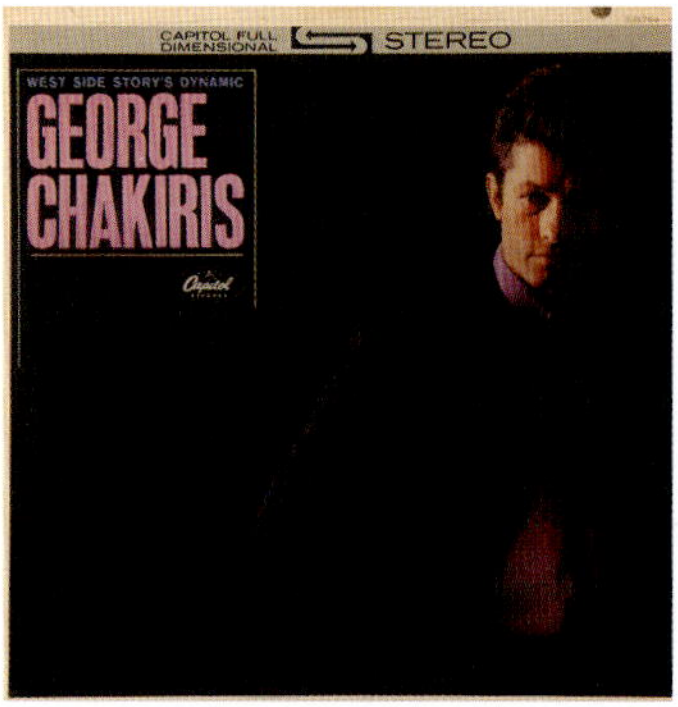

George Chakiris『West Side Story's Dynamic』
CAPITOL　T1750〈p39〉

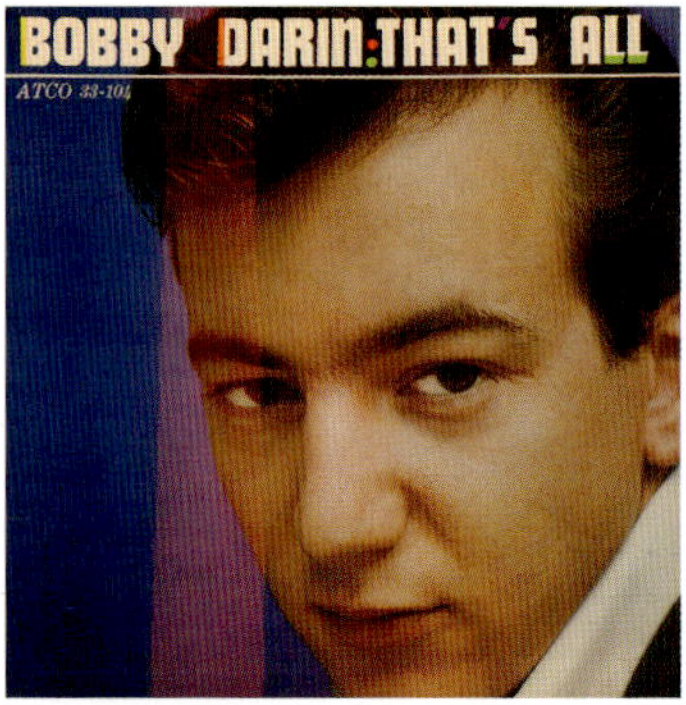

Bobby Darin『That's All』
ATCO　33-104〈p27〉

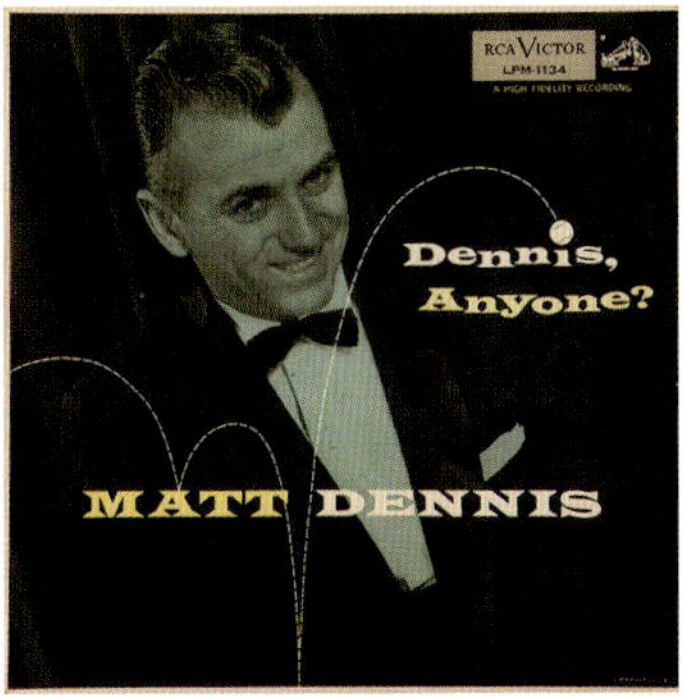

Matt Dennis『Dennis, Anyone?』
RCA VICTOR　LPM1134〈p46〉

Marilyn Monroe『Marilyn』
20th CENTURY FOX　FXG 5000〈p41〉

Matt Monro『Invitation To Broadway』
CAPITOL　ST2683〈p48〉

Mitzi Gaynor『Mitzi』
VERVE　MGV2110〈p43〉

Morgana King『With A Taste Of Honey』
MAINSTREAM　56015〈p50〉

Matt Dennis『She Dances Overhead』
RCA VICTOR　LPM1065〈p45〉

Ruth Price『My Name Is Ruth Price ... I Sing!』
KAPP　KL1006〈p60〉

Lurlean Hunter『Lonesome Gal』
RCA VICTOR　LPM1151〈p54〉

Ruth Price『Ruth Price With Shelly Manne & His Men At The Manne Hole』CONTEMPORARY　S7590〈p61〉

Donna Hightower『Take One!』
CAPITOL　T1133〈p56〉

Nat "King" Cole『To Whom It May Concern』
CAPITOL　W1190〈p63〉

Gloria Lynne『Try A Little Tenderness』
EVEREST　LPBR5090〈p58〉

Lee Wiley『Night In Manhattan』(10inch)
COLUMBIA　CL6169〈p71〉

Joe Mooney『The Happiness Of Joe Mooney』
COLUMBIA　CL2345〈p65〉

Lee Wiley『West Of The Moon』
RCA VICTOR　LPM1408〈p72〉

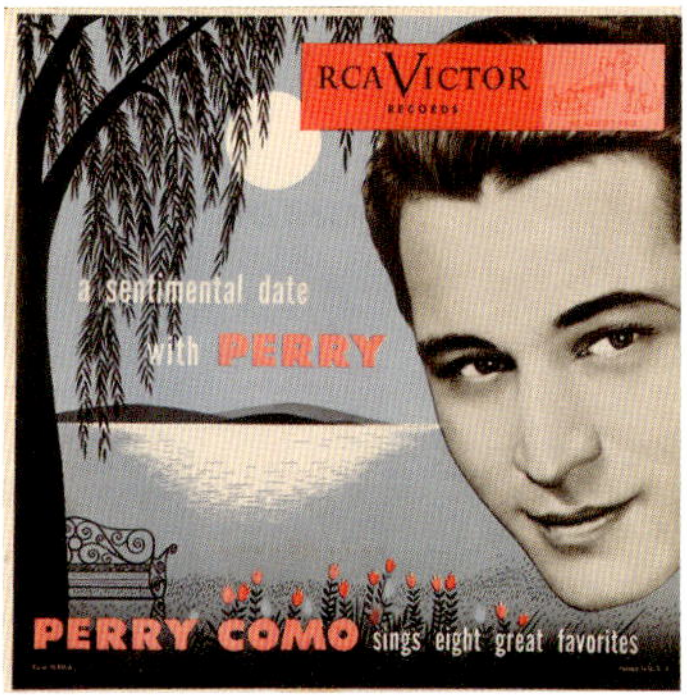

Perry Como『A Sentimental Date With Perry Como』(10inch)
RCA VICTOR　LPM3035〈p67〉

Dinah Washington『Dinah Washington』(10inch)
MERCURY　MG25060〈p74〉

Sylvia Syms『Love Lady』
STANYAN　SR10001〈p69〉

Jo Stafford 『Starring Jo Stafford』(10inch)
CAPITOL　H435〈p80〉

Dinah Washington 『In The Land Of Hi-Fi』
MERCURY　MG36073〈p75〉

Lizabeth Scott 『Lizabeth』
VIK　LX1130〈p84〉

Dinah Washington 『What A Difference A Day Makes!』
MERCURY　SR60158〈p76〉

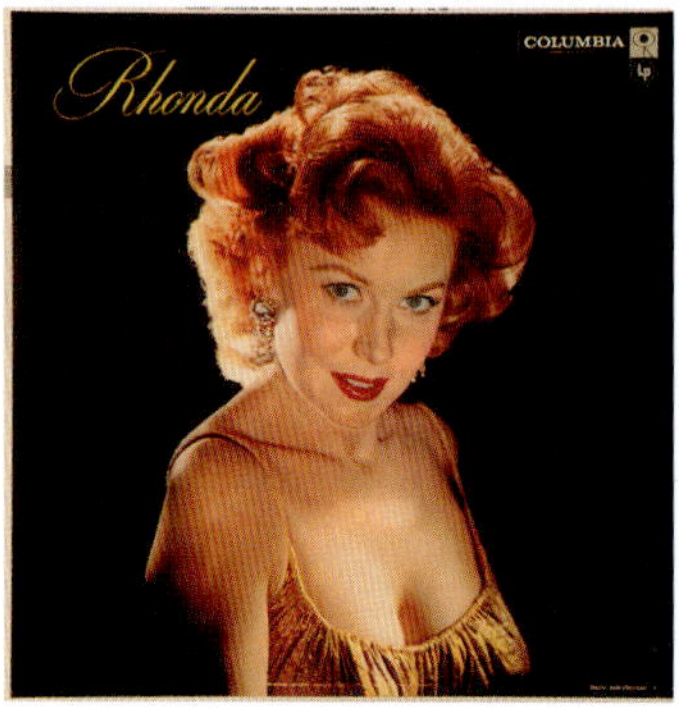

Rhonda Fleming 『Rhonda』
COLUMBIA　CL1080〈p86〉

Jo Stafford 『As You Desire Me』(10inch)
COLUMBIA　CL6210〈p79〉

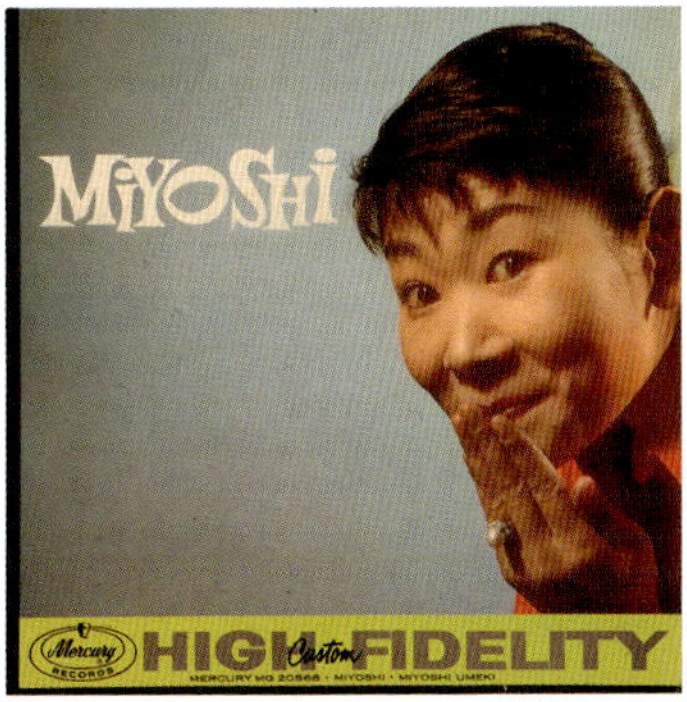

Miyoshi Umeki（ナンシー梅木）『Miyoshi』
MERCURY　MG20658〈p97〉

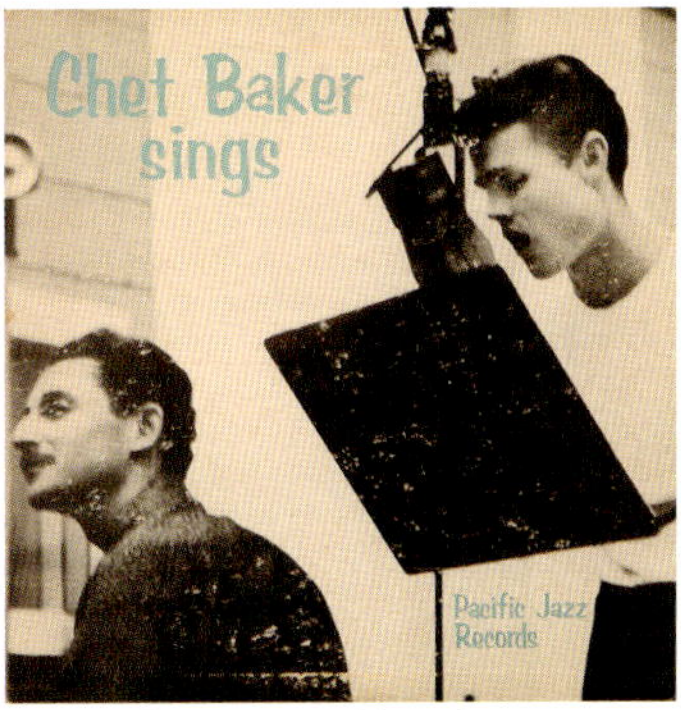

Chet Baker『Chet Baker Sings』（10inch）
Pacific-Jazz　PJLP11〈p88〉

James Shigeta（ジェームズ繁田）『We Speak The Same Language』
CHOREO　A7〈p99〉

Chet Baker『Chet Baker Sings And Plays From The Film "Let's Get Lost"』RCA-BMG-NOVSU　3054-1-N〈p89〉

Pat Suzuki（パット鈴木）『The Many Sides Of Pat Suzuki』
RCA VICTOR　LPM2005〈p101〉

Helen Humes『Songs I Like To Sing!』
CONTEMPORARY　M3582〈p93〉

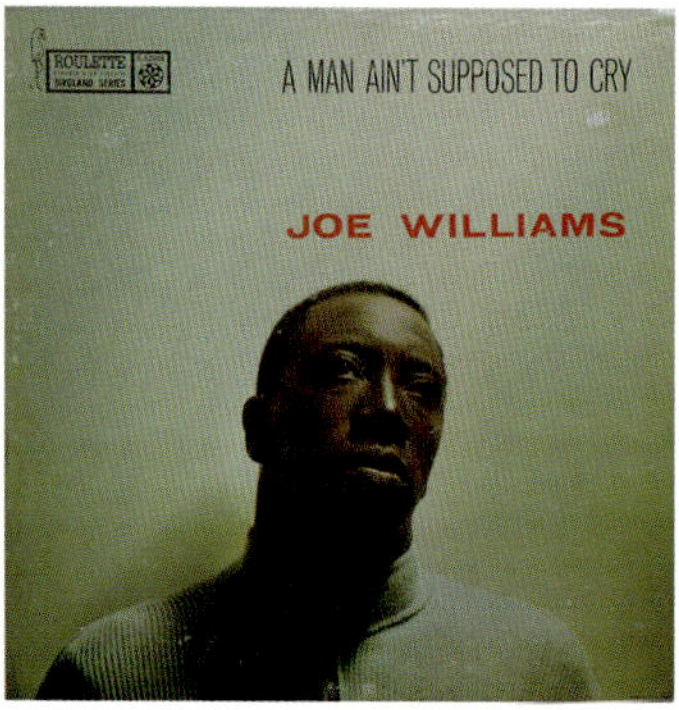

Joe Williams『A Man Ain't Supposed To Cry』
ROULETTE　R52005〈p109〉

Meredith D'Ambrosio『Another Time』
SHIAH　SR109〈p103〉

Count Basie / Joe Williams『The Greatest!! - Count Basie Plays Joe Williams Sings Standards』VERVE　MGV2016〈p110〉

Claire Martin『Old Boyfriends』
LINN RECORDS　AKH028〈p105〉

Gale Robbins『I'm A Dreamer』
VIK　LX1126〈p116〉

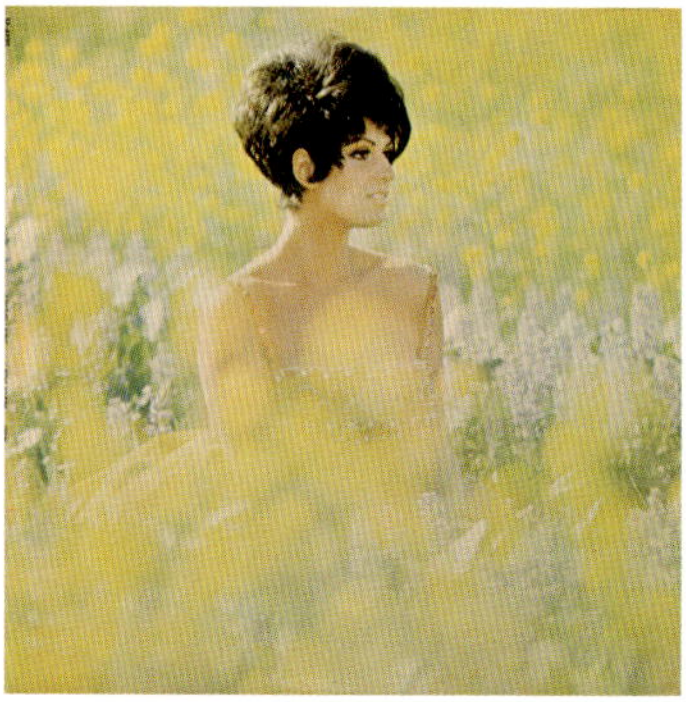

Lainie Kazan『Love Is Lainie』
MGM　SE4496〈p230〉

Gogi Grant『Torch Time』
RCA VICTOR　LPM1940〈p125〉

Dinah Shore『Somebody Loves Me』
CAPITOL　T1296〈p118〉

Jackie Paris『That Paris Mood』(10inch)
CORAL　56118〈p128〉

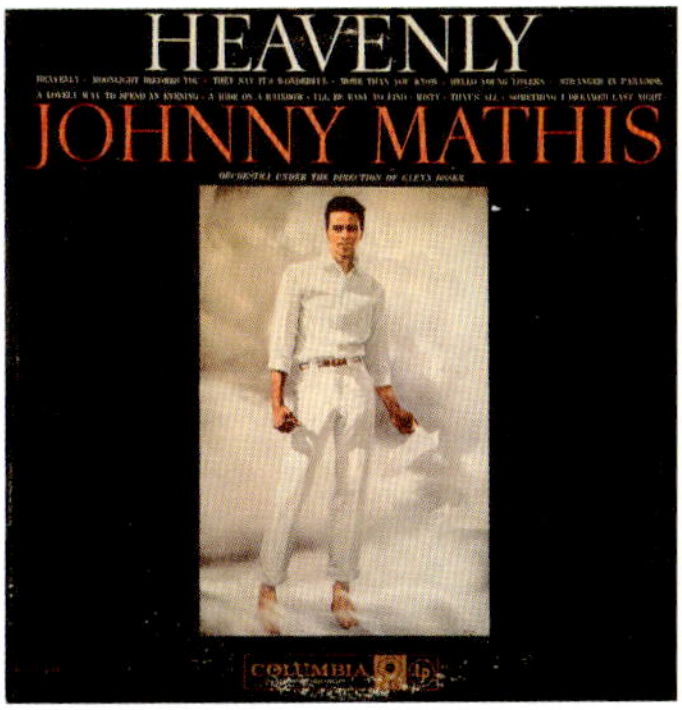

Johnny Mathis『Heavenly』
COLUMBIA　CL1351〈p120〉

Nat King Cole『Looking Back』
CAPITOL　T2361〈p129〉

Abbe Lane『The Lady In Red』
RCA VICTOR　LSP1688〈p228〉

Charlie Parker (Sarah Vaughan)『Bird Lives』
CONTINENTAL　CLP16004〈p132〉

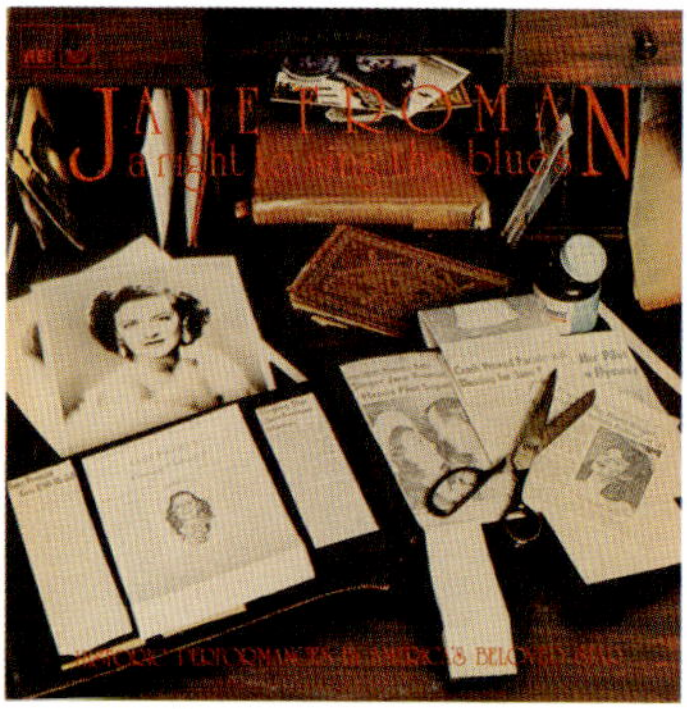

Jane Froman『A Right To Sing The Blues』
AEI　2105〈p130〉

Peggy Lee『The Man I Love』
CAPITOL　T864〈p135〉

Jerry Vale『As Long As She Needs Me』
HARMONY　HS 11298〈p130〉

Peggy Lee『Latin Ala Lee!』
CAPITOL　T1290〈p136〉

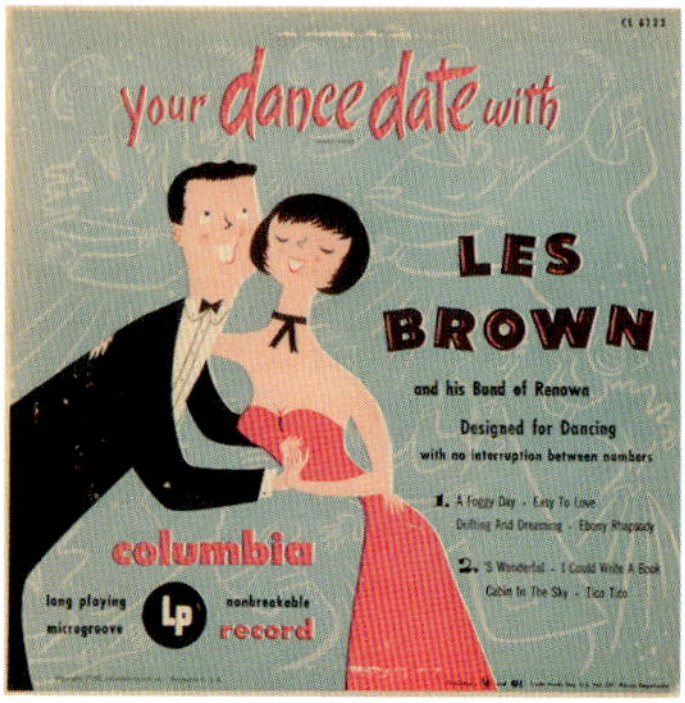

Les Brown (Lucy Ann Polk)『Your Dance Date With Les Brown』
(10inch) COLUMBIA　CL6123〈p131〉

Kenny Rankin 『The Kenny Rankin Album』
LITTLE DAVID/WARNER　P10378L〈p148〉

Ruth Brown 『Late Date With Ruth Brown』
ATLANTIC　1308〈p140〉

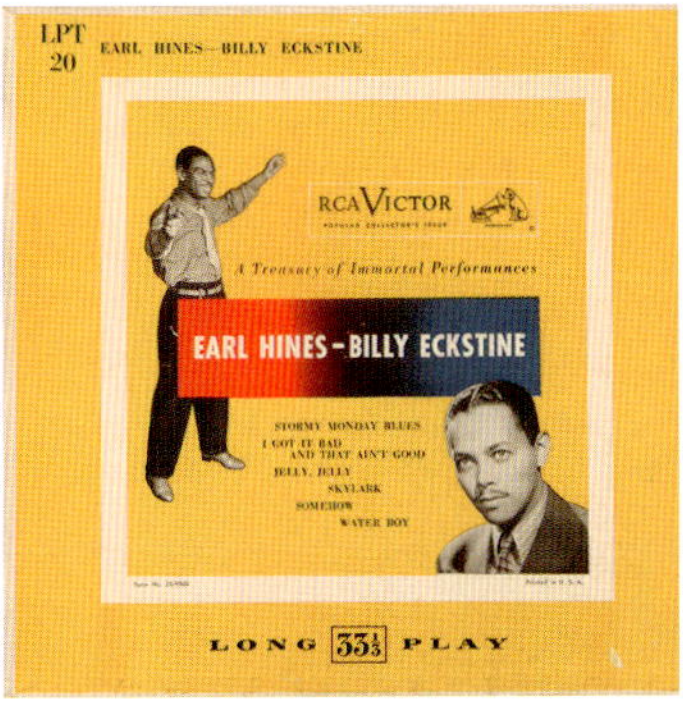

Earl - Eckstine 『Earl Hines - Billy Eckstine』(10inch)
RCA VICTOR　LPT20〈p149〉

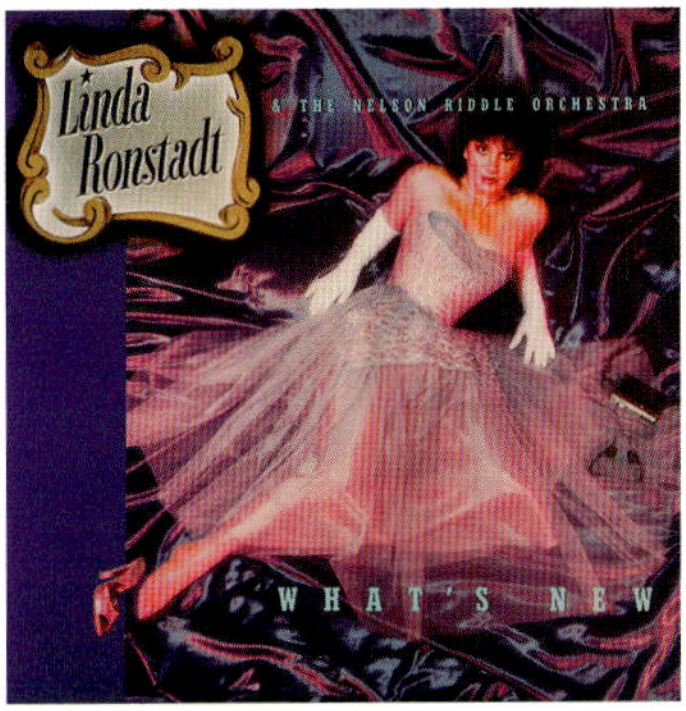

Linda Ronstadt 『What's New』
ASYLUM/WARNER　P11408〈p144〉

Bert Keyes 『That Old Feeling』
MGM　E3581〈p210〉

Nilsson 『A Little Touch Of Schmilsson In The Night』
RCA　RCA6157〈p146〉

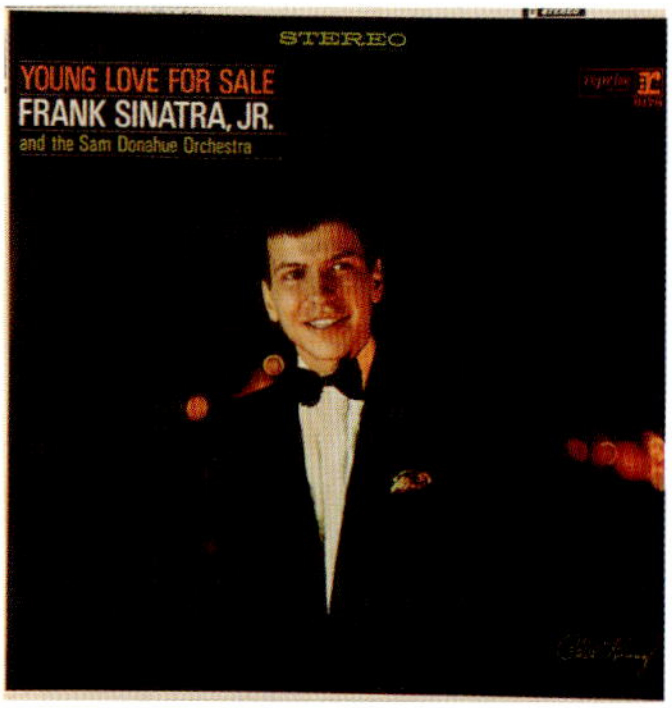

Frank Sinatra, Jr. 『Young Love For Sale』
REPRISE　RS6178〈p166〉

Eden Atwood 『This Is Always - The Ballad Session』
（45rpm/double LP） Groove Note　GRV1022-1〈p158〉

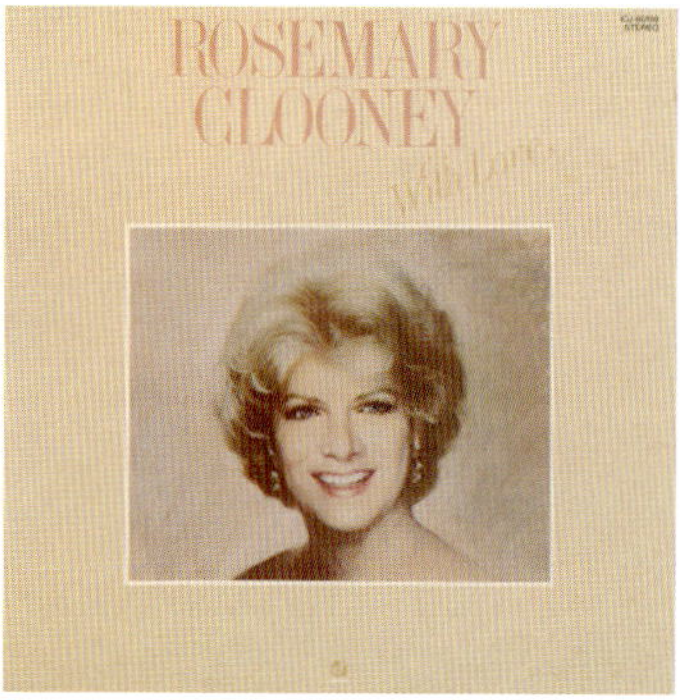

Rosemary Clooney 『With Love』
CONCORD　ICJ80198〈p168〉

Helen Merrill 『With Strings』
EMARCY　MG36057〈p161〉

Rosemary Clooney And Harry James 『Hollywood's Best』
（10inch） COLUMBIA　CL6224〈p169〉

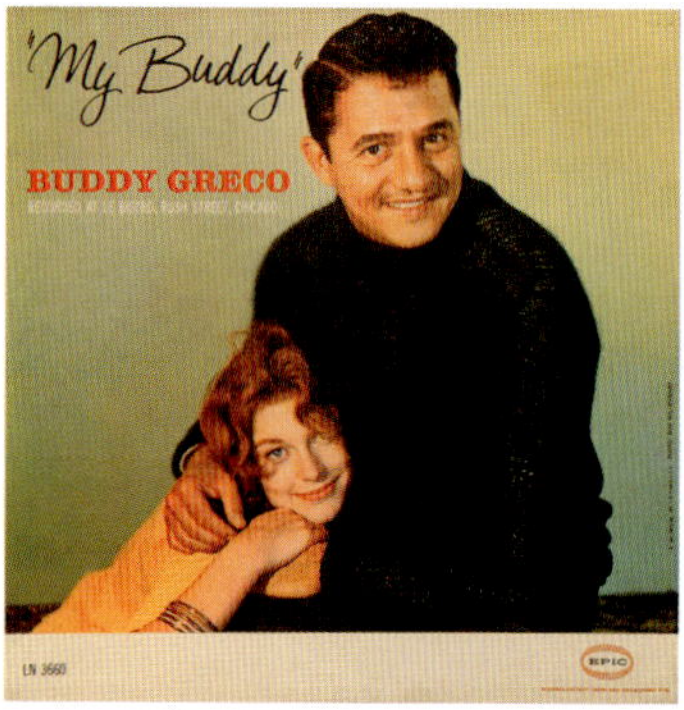

Buddy Greco 『My Buddy』
EPIC　LN3660〈p164〉

Carmen McRae『Book Of Ballads』
KAPP　KL1117〈p176〉

Carol Lawrence『This Heart Of Mine』
CHOREO　SA A2〈p171〉

Carmen McRae『Sings Lover Man And Other Billie Holiday Classics』COLUMBIA　CS58530〈p177〉

Tony Bennett『The Movie Song Album』
COLUMBIA　CL2472〈p173〉

Barbra Streisand『The Broadway Album』
COLUMBIA　OC40092〈p181〉

Tony Bennett『Long Ago And Far Away』
COLUMBIA　CL1186〈p174〉

The Signatures『Their Voices And Instruments』
WHIPPET　WLP702〈p191〉

Barbra Streisand『Classical Barbra』
CBS-SONY　25AP7〈p182〉

Patti Page『Say Wonderful Things』
COLUMBIA　CL2049〈p194〉

Frank Sinatra『Songs For Swingin' Lovers!』
CAPITOL　W653〈p185〉

Pia Angeli『Italia』
PHILIPS　SLP9041〈p196〉

Blossom Dearie『My Gentleman Friend』
VERVE　MGV2125〈p217〉

Johnny Mercer『Accentuate The Positive』
CAPITOL　T907〈p222〉

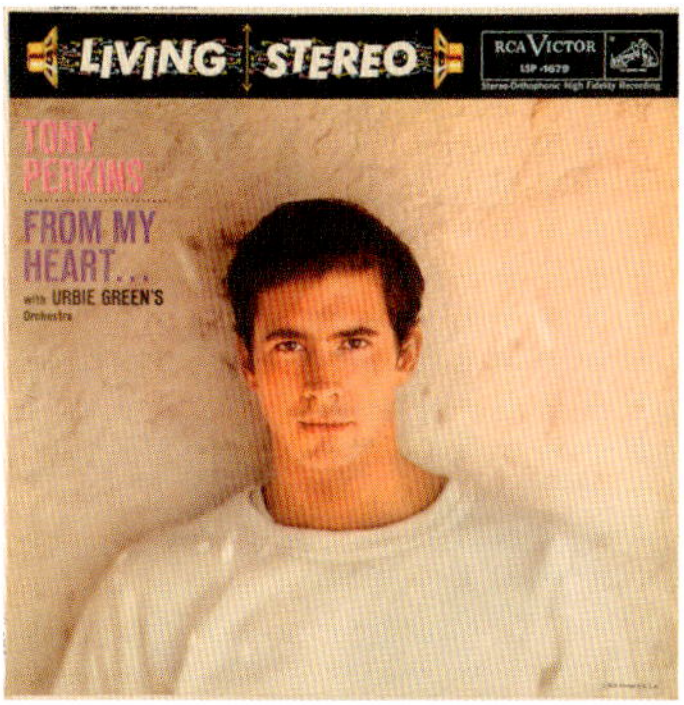

Anthon(Tony) Perkins『From My Heart』
RCA VICTOR　LSP1679〈p198〉

Cleo Laine『Meet Cleo』
MGM　E3593〈p224〉

Anthon(Tony) Perkins『On A Rainy Afternoon』
RCA VICTOR　LSP1863〈p199〉

Rita Reys『The Cool Voice Of Rita Reys』
COLUMBIA　CL903〈p205〉

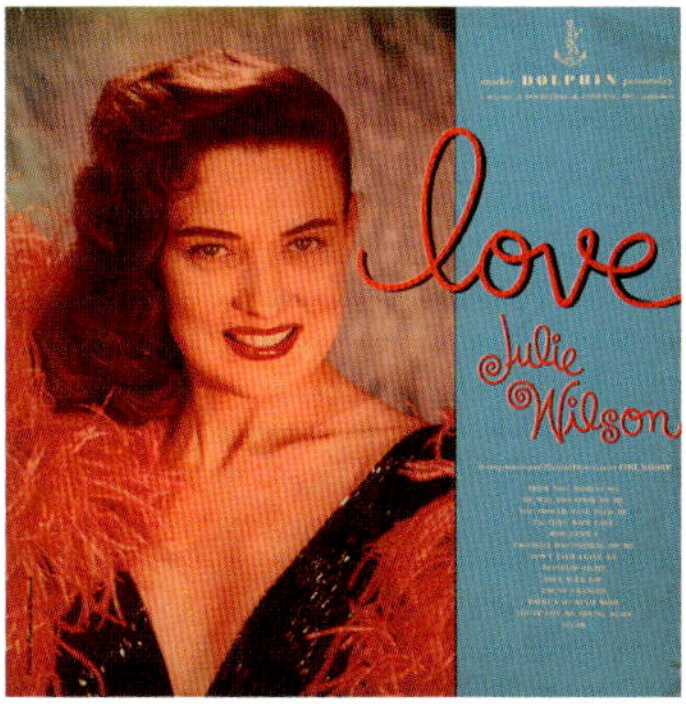

Julie Wilson『Love』
DOLPHIN　DOLPHIN6〈p200〉

Blossom Dearie 『May I Come In?』
CAPITOL　T2086 〈p218〉

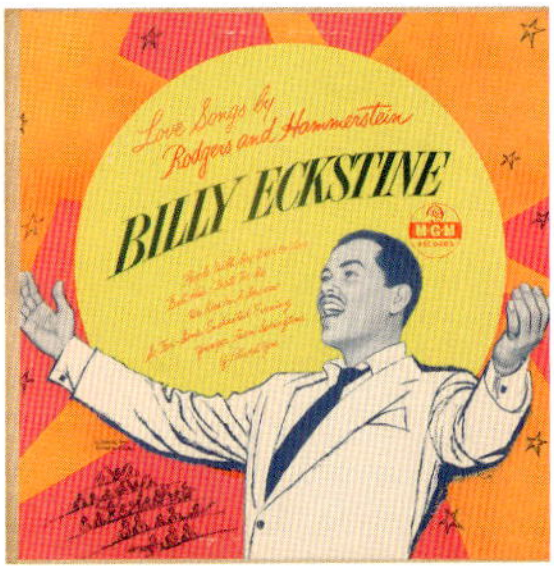

Billy Eckstine『Billy Eckstine Sings Love Songs By Rodgers And Hammerstein』(10inch) MGM　E153 〈p150〉

Max Bennett (Helen Carr)『Max Bennett Quintet』(10inch) BETHLEHEM　BCP1028 〈p203〉

Tony Martin 『Oh You Beautiful Doll』(EP BOX)
RCA VICTOR　EPA252 〈p212〉

Gogi Grant 『Suddenly There's』
ERA　EL20001 〈p124〉

Teddy Wilson / Billie Holiday 『Teddy Wilson / Billie Holiday』(10inch) COLUMBIA　CL6040 〈p214〉

Patty Weaver 『Patty Weaver Sings ... As Time Goes By』RE/SE RECORDS　RE/SE1000〈p107〉

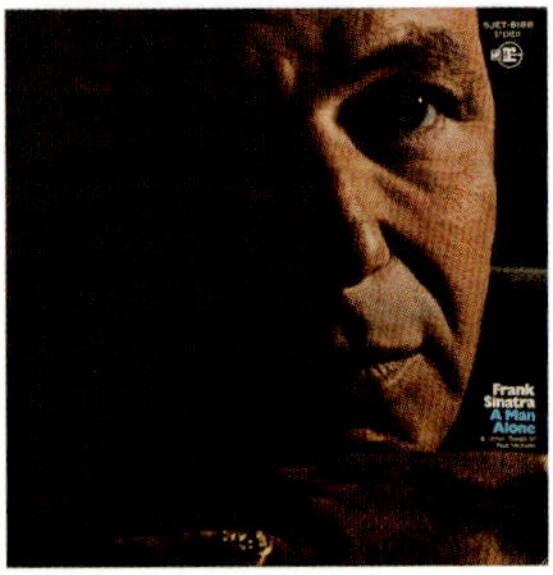

Frank Sinatra 『A Man Alone』
REPRISE　SJET8188 〈p186〉

ヴォーカルはいつも最高だ！

武田流アナログで聴く
ヴォーカルの愛し方

まえがきのようなもの

幼年の頃から歌が好きだった。

その時分、テレビはまだ出現しておらず、もっぱらラジオから流れてくる歌に合わせて口ずさんでいた。またそんな子供であったからして、やがて、くるくる回るレコード盤から歌が聴こえてくることに驚き、心を惹かれたのも当然の成り行きで、蓄音機もないのに街の電気屋さんに行き、乏しい小遣いを掻き集め、ソノシート・ブックを買ったのを鮮やかに覚えている。あれは幻のような、庶民は貧しくも長閑《のどか》だった昭和のことだ。

時は移り、二十歳前後といえば、寝ても醒めても音楽に夢中だったが、その常軌を逸した好きさ加減の甲斐もあり、音楽漬けの生活をしても許された月日が約10年程あった。その毎日は愉しさと辛さが背中合わせではあったが、過ぎ去った今となれば倖せな日々だったと思う。

その後、音楽活動の終わりは脱力感を残したが、家庭の事情により米国にたびたび行くようになり、そのことは音楽とレコード蒐集に対する愛を再び呼び寄せることとなった。それからどれほどレコード・ショップをのぞき、どれほどの音楽を聴いたことだろうか。まるで急坂を転がる石の如くであった。

本書は２００７年の１月号から２０１４年の５月号まで、『ジャズ批評』の連載「ヴォーカルは、いつも最高だ！」及び特集で執筆したものに修正・加筆して一冊にまとめたものである。読み返せば、これらの文は懐かしさの入り混じった〝小生の青春の記〟と言えるものであり、従って若気の至りといった文もありまするが、一笑に付していただければと思う。

末筆ながら、本書の発刊に際し、長きにわたり連載していただいたジャズ批評社のみなさん、「解説のようなもの」と帯文を快く承知してくださった寺島靖国氏、上梓にあたり何かと尽力を注いでくださった駒草出版の浅香宏二氏、新堀晶氏、ひとま舎の内藤丈志氏、表紙イラストを描いていただいた友人の山下セイジ君、また諸氏の方、皆様に心より御礼を申し上げたい。

最後に、音楽活動及びレコード蒐集に対していつも温かい眼差しで見守ってくれた母・千恵子、リチャード、中村恭士君、また長い年月の蒐集を体力と忍耐そして諦めをもって容認してくれた我が家族、加代、一果、麻衣子、それぞれの皆に、感謝をこめて本書を捧げたいと思う。

武田清一

２０１５年１月31日　小春日和のような日に

ヴォーカルはいつも最高だ！　目次

II

JAZZ CDの楽器名略号 / 記号

略号	楽器名(英語)	楽器名(日本語)
acc	accordion	アコーディオン
arr	arrange	アレンジ／編曲
as	alto saxophone	アルト・サックス
b	bass	ベース／ウッド・ベース
bar	baritone	バリトン
bcl	bass clarinette	バス・クラリネット
bs	baritone saxophone	バリトン・サックス
btb	bass trombone	バス・トロンボーン
cel	celesta	チェレスタ
cl	clarinette	クラリネット
clvc	clavichord	クラヴィコード
cond	conduct	指揮
conga	conga	コンガ
cor	cornet	コルネット
ds	drums	ドラム
el-b	electric bass	エレクトリック・ベース
el-g	electric guitar	エレクトリック・ギター
el-p	electric piano	エレクトリック・ピアノ
euph	euphonium	ユーフォニアム・ユーフォニウム
fl	flute	フルート
flh	flugelhorn	フリューゲルホーン／フリューゲルホルン
frh	french horn	フレンチ・ホルン
g	guitar	ギター／アコースティック・ギター
harp	harp	ハープ
hca	harmonica	ハーモニカ
key	keyboard	キーボード
og	organ	オルガン
p	piano	ピアノ
per	percussion	パーカッション
s	saxophone	サックス
ss	soprano saxophone	ソプラノ・サックス
star	star	シタール
syn	synthesizer	シンセサイザー
tamb	tambourine	タンバリン
tb	trombone	トロンボーン
tp	trumpet	トランペット
ts	tenor saxophone	テナー・サックス
tu	tuba	チューバ
va	viola	ヴィオラ
vc	cello／violoncello	チェロ
vib	vibraphone／vibes	ヴィブラホン／バイヴ
vin	violin	ヴァイオリン
vo	vocal	ヴォーカル
vtb	valve trombone	バルブ・トロンボーン

Vocal music is always the best!

I

心を救った、桜色の10インチ

◉オータム・イン・ニューヨーク／ジョー・スタッフォード

二十歳の頃から音楽の世界に身を置いていた僕は、音楽のことだけを考え、それ相応の充実した毎日を過ごしていた。しかしその終わりと共に音楽とさまざまな絆は、僕の心にぽっかりとどこか空虚な、掴み所のない寂しい穴を残し去っていったのだった。そんな折、当時ロスアンゼルスに住んでいた母の夫エイブラムが病に倒れ、急遽手助けが必要となり、たびたびロスに行くようになったのである。そして時間を遣り繰りしてはロスの街を彷徨っていた僕は、自転車で15分程のウィルシャー通りにこぢんまりとしたレコード店を見つけた。まだ脳裏に音楽が宿っているのか、やはりレコードを眺めていると気持ちが安まり、それから俄《にわか》にレコード収集の熱が再燃し、足繁く通うようになった。オーナーのボブは朗《ほが》らかな実に気分のいい男で、行くたびに旧知の友のように気さくに色々と話しかけてくれた。

或日、カウンターの傍に『ジョー・スタッフォード　オータム・イン・ニューヨーク』と書かれた桜色の10インチ盤が立て掛けてあった。その可愛らしさに、手に取りじ〜っといつまでも眺めていると、聴くかい、と笑いながらボブがターンテーブルに乗せたのである。流れ出したそれらのサウンドは実にノスタルジックな寛ぎに満ちた音で、甘美なオーケストラの伴奏にのって、彼女の歌は淡々と抑揚のない歌にも拘らず、不思議にも温かさ

Jo Stafford
『Autumn In New York』(10inch)

【A】①Autumn In New York ②Smoke Gets In Your Eyes ③Haunted Heart ④If I Loved You 【B】①Just One Of Those Things ②Almost Like Being In Love ③Make Believe ④Through The Years
■Paul Weston(arr, cond)
[1950年]

CAPITOL　M197

がふつふつ湧いてくる、それはいつか聴いた〝遠い調べが甦る懐かしさ〟で僕の心を優しく抱擁して、再び音楽に触れることの倖せを、強く僕に感じさせたのだった。

それからと云うもの、母の元を訪ねるたびにレコード店をあれこれのぞき、コンサートにも行き、友の住む街々を尋ねるようになり、気付くとあのぽっかりとした空虚な寂しい穴は影の欠けらもなく消えていた。時は移り……CDの登場と共にボブの店も終わりを告げ、エイブラムもこの世を去り、ロスの街を彷徨っていた流民の僕もいない。だが、あの頃のすべての日々は、僕の宝物として、心の中で綺羅々と今も輝きをとどめ、この桜色の10インチは〝無人島に持参する一枚〟として、胸に納めている。

彼女は聴くたびに心を乱す、僕の美しい魔女だ

◉バチェラー・パラダイス／アン・マーグレット

彼女はデビュー当時は青春アイドルスターとして人気があり、『バイバイ・バーディー』（’63）『ラスベガス万才』（’63）などで僕らの胸をキュンとさせた。僕には1965年にスティーヴ・マックイーンと共演した映画「シンシナティ・キッド」の色っぽいメルバ役が強く印象に残っている。マックイーンが下着姿で迫り来る彼女のふっくらとしたお尻を、パァーンと叩く場面があったが、僕はマックイーンのあの手になりたかった。そしてプリンとしたあのお尻を優しく何度も叩けたらどんなに幸せだろうなどと妄想した。彼女は歌・踊りに加えてスタイルも抜群、そして大美人であるからして、ラスベガスやホテルのショーで大活躍をしたが、むむ、くく、惜しいことに1967年にテレビドラマ『サンセット77』で人気のあったロジャー・スミスと結婚してしまった。しかしその後、色男のスミスは俳優をやめ彼女のマネージャーとなり彼女を支えている。女優としては1971年の『愛の狩人』でゴールデングローブ賞を手にした。さて、この『バチェラー・パラダイス』は、スリーピングタイム・ミュージックにぴったりの、優しく心を癒すこと請け合いのアルバムであり、バチェラーのみならず年配の方にも広くお勧めできるが、セクシー度満載の歌であるからして、悩ましすぎて眠れないなど文句を言われても責任は持ち兼ねる。僕だって聴くたびに心乱されているのだからして。ああ、愛しのアン・マーグレット。

Ann-Margret
『Bachelor's Paradise』

RCA VICTOR　LPM2659

【A】①Bachelor In Paradise ②I Wanna Be Loved ③Something To Remember ④Paradise ⑤Lovin' Spree ⑥You Took Advantage Of Me【B】①Let Me Entertain You ②Never On Sunday ③Romance In The Dark ④Call Me Darling ⑤Hold Me ⑥Mr. Wonderful
■Hank Levinel(arr, cond)
［1962年］

まともな僕を愚かにする、ローラはいつも麗しい

◉ドリームスヴィル／ローラ・アルブライト

彼女は『チャンピオン』('49)や『決戦オレゴン街道』('57)など、50年代に数多くの映画に出演した女優さんであり、また歌も決して女優さんの余技などではなく、この1958年録音の『ドリームスヴィル』は、テレビドラマ『ピーター・ガン』に出演した折に知り合ったヘンリー・マンシーニの協力もあって、実に素敵なヴォーカル・アルバムとなっている。

彼女の歌には成熟した大人の女性だけが持つ、しっとりと落ち着いたムードがあり、甘くムーディーに迫るハスキー・ヴォイスにいとも簡単にコロっとまいった僕は、大好きなこのアルバムをアメリカで見つけるたびに買わずにはいられず、同じものを3枚も持っているという愚か者である。

ある日、テレビドラマ『バークにまかせろ』の再放送をボーッと横になって見ていると、50歳前後の美しい婦人が出てきた。なぜか変な胸騒ぎをおぼえ、慌てて画面に近づきよく見ると、紛れもなく、その人は麗しのローラ・アルブライトだった。若干歳は感じるものの、その辺にいる若い娘なんぞには負けない気品と、女性としての風格があり、嬉しさいっぱいの気持ちで彼女の姿を眺めたのだった。

Lola Albright
『Dreamsville』

COLUMBIA　CL1327

【A】①Two Sleepy People ②Dreamsville ③We Kiss In A Shadow ④Brief And Breezy ⑤You're Driving Me Crazy! ⑥They Didn't Believe Me【B】①Soft Sounds ②Slow And Easy ③It's Always You ④Straight To Baby ⑤Just You, Just Me ⑥Sorta Blue
■Henry Mancinil(arr, cond)
［1958年］

いくら嫉妬に狂っても、彼女の今は知りたくない

◉イッツ・オール・ライト・ウィズ・ミー／キャシー・ヘイズ

1959年録音の本作は、彼女が24歳の時に吹き込まれたファースト・アルバムで、バーニー・ケッセルを中心としたコンボにバド・シャンクやコンテ・カンドリといったウェスト・コーストのミュージシャンの参加も相俟って、爽風を感じさせる内容である。

彼女は大学時代から各地のクラブに出演して経験を積んだだけにスロー・ナンバーが滅法うまく、名手の伴奏にのって若さを手段にスイートな歌声で多種のスタンダードを歌い分けている。僕は彼女の歌うラヴ・バラード「Last Night When We Were Young」を聴くと、若さだけが持つ輝きに胸が疼き、心が青春の想い出を探し始めてしまう……。

またジャケットも印象的で、夜のレストランと思える外テーブルで、男性が彼女に怪しくも意味深に耳打ちをしている。彼女はそれを聞きながら、正面に眼を向け僕の方を見ているという、実にムードのある、嫉妬に狂いそうなカヴァーである。あの男性が僕ならいいのに、と思わずにはいられない。

Cathy Hayes
『It's All Right With Me』

HIFI RECORDS　R416

【A】①And The Angels Sing ②Blue Moods ③You Smell So Good ④Happiness Is A Thing Called Joe ⑤Wonder Why ⑥Tangerine 【B】①If I Were A Bell ②Last Night When We Were Young ③Down In The Depths ④You Don't Know What Love Is ⑤My Old Flame ⑥You And The Night And The Music

■Barney Kessel(arr, cond, g), Conte Candoli(tp), Bud Shank(as), Bill Perkins(ts), Ted Nash(ts), Jimmy Rowles(p), Larry Bunker(vib), Shelly Manne(ds), Mel Lewis(ds), etc.［1959年］

超どマイナー・レーベルにだって、こんな綺麗な花が咲く

◉ナイティ・ナイト／ナンシー・スティール

以前、都内の廃盤店の壁に飾ってあったこのレコードの数万円という値段を見てびっくりした。いくら超どマイナー・レーベルで珍しいからといっても、さすがにこの値段は……と思った記憶がある。

なぜなら、僕は20年ほど前にアメリカでこのレコードを20ドル程度で買ったが、当時、5ドルから10ドルのレコードが多い中では、その値段でも割高に思えたからだ。盤にはちょっとキズが目立ったが、アナログ人間の僕は、プチ・プチ・パシーンとノイズが少しぐらい音に出てもそれが快感に変わる特異体質のため、あまり気にはならない。まあ持っていてもいいかという程度の軽い気持ちで買ったのであった。

当時はアメリカのレコード屋さんも呑気なもので、今では希少盤と言われているこんなアルバムも安く売られていて、また、こんなどマイナーなレコードを買う人もあまりいなかった。あの頃の緩やかな時の流れ、店に差し込む暖かな光を感じながらレコードを探す時の幸せが今も忘れられない。彼女の歌は華やかなものではないが、しっとりと味わい深い大人げな雰囲気が寛ぎを与えてくれる。レーベルも含め、この程よい地味さ加減が、ヴォーカル通を喜ばせているのかもしれない。

Nancy Steele
『Nitey Nite』

CHATAM　CH354

【A】①Lost In The Fog ②Why Try To Change Me Now ③You'll Never Know ④Nitey Nite ⑤Year After Year ⑥Tired Routine【B】①Let There Be Love ②Skylark ③Sugar ④Isn't This A Lovely Day? ⑤Salt Lake City ⑥Shooting High
■Joe Baque(p), Don Arnone(g)
Barry Galbraight(g), Wimpy Vernick(b)
［1958年］

大美人は、いつだって人類の宝物

◉ウィズ・フィーリング／ジャニス・ハーパー

彼女はポピュラー系のシンガーだが、『ウィズ・フィーリング』は１９５８年当時の懐かしいのどかな歌と伴奏で、現代の慌ただしい世相に侵された僕らが聴くと、こんなに呑気でのどかでいいのだろうかと、あまりの緩やかなムードに、思わずズズズッと後ずさりの腰付きとなってしまう。しかしながらジャケットが最高！　よく見ていただきたい。大魔神もびっくりの大美人。ジャケットいっぱいに大写しの美顔が、暖かな色合いと光の中でかすかに微笑んでいる。ああ〜この大人の佇まい。女性としての気高さ。じーっとジャケットを眺めているとフッフッフッと喜びや力が湧いてきて、いまさらＣＤがどうのこうのとは言わないが、アナログの神々にアナログ人類最後の騎士として立ち向かうことを誓うのであった。

Janice Harper
『With Feeling』

CAPITOL　T1195

【A】①Bon Voyage ②I Was Hoping You'd Ask Me ③In Time ④Hands Across The Sea ⑤Beyond The Reef ⑥Devotion 【B】①With Feeling ②I Need You ③That's Why I Was Born ④Tell Me That You Love Me ⑤Moonlit Sea ⑥Let There Be Love
［1958年］

愛に歳の差はない！ しかしほどほどという言葉を知らないの？

◉ノーバディ・エルス・バット・ミー／ベティ・ベネット

本作は、アンドレ・プレヴィンとショーティー・ロジャースがアレンジをしていることもあって、ウエスト・コーストの名手たちが多く参加している。アルバムの編曲が縁で彼女はプレヴィンと結婚していたことがあるというが、プレヴィンはそれほど色男でもないのに、何年か前にまたまた美人ヴァイオリニストのアンネ＝ゾフィー・ムターと結婚した。それが驚くなかれ、ぬわ〜んと40歳ほど歳が離れているのだ。愛に歳の差はない！ しかし、ほどほどという言葉を知らないの？ 他の男性にも譲ってあげようという気持ちがもてないのだろうか。大きなお世話だろうが、美女と結婚するのは一度だけにしていただきたい。

さて、このジャケットは白黒写真に赤文字のレイアウトが感じよく、芝生の上に横たわる彼女の寛いだ姿がなんとも素敵だ。ほのぼのと古き良きアメリカの雰囲気が漂うジャケットは、眺めているだけで心安らぐ、持つ喜びを与えてくれるアルバムである。

Betty Bennett
『Nobody Else But Me』

【A】①Nobody Else But Me ②You're Driving Me Crazy ③My Man's Gone Now ④Island In The West Indies ⑤The Next Time I Care ⑥Tomorrow Mountain 【B】①Treat Me Rough ②Mountain Greenery ③This Is The Moment ④You Took Advantage Of Me ⑤Have Yourself A Merry Little Christmas ⑥Sidewalks Of Cuba
■Shorty Rogers(arr), André Previn(arr, p), Frank Rosolino(tb), Bob Cooper(ts), Jimmy Giuffre(bs), Barney Kessel(g), Ralph Penza(b), Shelly Manne(ds) etc.
［1955年］

ATLANTIC　1226

男は、やり過ぎ美女には困らない

◉カレンダー・ガール／ジュリー・ロンドン

アルバムは1月から12月までの、季節にちなんだ曲が彩り良く並んでいる。そしてジャケットでは月によってジュリーが衣装を変え、あれやこれやとセクシーなポーズをとっている。しかし、12月などは胸をあらわに脚までむきだしで、まこともって嬉しいが、何だか風邪でもひきそうで、ちょっとサービスのし過ぎではないかと思う。しかしいつでも男はやり過ぎ美女には困らないもの、セクシーで淫らでなんとも楽しいジャケットである。

彼女はエレベーター・ガールをしていた頃、映画『シェーン』で有名なアラン・ラッドのマネージャーをしていた夫人の目にとまり、最初は女優としてデビューしている。もしエレベーター・ガールだった彼女に〝何階でしょうか？〟と尋ねられたら、僕は〝あなたの行く階ず〜っとお願いします〟などと言って、何度でも乗っちゃいそうだ。

彼女は色っぽいムードが濃厚で、離婚や不倫を繰り返しそうなイメージだが、あの「ルート66」を作曲したボビー・トゥループと結婚して、この『カレンダー・ガール』を始め、彼のプロデュースにより優れたアルバムを量産し、また彼はステージでもピアニスト兼ステージマスターとして彼女を支え続けた。彼女は男性として、また音楽家としての夫トゥループを心から愛したことと思う。彼女は１９９９年に亡くなったトゥループの後を追うように２０００年、74歳でこの世を去っている。もしかしたら彼女は、僕らが抱くイメー

Julie London
『Calendar Girl』

LIVERTY　SL9002

【A】①June In January ②February Brings The Rain ③Melancholy March ④I'll Remember April ⑤People Who Are Born In May ⑥Memphis In June
【B】①Sleigh Ride In July ②Time For August ③September In The Rain ④This October ⑤November Twilight ⑥Warm December ⑦The Thirteenth Month
■Pete King(arr, cond)［1956年］

ジよりもずっと家庭的で貞淑な女性だったのかもしれない。

この『カレンダー・ガール』の中に僕の大フェイバリット曲がある。トゥループ作の「February Brings The Rain」というバラードだが、彼女の素晴らしい歌を耳にするたびに、僕は二人の愛に思いを巡らし、心の中がいつも温かな気持ちでいっぱいになるのだった。

黒い花もまた、美しい

◉ナイト・ライフ／ルーリーン・ハンター

彼女の『ナイト・ライフ』には、黒人ヴォーカル・アルバムのジャケット大賞を差し上げたい、と常々思うほど僕は大好きなのである。カウンターを背にオレンジ色のドレスをまとい、こちらをじっと見つめている姿は、言葉では表現不可能といった色の情感と風情があり、その素晴らしさにアナログファンで居続けた自分は偉い！と理性を乱すほどの魅力がある。このレコードは15年ほど前に、ネバダ州カーソンシティのレコード屋さんで買ったものだが、そのジャケットの美事さに思わず手に取りウムウムと唸って眺めていたら〝お前大丈夫か？〟と店のオーナーに怪訝な顔をされてしまった……。内容もジャケットに負けず劣らず素晴らしく、渋めのバラードを主体に、実に味わい深い彼女の歌が収められてる。また、ピアノのハンク・ジョーンズやサックスのアル・コーンも、要所を押さえた職人技の演奏で彼女の歌に寄り添い、実に心に染み入るのだ。僕はこのアルバムの「Moon Draft（月に漂う）」という曲が、好きで好きでたまらない。黒い花もまた、美しいものだ。

Lurlean Hunter
『Night Life』

VIK　LX1061

【A】①Georgia On My Mind ②What A Difference A Day Made ③Have You Met Miss Jones ④That Old Feeling ⑤It's The Talk Of The Town ⑥Gentleman Friend【B】①Night Life ②It Could Happen To You ③Moondrift ④Sunday ⑤Like Someone In Love ⑥This Time The Dream's On Me
■Manny Albam(arr, cond), Ernie Wilkins(arr), Al Cohn(arr, ts), Joe Newman(tp), Barry Galbraith(g)［1956年］

いつの時代も、清楚な美に飽きはない

◉ソングス・フロム・ザ・ハート・オブ・エリン・オブライエン／エリン・オブライエン

ヴォーカル・ファンなら、ジャケットを見た途端、即座に欲しいと思わずにはいられない魅力的なアルバムで、レーベルはCORALだが、ありそうでなかなか見つからない希少盤である。

彼女はアサー・ゴッド・フリーの新人タレント・スカウト・ショーの出身で、御覧のとおりの清楚な顔立ちの美人だ。その雰囲気がそのまま音に反映されたかのように、オーソドックスながら懐かしさを感じさせるヴォーカルは、聴くほどに耳に優しく愛着が増してくる。まさにシンプルなジャケットの美しさと、音楽が見事に一致したアルバムだと言える。いつの時代も、清楚な美に飽きはない。

Erin O'Brien
『Songs From The Heart Of Erin O'Brien』

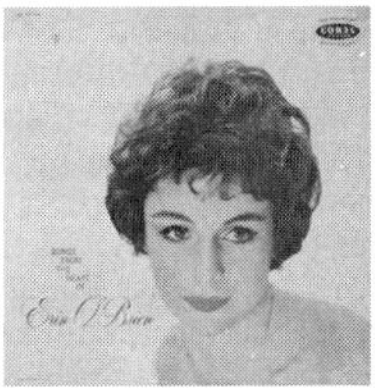

CORAL　SCRL57194

【A】①My Foolish Heart ②Let Me Love You ③Forbidden Love ④Love Letters ⑤This Love Of Mine ⑥I'm Glad There Is You【B】①When I Fall In Love ②These Foolish Things ③Maybe It's Because ④My Romance ⑤Ev'ry Time ⑥Where's The Happy Ending
■Charles Bud Dant(arr, cond)
［1957年］

大美人には自ら命を断つのを許したくない！

◉ボーン・トゥ・ビー・ブルー／ビヴァリー・ケニー

彼女はつい最近まで、寝タバコが原因でホテルの火災で亡くなった、と言われていたが、元恋人によると、真相は28歳で自ら命を絶ったということで、亡くなる前の数ヶ月は精神科医の治療を受けていたという。僕の大フェイバリット・シンガーである彼女が自殺とは、なんとも実に残念である。大美人中の大美人で、そのうえ歌は愛らしく、声がとてもキュート。ああなんということをしてくれたんだろう。もっといつまでも歌い続け、末長く僕らを愉しませ、一枚でも多くアルバムを残して欲しかったのに……。〝死は生きるものの定め〟とはいえ、大美人には自ら命を絶つのを許したくない！

ジャケットをよく見て欲しい。長椅子に横たわる彼女の可憐で美しいこと、まるでこの世にふたつとない花のように馨しい。僕は本作『ボーン・トゥ・ビー・ブルー』に入っている「Again」という曲が大好きでたまらない。友達が集まった時などにこの曲をかけたら最後、繰り返し何度もかけるので〝恐怖のアゲイン人間〟とみんなに恐れられているほどである。かみさんにも〝お酒を飲むとどうしてしつこくアゲインばかりかけるの？〟と言われるが、〝アゲインだからさ〟と答え、またヘラヘラとかけたりして、〝この馬鹿タレ〟などと叱られている。しかし内容もジャケットも心から素晴らしいと思えるアルバムで、まことにヴォーカルの女神に魂を捧げた僕は幸せ者である。

Beverly Kenney
『Born To Be Blue』

DECCA　DL8850

【A】①Born To Be Blue ②Isn't It A Pity ③For All We Know ④It Only Happens When I Dance With You ⑤Again ⑥I Walk A Littel Faster【B】①Go Away Mi Love ②Beyond The Next Hill ③It's A Blue World ④Vanity ⑤Somewhere Along ⑥Where Can I Go Without You ■Hal Mooney(arr, cond), Charlie Albertine(arr, cond), Charlie Shavers(tp), Ellis Larkins(p)［1958年］

夢見るように歌えば

◉ザッツ・オール／ボビー・ダーリン

ある日の昼どき、テレビを見ていたら心をウキウキとさせる爽やかなＣＭソングが流れてきた。ボビー・ダーリンだった。アイドル・シンガー時代の「Splash Splash」や「Dream Lover」は知っていたが、ＣＭに使われた「Beyond The Sea」を聴くのは初めてだった。その時、あれ？ふっとあるレコードが頭をよぎった。これはと慌てて、アメリカで買ってそのまま長い間ほってあったダンボールのレコードをゴソゴソと探すと、彼のＥＰ盤が出てきた。曲目を見るとなんと「Beyond The Sea」が入っているではないか！間抜け男のまとめ買いである。

　このジャケットの、彼の顔がいい。何かをやってやろうというような少し構えた意志が伝わってくる。アイドル時代には、自作を含めヒット曲を連発したが、アイドル・シンガーとしての人気・レッテル貼りには不満だったようで、大人のシンガーへの道を歩み始める。そんな折り、１９５９年にクルト・ワイル作曲の「Mack The Knife」が大ヒット、グラミー賞の新人賞と最優秀楽曲賞を受賞して、トップにまでのぼりつめた。

　また、'63年には映画『ニューマンという男』で俳優としてアカデミー助演男優賞にもノミネートされ、私生活では映画『避暑地の出来事』（'59年）でトロイ・ドナヒューと共演したキュートな女優サンドラ・ディーと結婚、話題を集めた。しかし、幸せがいつまでも

Bobby Darin
『That's All』

ATCO　33-104

【A】①Mack The Knife ②Beyond The Sea ③Through A Long And Sleepless Night ④Softly As In A Morning Sunrise ⑤She Needs Me ⑥It Ain't Necessarily So【B】①I'll Remember April ②That's The Way Love Is ③Was There A Call For Me ④Some Of These Days ⑤Where Is The One ⑥That's All
■Richard Wessl(arr, cond)
［1959年］

続かないのが人生で、時の流れと共に音楽の流行も変わり、その後歌手として伸び悩み、立ち直る間もなく'73年に37歳の若さでこの世を去っている。

1939年ブロンクス生まれの彼は、医師に心臓病で15歳までしか生きられないと宣告されたというから、長生きしたということになるのだろうか。'67年に別れたサンドラ・ディーも最近亡くなったが、彼去りし後も彼を愛し続け、再婚はしなかったそうだ。美しい!

2004年には彼の半生を描いた映画『ビヨンドtheシー~夢見るように歌えば~』が公開された。主演・監督はケヴィン・スペイシーで、彼はボビー・ダーリンの特長をうまく捉えており、実によく似ている。そして何よりも吹き替えなしで演じた歌と踊りの見事なこと!　観ていて嬉しくなりわくわくした。ケヴィン・スペイシーに大拍手!

この『ザッツ・オール』は去年サンディエゴで買い求めたが、静かで綺麗な海の側にあるレコード屋さんであった。こんな所でレコード屋さんをやったら長生きするだろうなぁと思ったが、考えてみれば、すでに僕は彼より随分長く生きている。この先いつまで生きられるか分からないが、彼自身のために作られたような「Beyond The Sea」を、元気が欲しい時、スカッと爽やかになりたい時は取り出して聴こうと思う。ボビー・ダーリン、彼はいいシンガーだった。

彼女は可愛い、僕の戦力

◉スウィング・ウィズ・ミー／バーバラ・ラッセル

『スウィング・ウィズ・ミー』は、僕がパーソナリティをしていた『ターンテーブルの夜』（ミュージックバード）のオープニングを飾ったが、それは何故かというと彼女は僕の中で、ちょうど真ん中にいる中堅シンガーとして位置づけられているからである。中堅シンガー、それは星の数ほど無数にいるわけだが、それらのアルバムを充実させてこそ、有名・無名も互いに相乗効果とあいなってより輝きを増すのではないだろうか。もちろん普段、生活の中で愛聴するのも圧倒的にこの中堅どころのシンガーたちだ。それは言い替えれば毎日の食事のような〝ごはんに焼魚、うどんにそば、カレーに親子丼、時にコーヒー&サンドイッチ、ええい！おまけにラーメン〟と言ったようなもので、高級料理とは違う身近な親しみやすさが魅力で、そんな中堅シンガーたちは気軽に取り出して聴けるところに愛情が持てるのだ。

彼女はごらんのとおり美人とは言えないが、庶民的な可愛い雰囲気は誰にでも好かれそうだ。歌も同様、趣味のいいスタンダードを伸びやかな声でしっかりと歌いこなしており、その歌声には、中の上の評価を差し上げたいと思う。ニューヨークの小さなクラブで歌っていたところ、ドン・コスタに見初められてこのアルバムを録音することになったというそんないきさつからか、ドン・コスタの編曲もいつもより彩り豊かに、彼女の歌をバック

UNITED ARTISTS　UA6088

【A】①By Myself ②Too Late Now ③I Remember You ④Oh, You Crazy Moon ⑤The End Of A Love Affair ⑥This Could Be The Start Of Something【B】①He's My Guy ②Something Happens To Me ③'Round Midnight ④Why Don't You Do Right ⑤Misty ⑥The Last Dance
■Don Costal(arr, cond)
［1960年］

アップしているように思われる。そんなわけで、中には知名度の低い彼女を、マイナーと敬遠される方もいらっしゃるだろうが、僕にとって彼女は貴重な戦力、手堅い中距離バッターとして欠かせない存在であり、最も身近にいる、愛すべきシンガーなのである。

その日は、いつもの朝にやってきた

◉ピック・ユアセルフ・アップ・ウィズ・アニタ・オデイ／アニタ・オデイ

その日はなんでもない、いつもの朝にやってきた。新聞を眺めていた奥方殿が〝アニタ・オデイが亡くなったわよ〟と言った。エッと答えはしたが、何故かそれほどの驚きはなかった。87歳という年齢を考えれば仕方がないと諦めが先に立つ。2006年11月23日、ロサンゼルス郊外の病院で、肺炎のため亡くなったという。

彼女は1936年、17歳でシカゴのジャズ・クラブで歌い始め、19歳の時マックス・ミラーのコンボでプロ・デビュー、その後長きに渡り活躍した、この世に現存する数少ないヴォーカルの巨星であった。多くのファンが残念に思ったのではないだろうか。どんなシンガーもデビュー当初のアルバムでは幼さが残り、初々しさの中に歌があるという感じだが、彼女はデビュー当時からすでに持ち味であるスパッと切れのいい必殺のハスキー・ヴオイスを武器に歌を歌っていた、感性豊かな歌手である。

むかし僕は、白人シンガーでありながら黒人音楽やビリー・ホリデイの影響を感じさせる彼女のメロディーの崩し方・フェイクが煩わしく嫌だった。しかし聴くにつれ、そのバラードに溜息をつかされ、乗りのいい曲では唸らされ、歌を聴いたという充実感で心が満たされるようになり、あれほど嫌いだった彼女のメロディーの崩し方・フェイクが魔女の呪文のように効いて、その歌い回しにスリルを感じ快感を覚えるようになっていた。彼女

Anita O'Day
『Pick Yourself Up』

【A】①Don't Be That Way ②Let's Face The Music And Dance ③I Never Had A Chance ④Stompin' At The Savoy ⑤Pick Yourself Up ⑥Stars Fell On Alabama 【B】①Sweet Georgia Brown ②I Won't Dance ③Man With A Horn ④I Used To Be Color Blind ⑤There's A Lull In My Life ⑥Let's Begin
■Paul Smith (p), Joe Mondragon(b), Alvin Stoller(ds), Barney Kessel(g), Larry Bunker(vib), Conte Candoli(tp), Pete Candoli(tp), Harry Edison(tp), Bud Shank(as), Herb Geller(as), Bob Cooper(ts), Frank Rosolino(tb), Jimmy Giuffre(bs), etc.［1956年］

VERVE MGV2043

は好きや嫌いといった個人の嗜好をねじ伏せるほどの力量を持ったヴォーカリストであって、黒人音楽を消化しつつ、同時代のシンガーたちを手本としながらもそれらを乗り越え、独自の歌の世界を切り開いた最良の歌手であった。

彼女はこの世を去った。しかし残された多くの優れたアルバムは、我々、そしていずれそれらを手にする若い世代にも、ヴォーカルの愉しさと愛を与え続けるにちがいない。

人類の平和は柳腰から

◉レイジー・アフタヌーン／ペギー・キング

『レイジー・アフタヌーン』は粒揃いの曲が収められた、聴き疲れせず、飽きのこない、耐久性を備えたアルバムである。彼女の喉に僅かに引っ掛かるようなかすれ声は官能きわまりなく、その歌の囁きには頬をザラッと触れられたような魅力が溢れている。オーケストラの編曲には3名のアレンジャーが腕を奮っているが、このようなアルバムは、ともすればアレンジャー同士の個性が必要以上にぶつかり合い、散漫なアルバムとなってしまうことがよくある。然しながらここでは各アレンジャーがお互いに協調し合い彼女の囁き唱法の特長を生かし、バランスの整った優れたアルバムとなっている。それに加えて、まぁ〜このジャケットのいいこと！　麦わら帽子をかぶり、美貌の顔をこちらに傾げた表情の、そのまなざしがなんとも見るものを釘づけにする。そしてよく見れば帽子のリボンはピンクのフェルト地で、これがまた女性らしさをさりげなく演出しているからたまらない。

きっと彼女は避暑に来ている別荘の貴婦人で、大美人と村人たちの噂になっており、時には美しい夏空の下を、麦わら帽子にスカートひらひら風を光らせて、ゆっくりと野道をくだって来るに違いない。そしてこのような女性は〝柳腰〟に決まっている。何？決まっていない？　いや絶対そうだ、そうじゃなければいけない。柳腰保存委員の僕としては、彼女には絶対そうであってほしい。何故なら、気ぜわしい現代の忙しい毎日に振り回され

Peggy King
『Lazy Afternoon』

IMPERIAL　LP9078

【A】①Rain ②You'll Never Know ③Lazy Afternoon ④'Till There Was You ⑤Sure Thing ⑥I Remember You【B】①Love And The Weather ②Imagination ③Love Walked In ④Hi-Lili, Hi-Lo ⑤Nobody Else But Me ⑥Littleboy Heart
■Henri Rene(arr, cond), Pete King(arr,cond), Jack Marshall(arr, cond)［1960〜61年］

て、近年〝柳腰〟の女性が著しく激減しており、今や〝柳腰〟という言葉さえ死語となりつつあり、人びとの記憶から消え去るのも時間の問題となっている。そんなことになったら守られるべき〝伝統・風情〟はどうなる。失ってもいいのか！　柳腰が保存されてこそ、本腰・および腰、あまり好きではないが、逃げ腰・腰砕けだってあるのだ。

考えてほしい、その優雅な〝柳腰〟を眺めることで我々は幸せな気持になり、それによっていさかいや事件が減少し、穏やかな日常が保たれるのではないだろうか。日本の平和、いや人類の平和と発展は、今やこの〝柳腰〟の保存とその普及にかかっているとさえ言えるのである。また〝柳腰〟の風情が生かされるためには、「なつかしい風景」「街並」「ゆるやかな時代の流れ」といった状況設定が必要とされるわけであるからして、我が国もしかとその辺りを検討し、早急に保存とその対策に努めていただきたい。

そうだ！　今度アメリカに行ったらペギーが〝柳腰〟か否か尋ねてみよう。しかし、柳腰って英語でなんて言うんだろう。イズ・ユア・ウエスト・ウィロー・トゥリー・シェイプト？では、駄目かなあ。それより彼女まだ健在なのかな……。まあそんなふうに、ジャケットを眺めてはあれこれ連想させられ、いったい僕は何を考えてんだと思わないではないが、まずはこれだけ内容がよくジャケットが素敵ならば、僕の心は取りあえず平和なのである。

バラードの名手は怖い！

◉エンバース・アンド・アッシュズ／シャーリー・ホーン

星の数ほどいるシンガーの中で、どちらかというと彼女は華やかさに欠け、目立たない。とはいえ、小粒ながら時には強い輝きを放ち存在を示す。長いキャリアに支えられた歌とピアノは、ワン・アンド・オンリーの魅力があり、バラードの名手として、一部のヴォーカル・ファンに不動の人気がある。

されど僕にとって、彼女の世界は怖い！　気軽に聴けない。なぜなら彼女のバラードはとても〝手ごわい〟のである。一度虜となったらなかなか心から抜けず、ずるずると居座り続けて後を引くような、「静寂」に強く支配された独自の世界がある。例えばそれは、旅先の見知らぬ街で夜の闇に包まれ舗道に佇んでいるような、または都市の迷路に迷い込み途方に暮れているような、夢と現実の隙間に紛れ再び現実には戻りにくい……そんな空間。不思議な「静寂」に覆われた世界。絶世の美女となら、この世に戻れないとしても悔いはなくむしろ本望だが、失礼ながら彼女では……。まだこの世に未練もあり、もう少し現実の中で生きたいと思うのだ。

そんなわけで？その「静寂」が、僕には堪らなく重荷になったりするのである。ただそうは言っても、彼女独特のムード、そしてバラードの表現力は他のシンガーには到底望めるものではない。であるからして、時には〝今日は聴こう、聴かなければ！〟という断固

Shirley Horn
『Embers And Ashes』

TERE-O CRAFT　SST16

【A】①Like Someone In Love ②He Never Mentioned Love ③Softly, As In A Morning Sunrise ④I Thought About You ⑤Mountain Greenery ⑥God Bless The Child【B】①Blue City ②Day By Day ③If I Should Lose You ④Wild Is The Wind ⑤Come Rain Or Come Shine ⑥Just In Time
■Al Gafa(g), Joe Benjamin(b), Lewis Packer(b), Marshall T.Harris(b), Herb Lovelle(ds), Harry Saunders(ds), Bernard Sweetney(ds)
［1960年］

たる気構えでスピーカーの前に座り、夢と現実の隙間的バラードの中に入り込んでいくのである。時に刻まれ、季節をさすらう現代の放浪者にとって、このような彼女の「静寂」は、束の間の大切な空間・憩いのオアシスに変わるのである。

女性の笑みは、いつも男を幸せにする

◉ベイビー、ベイビー、ベイビー／ミンディ・カーソン

我が家に、ミュージカル『ホールド・エヴリシング』（'28年）の挿入歌「You Are The Cream In My Coffee」を、彼女が歌ったRCAのSP盤がある。1951年の録音だと思うが、落ち着いた自然な歌声には〝これで本当に24歳なの？〟と言いたくなる、すでにシンガーとして完成された心地よさがある。そしてそれから8年後、32歳の時に発売されたBabyと付く曲名が並んだ『ベイビー、ベイビー、ベイビー』は、さらに熟成された女性としての魅力に溢れ、ゆったりとした語り口に、ほのかな色香や気品も漂っている。特に「Baby Face」は、50年代の映画『ジョルスン再び歌う』で使われた20年代の古いスタンダード・ナンバーで、'58年に16歳のポップ・アイドル歌手、ブライアン・ハイランドが歌ってリバイバル・ヒットさせた曲であり、僕が子供の頃、よくラジオで耳にした懐かしい曲である。彼女はこの曲を、ハイランドとはまったく正反対の超スロー・バラードとして歌っているが、これがなんとも優雅！　その寛ぎに満ちた歌声は、ふんわりとした雲のただよい、波のただよいといった気持ちよさで、聴く者を夢の世へ導くようである。また美しく編曲された弦もそういった音の色彩で統一され、限りなく優しいのだ。その昔、彼女はキャンディなどを作っていた製菓会社の秘書をしていたというが、こんな別嬪さんが側にいたら会社に行くのが愉しく、仕事の励みともなり、毎日が天国でしょうなぁ。

Mindy Carson
『Baby, Baby, Baby』

COLUMBIA　CL1166

【A】①Baby, Baby, Baby ②I'm Not Just Anybody's Baby ③I Don't Want To Walk Without You, Baby ④Baby Face ⑤Don't Cry, Cry Baby ⑥My Melancholy Baby【B】①Everybody Loves My Baby ②I Can't Give You Anything But Love, Baby ③I'm Nobody's Baby ④My Baby Just Cares For Me ⑤I Found A New Baby ⑥Baby Won't You Please Come Home ■Glenn Osser(arr, cond-SideA),　Sherman Edwards(arr,cond-SideB)［1958年］

休暇中にマイアミのナイト・クラブで歌っていたところ、その歌を認められニューヨークでデビュー、専属歌手としてポール・ホワイトマン楽団で修行時代を送り、その後ソロ・シンガーとなりRCAレコードと契約した。'52年にCBSに移籍、60年代にはブロードウェイで活躍、ミンディ・カーソン・ショーなど自身の番組を持つほどの人気歌手であり、古き良きアメリカの香りのするシンガーであった。ジャケットを見てほしい。彼女が楽しそうに笑っている。女性にこんな顔をされたら、どんな男性だって幸せに思い、思わず笑みがこぼれてしまうだろう。

ニューヨークからの浅黒い旋風

●ウェスト・サイド・ストーリーズ・ダイナミック／ジョージ・チャキリス

『ウェスト・サイド・ストーリー』の生みの親と言える、ブロードウェイ・ミュージカルの演出家で名振付師、ジェローム・ロビンスは『ロミオとジュリエット』の現代解釈について学生と話し合っている時、〝この物語を現代のニューヨーク・下町に置き換えても生かせるのでは〟と考え、その案に基づきアサー・ロレンツが六年の歳月をかけ舞台脚本にし、1957年ついにステージが誕生。1961年に映画化されると、上映開始と共に大評判となり、世界中で次々と旋風を巻き起こした。物語は現代版『ロミオとジュリエット』。二人の主人公を中心に移民の若者たちの青春群像が描かれ、大都市ニューヨークの下町で歌い、そして踊る姿を見事なカメラワークで捉えた。それは実にモダンで斬新な、新しいミュージカルの到来を思わせ感動的であった。映画は各国でロングランを記録したが、ロビンスはその成功の理由として、ニューヨーク・フィルの指揮者で親友でもあった、レナード・バーンスタインの音楽のおかげだと語っている。その言葉のとおり「Tonight」「Maria」「Somewhere」などの名曲が生まれ、今も数多くのシンガーに歌われ親しまれている。また主演のリチャード・ベイマー、ナタリー・ウッドを始め、それぞれの俳優もフレッシュな演技で我々を魅了したが、その中で最も注目を集めたのは、プエルトリコの若者で結成された不良グループ、シャーク団のリーダー、ベルナルド役のジョ

George Chakiris
『West Side Story's Dynamic』

【A】①By Myself ②Once Upon A Time ③Tonight ④I Believe In You ⑤Mr. Lucky ⑥I'm Falling In Love With Someone【B】①Maria ②One Girl ③Ill Wind ④A Lot Of Livin' To Do ⑤You Stepped Out Of A Dream ⑥All I Need Is The Girl
■Milton Raskin(cond), Van Alexander(arr), Billy Byers(arr), Bill Loose(arr), Billy May(arr)［1962年］

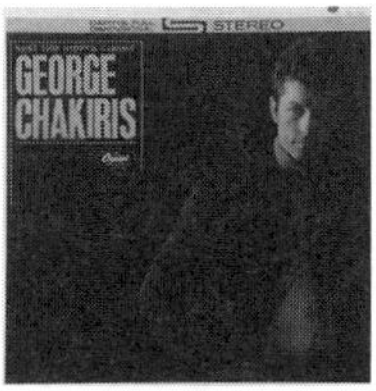

CAPITOL T1750

ージ・チャキリスだった。彼の人気は凄いものがあり、浅黒いエキゾチックな顔だちで女性たちのハートをつかみ、世の男性諸君を嫉妬に狂わせたのだった。

彼は1934年オハイオ州でギリシャ移民の二世として生まれた。カリフォルニア州ロング・ビーチで育ち、ハイスクール時代からダンサーを志し、卒業後、『紳士は金髪がお好き』（'53年）などの映画に出演。舞台『ウェスト・サイド・ストーリー』のツアーキャストでロンドン公演、そして映画化されたベルナルド役で脚光を浴び、'62年にアカデミー賞助演男優賞を受賞した。

そんな人気絶頂の頃に作られた本作は『ウェスト・サイド・ストーリー』から「Tonight」「Maria」、そしてスタンダード・ナンバーを4名のアレンジャーによる、多彩なオーケストラをバックに歌った豪華なアルバムだ。そのうえレコードにはジャケットサイズのカラー・ポートレイトまで付いたりして、その人気とキャピトルの期待の大きさがうかがわれる。シンガーとしての彼は、踊りほど器用とは言えないが、低音の男性的な甘い声でおおらかに歌い、その期待に応えている。彼の姿を見かけなくなってから久しいが、その後どんな人生を歩んでいたとしても、ニューヨークのビルをバックに、歌い踊った彼のシャープな姿は輝かしく、今なお新鮮に思える映像と共に、新しい世代にも語り継がれていくものと信じている。

ブレントウッドの白い窓

◉マリリン／マリリン・モンロー

毎年4月（第2土曜）と10月（第1土曜）に、吉祥寺・MEGでレコード・コンサートを催している。桜咲く4月のこと、MEGで第11回目の「ヴォーカルをアナログで楽しく聴く夜」を行った。歌好きの柳内さんがMEGでマリリン・モンローを聴きたいというので、映画『帰らざる河』（'54年）の主題歌「River Of No Return」をかけた。すると時の彼方からモンローがその姿を現わし、赤いホーン・スピーカーの中央に立ち、暖かい遥かな声でゆったりと我々を包んだのだった。曲が終わり感想を訊こうとすると、いつも顔を見せてくれる松藤さんが〝私の友達が泣いている〟と言う。見ると、隣の女性が瞳を濡らしている。嬉しかった。かけてよかった。涙の理由は聞かなかったが、〝誰もが〟その気持ちを分かったはず。人の声には力がある。ヴォーカルは最高だ！

僕の母は、今はパームスプリングスに住んでいるが、以前はロスアンゼルスのブレントウッドに家があった。サンタモニカの海に近い、静かなこの場所を僕は自分の生地のように愛していた。その家の前の道を真っ直ぐ左に30歩ほど歩き、右に折れた奥にモンローが住んでいた家があった。入り口の周りは木立の塀に囲まれ、見上げると格子の付いた白い窓が見えた。時々ひっそりとしたその場に立ち、彼女を思い、白い窓を眺めるのが好きだった。彼女が亡くなった時、中庭にヘリコプターが降り立ったという。その死には謎が多

Marilyn Monroe
『Marilyn』

20th CENTURY FOX　FXG 5000

【A】①Heat Wave ②Lazy ③After You Get What You Want You Don't Want It ④One Silver Dollar ⑤I'm Gonna File My Claim 【B】①River Of No Return ②A Little Girl From Little Rock ③When Love Goes Wrong ④Diamonds Are A Girl's Best Friend ⑤Bye Bye Baby
■Lionel Newman(musical director), Ken Darby(vocal director)
［1953～55年］

い。僕はよく家の前で、ハリウッドの有名人マップを手にしたアメリカ人観光客に〝モンローの家はどこですか〟と尋ねられた。〝すぐそこですよ〟と道を教えると、〝サンキュー〟と笑顔で手を振ってゆく。僕がモンローの家をアメリカ人に教えているというこの幸福、この気持ちを分かっていただけるだろうか。

　僕は持っている、あの家の白い窓から身を乗り出し、微笑んでいる彼女のポストカードを。そこにはハリウッドが作り出したセックス・シンボルとしてのモンローの面影はなく、素顔の可愛い女性の姿がある。モンローの名前は誰でも知っている。だが華やかな表舞台での姿とは裏腹に、脆《もろ》く傷つきやすく繊細な心の持ち主であったことを、どれだけの人が知っていただろう。森に囲まれたブレントウッド、振り返るたびに懐かしさで胸がいっぱいになる。僕はこの場所が本当に好きだった。

美しい永遠の脚

◉ミッチ／ミッチ・ゲイナー

高校生の頃、なんとなくその日は学校に行く気がしなくて、サボって、今はない渋谷駅前の映画館に入った。お昼前なので、観客は5人ほどしかおらずの貸切状態。映画は1958年制作の総天然色・シネマ・スコープのミュージカル『南太平洋』で、主演はミッチ・ゲイナー、ロッサノ・ブラッティだった。物語は、楽しくも切ない歌の数々と共に島じまの素晴らしい自然の中で繰り広げられ、次々と美しい映像がスクリーンに映しだされた。やがて僕は、すべての画面に心を動かされていった。ネリー役のミッチ・ゲイナーが純白の短パンで海をバックに楽しげに歌い、そして軽やかに踊った砂浜での姿、鼻がツンと上を向いたキュートな顔。そして何よりも、真っすぐにスクッと伸びた脚。それが真っ青な空と海に映え、スクリーンの中で光り輝いていた。それからというもの、僕は彼女の脚をずっと愛し続けている。太すぎず、細すぎず、丁度よさが奇跡的に保たれた脚。現代っ娘の脚は実にスラッとして長いが、そんな脚では満足できない。美しいとはとても言えない。あれはゴボウ脚と言って、考えて作られた脚であって、ももにお肉が無さ過ぎて全然ダメなのだ。だがよく見てほしい。ミッチ・ゲイナーの脚には、ももにふっくらとした自然の恵みの豊かさがある。これぞ真実の脚。踏まれても蹴られても一度は触れてみたいと思わせる脚であり、世界で最も美しい2本の脚だと言いたい。

Mitzi Gaynor
『Mitzi』

VERVE　MGV2110

【A】①Do What You Do ②I Won't Dance ③The Nearness Of You ④Cheek To Cheek ⑤Nobody Else But Me ⑥Rain【B】①The Thrill Is Gone ②That Old Feeling ③I Only Have Eyes For You ④Lazy ⑤Do It Again ⑥When Your Lover Has Gone
■Pete King(arr, cond)
［1958年］

彼女はハンガリー系のアメリカ人で1930年イリノイ州シカゴ生まれ。ダンサーだった母からバレエを習い、4歳からステージに立った。従って踊りがうまいのも頷けるが、シンガーとしてもミュージカルやステージで鍛えただけに、十分楽しめる実力の持ち主である。心に刻まれた『南太平洋』の楽曲は、リチャード・ロジャース、オスカー・ハマースタイン2世のコンビの手によるもので「A Wonderful Guy」「I'm Gonna Wash That Man Right Outa My Hair」「Some Enchanted Evening」は、今も僕の大フェイバリット・ソングだ。あぁ〜それにしても、どうしてこんなに楽しく美しい曲が作れるのだろう。二人の才能はもちろんのこと、ふくよかな時代のなせる技でもあったのだろう。僕はこんな素敵な映画が作られた時代があったことを嬉しく思う。美しい脚の女神、ミッチ・ゲイナーの脚は永遠だ。

粋な業師の歌

◉シー・ダンセズ・オーバーヘッド
◉デニス・エニワン／マット・デニス

年齢と共に趣味趣向が徐々に変わり、音楽も好みの傾向が変化してゆく。時には嫌いが大好きに逆転したりするから面白いが、好きじゃないといった手前、その人物について語る時は、どうしても歯切れが悪くなる。僕にとって、その一人がマット・デニスだ。初めて聴いたのが二十歳そこそこでは仕方ない。彼の〝粋〟が分かる精神年齢に至っていなかった。歌がそれほどうまいわけでもなく見栄えも並で地味と、物足りなさを感じていた。つまるところ、自分の心眼が未熟だったのだ。

本名マシュウ・ラヴランド・デニス、1914年ワシントン州シアトル生まれ。父親はプロの歌手で母親はヴァイオリニストという血を受け継ぎ、カリフォルニアに移り少年時代を過ごし、13歳の時に好きな少女のために、初めての歌「マイ・ドロシー」を作ったという。'33年、19歳の時ホレス・ハイト楽団にピアニスト兼シンガーとして雇われ、キング・シスターズのアリス・キングとのデュエットで話題になったが、数年で退団。程なくメイン・ヴォーカルにディック・ヘイムズを迎えバンドを結成、ロスアンゼルスを中心に活動したが短命に終わる。その後、マーガレット・ホワイティング、マーサー・ティルトン、ジョー・スタッフォード及びスタッフォード・シスターズなどの伴奏やアレンジャー

Matt Dennis
『She Dances Overhead』

RCA VICTOR　LPM1065

【A】①Dancing On The Ceiling ②Mimi ③Nobody's Heart ④Blue Moon ⑤Isn't It Romantic? ⑥I Married An Angel【B】①Mountain Greenery ②Give Her A Kiss ③Wait 'Til You See Her ④I Didn't Know What Time It Was ⑤This Funny World ⑥Have You Met Miss Jones?
■Matt Dennis(vo, p), Harry Geller(arr, cond)［1955年］

兼ヴォーカル・コーチとなった。'39年マットにとって最大の幸運が訪れる。トミー・ドーシー楽団でパイド・パイパーズの一員として歌っていたジョー・スタッフォードは、グループの音楽コーチをしていたマットを紹介しようと、ドーシーに取り持った。翌年ドーシーとハリウッドのパラディアム・ダンス・パレスで会うが、その折マットの名曲となるナンバーを歌うことになる若者に出会う。その歌手こそ、当時「I'll Never Smile Again」や「Stardust」で人気沸騰のフランク・シナトラであった。ドーシーはマットの作る歌に関心を示し、ドーシーの音楽出版のために曲を書くことを勧め、マットもそれを了承し'41年ニューヨークに赴き、シナトラ、そして後にマット作の「Will You Still Be Mine」をヒットさせたコニー・ヘインズ、そしてパイド・パイパーズらとリハーサルを行い「Let's Get Away From It All」と「Everything Happens To Me」をレコーディング、その後も「Violets For Your Furs」、独立するシナトラ用に「The Night We Called It A Day」と充実期を過ごした。'42年にドーシー楽団を去り、第2次大戦で召集され軍に音楽で貢献し、グレン・ミラー指揮の空軍楽団で歌うこともあったという。終戦後の'46年からクラブやラジオ番組の編曲・歌と活動し、キャピトルへ「Old Buttermilk Sky」を初録音。'47年にはベニー・グッドマン楽団で歌い録音も残し、翌年からロスに落ち着き自身のTVショーや弾き語りで映画に出演と活躍。'53年には初LPであり名作の『プレイズ・アンド・シングス』を録音、その後も通好みの渋いアルバムをリリースした。

『She Dances Overhead』弦入りのオーケストラを従え歌い綴る、洒落た味わいのロジャース&ハート作品集。バックがどんな編成であろうと、自分のスタイルを分かった歌い方がイカシている。

Matt Dennis
『Dennis, Anyone?』

【A】①Where Do We Go From Here? ②The Land Of Danger ③Old Uncle Fud ④Relax ⑤I'm The Boy Who Takes Her Home ⑥Devil Talk【B】①That's How Close I Was... ②Too Late For Love ③Enchanted Memory ④A Thousand Years Ago ⑤Bless You, Little Sleepyhead ⑥Show Me The Way...
■Matt Dennis(vo, p), Ray Leatherwood(b), Alvin Stroller(ds), Bill Pitman(g)［1955年］

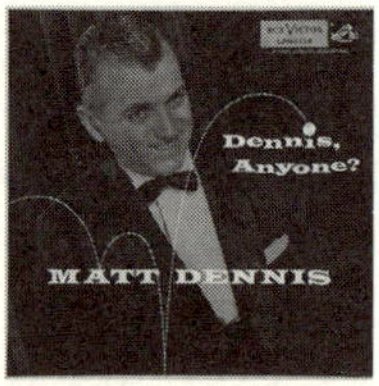

RCA VICTOR　LPM1134

『Dennis, Anyone?』耳慣れない曲が多いが、しかしマットらしい寛いだムードがあり、針を落とすと部屋が忽《たちま》ち居心地の良いクラブと化する。バックと一体になった「Relax」のスピード感に、思わず聴衆と一緒に拍手！　願わくば「プレイズ・アンド・シングス」のようにトニー・パスタ、チャーリー・バネット楽団などで歌った、奥方のヴァージニア・マクシーの歌声も聴きたかった。

マット・デニスはヴォーカル史に於ける主軸とは言えないまでも、粋な大人の歌を聴かすことに長けた重要な歯車となった名手だったと思う。

『ロシアより愛をこめて』からの美声

◉インビテーション・トゥ・ブロードウェイ／マット・モンロー

もちろん僕にとっては音楽が一番だったが、映画も大好きで中学生の頃から難しいストーリーであっても背伸びをして名画座通いをした。そんな中で気分転換によく見たのが007のシリーズだった。最も好きなのはイアン・フレミングの長編小説を映画化した、1964年の初公開時は『007危機一髪』、’72年にタイトルを変えてリバイバル公開された『007ロシアより愛をこめて』である。英国海外情報局の諜報員007ジェームス・ボンド（ショーン・コネリー）を倒そうと敵が差し向けてくる殺し屋との息詰まる格闘シーンのスリル。旅情を誘う各地のさまざまな美しい風景。そしてお待ちかね、敵の諜報員ながら知的な美女タチアナ（ダニエラ・ビアンキ）との束の間のロマンス。彼女の後ボンド・ガール、イコール美女という方式がとられ数々の女優さんが登場するが、ボンド・ガールの中で僕は彼女が一番好きである。また敵国ソビエト情報局の大佐ローザ（ロッテ・レーニャ）、このおばさん、靴に仕込んだナイフを武器に凄い形相でボンドと戦ったが、原作によるとナイフに塗られていたのはフグの毒で有名なテトロドトキシンだという、おお怖！ レーニャは’26年にクルト・ヴァイルと結婚。彼の『三文オペラ』ジェニー役でスターとなり、’61年の『ローマの哀愁』でも好演した歌手兼女優さんである。

そして映画と共に大ヒットした主題歌はメロディもよかったが、何よりも〝ふくよかで

Matt Monro
『Invitation To Broadway』

CAPITOL　ST2683

【A】①Look For Small Pleasures ②Stranger In Paradise ③The Impossible Dream ④The Apple Tree ⑤I'll Only Miss Her When I Think Of Her ⑥Come Back To Me【B】①Hello Dolly! ②Sunrise Sunset ③Walking Happy ④If She Walked Into My Life ⑤Put On A Happy Face
■Billy May(arr, cond), Sid Feller(arr, cond)［1966年］

滑らかな哀愁を滲ませた〟美声に心を奪われた。その素晴らしい声の持ち主が、英国のシンガー、マット・モンローと分かるや否やただちにレコードを買いに走った。今も持っている次のシングル・ヒットとなった「Walk Away」の解説によると、ハイスクールを卒業すると建築請負師見習い、機関車のボイラー・マンなど人生の下積み生活を経験。17歳で陸軍に入隊してから、歌に対する興味が湧き入隊中に多くのコンテストに出場。いつも優勝だったため、〝他の参加者にチャンスを与えたいのでもう出場しないでくれ〟と断られたそうだ。除隊後、長距離トラックの運転手となったが、歌手になる夢を捨て切れなかった彼はグラスゴーで一枚のレコードを吹き込み、ある女性ピアニストに送ったところ、彼女の推薦からデッカ・レコード所属となった。さらに幸運だったのはピーター・セラーズやビートルズのプロデューサーとして有名なEMIのジョージ・マーティンと出会ったことで、この主題歌や一連のヒット曲により各国で知られるようになった。歌への情熱を失わずにいたことで夢を現実にした彼だが、まだこれからという'85年、53歳の若さでこの世を去っている。

彼のアルバムはどれも良いものばかりだが、美声が最も堪能できるこのブロードウェイ・ミュージカルのヒット集『インビテーション・トゥ・ブロードウェイ』をまず挙げたい。それにしても年を重ねるごとに渋い美声となったであろう、彼の歌をもっと聴きたかった。英国はつくづく貴重なシンガーを失ったと思うのである。

ミステリアスな歌の詩人

◉ウィズ・ア・テイスト・オブ・ハニー／モーガナ・キング

以前、霊に取り付かれたように彼女のLPを求め漁るように聴いていたことがある。その手始めとなったのがこの『ウィズ・ア・テイスト・オブ・ハニー』だ。ユダヤ系のピアニスト、ボビー・スコットが作曲し、1964年に彼女の歌で大ヒットしたタイトル曲は「A Taste Of Honey」としてビートルズの歌やティファナ・ブラスの演奏でよく知っていたが、針を落とし流れてきた歌とサウンドは僕の予想を砕く凄いものであった。彼女はニューヨークのメトロポリタン音楽院で声楽を学びオペラ歌手を目指しながらも、次第にポピュラー・ソングを歌うようになったというが、アルバムには声楽の唱法が見事に反映されている。トリー・ジトーの編曲・指揮に操られ素晴らしい演奏を繰り広げるジャズメンとオーケストラ。その音の響きに乗り煽るように彼女は、声域のすべてを使い変幻自在に歌い綴っていく。それは空を舞う天女の如く、または鬱蒼とした森に住む魔女のように、時には哀しみに沈む中世の王女の嘆きにも聴こえ、日本なら死者を呼ぶ恐山いたこの念仏とも思え、そこには怖さと美が潜んでいる。彼女は多彩にストーリーを聴き手に投げかけてくるミステリアスな歌う詩人である。

　1930年ニューヨーク州プリーザントヴィルで生まれ、父親がギター奏者で歌手という環境で育つ。'55年にATLANTICにリーダー作を1作残し、'69年に麻薬のために42才で

Morgana King
『With A Taste Of Honey』

MAINSTREAM　56015

【A】①A Taste Of Honey ②Fascinating Rhythm ③Prelude To A Kiss ④Corcavado【B】①Lazy Afternoon ②I Love Paris ③〈Medley〉When The World Was Young～Young And Foolish ④The Lady Is A Tramp
■Torrie Zito(arr, cond), Hank Jones(p), Dave McKenna(p), Milt Hinton(b), Mel Lewis(ds), Mundell Lowe(g), Clerk Terry(tp), etc.［1965年］

命を断ったトランペットの詩人と言われたトニー・フラッセラ夫人でもあった。その後トロンボーン奏者ウィリー・デニスと再婚したが、'65年に自動車事故に遭い、彼も39才で亡くなってしまう。悲劇的な人生だが、彼女はこの二人から音楽的な影響を多く受けたと思われる。また、女優としてコッポラが監督した、シシリア系イタリア人移民社会に君臨するドン・ビトー・コルレオーネと、そのファミリーを中心にマフィア組織の実体を映画化し大ヒットした'72年からの3部作『ゴッド・ファーザー』に母親役で出演。イタリア・シシリー島の血を引くユダヤ人の彼女にとって、この役は適役であったと言える。そんな俳優としての顔も持つ彼女だが、数々の辛苦を乗り越えて生きてきた証が歌に表現されているとは言えないだろうか。〝ミステリアスな歌の詩人〟そんな称号が彼女にはふさわしいのでは。

美しい湖で、美しい人と出会った

◉ウェンズデイズ・チャイルド／パティ・マクガヴァーン

10年ほど前、ネバダ州のキャピトル、カーソンシティに住む日系二世のチヨおばさんを訪ねた。この地は開拓時代の西部の香りが今も残る静かな街である。ここから30分ほど山を登るように車を走らせると、避暑地で有名な美しい湖の町レイク・タホがある。ネバダ州であるからホテルでギャンブルやショウが昼夜楽しめる歓楽地でもある。

チヨさんに誘われタホに行った日のこと、雲ひとつなく晴れていたが、山中のタホには雪が多く残っていた。チヨさんはちょっと用事があるというので、僕は山小屋風の古本屋をのぞいた。雪光りの反射を浴びた目に中は真っ暗でよく見えない。何かいい写真集でもと手探りで見ていると、うっすらと奥にレコード棚らしきものがあるではないか。早速パラパラ見ると、クラシックやムード音楽、ヴォーカルもあるが量が少なく、もう終わりかと諦めかけた時……ヒタと手が止まった。よくある著名ヴォーカリストの間で、身をよじるように『ウェンズデイズ・チャイルド』が収まっていた。長年探し求めた君はここにおったのかと手に取る瞬間、この気持ちをなんと言ったらいいのだろう。愛しい人に百遍の恋文を送り、やっと色好い返事をもらった心境に等しい。そのあとカジノに寄りスロット・マシンで負けたが、ヘラヘラと笑いが止まらず、チヨさんに気味が悪いと突かれたのであった。

Patty McGovern
『Wednesday's Child』

ATLANTIC 1245

【A】①Alone Together ②I Like Snow ③Crazy He Calls Me ④You Don't Know What Love Is ⑤All In Fun ⑥Hooray For Love 【B】①Lonely Town ②Wednesday's Child ③Love Isn't Everything ④Get Out Of Town ⑤Winter Song ⑥By Myself
■Thomas Talbert(arr, cond)
［1956年］

1928年ミネアポリス生まれ。本名パトリシア・ジーン・マクガヴァーンは、'50年から'54年までコーラス・グループ、ハニー・ドリーマーズのリード・ヴォーカルとして活躍。その後'56年に録音されたのがこのアルバムだ。彼女は緑の瞳を持つ美人であるが、歌声もイメージを裏切らず爽やかで清楚。ジャケットに良からぬ目つきで写っている男はアレンジャーのトーマス・タルバートだ。彼女はハニー・ドリーマーズを初期のミネソタの時代から見守った、ニューヨークのトップ・ディスク・ジョッキーの一人であったレイ・カマンと結婚している。

もうすぐアメリカに行くことになっているが、また〝アナログ中毒患者の病状を悪化させる〟そんな出会いがあったら嬉しいなと思っている。

黒人ヴォーカルの名花

◉ロンサム・ギャル／ルーリーン・ハンター

Singsをオープンしてから、新しいヴォーカリストのCDを聴く機会がとても多くなった。このシンガーはどうですかと、ヴォーカル好きな方がよくCDを持って来てくれるのだ。だが驚くことにそのすべては白人女性シンガーで、しかも美人ばかりだ。もちろん僕も美人ヴォーカルは人一倍好きではあるが、男性シンガーや黒人シンガーも好きな僕にとっては、そのリリースの少なさと人気のなさには哀しみすら覚える。売れなければ各社の経営が成り立たないということがあるにせよ、白人女性ヴォーカルばかりがこう多くては、ヴォーカルの世界を広げることも深めることもなくなり、やがて白人女性ヴォーカル・ブームの終焉と共に、ヴォーカルの世界自体が先細りにならないだろうか。ヴォーカルは流行などではなくオールウェイズなのだ。

ルーリーン・ハンター、僕は心から彼女の歌が好きだ。情感を込めて歌われる甘くブルーな曲の数々、彼女の歌が流れる場所には、ほっとする居心地のよさがある。

1928年ミシシッピー州クラークディル生まれだが、生後すぐに一家はシカゴ南部に移り住む。ハイスクール時代から歌い始め、卒業後ドラマー、レッド・サンダースの楽団に雇われ、シカゴで本格的にシンガーとしてスタートを切った。やがて彼女の歌は注目を集めるようになり、'50年にデニー・ファーノン楽団と初録音。シカゴの一流クラブなどで

Lurlean Hunter
『Lonesome Gal』

RCA VICTOR　LPM1151

【A】①Lonesome Gal ②Alone Together ③It's You Or No One ④You Don't Know What Love Is ⑤You Make Me Feel So Young ⑥My Heart And I Decided 【B】①It Never Entered My Mind ②You'd Be So Nice To Come Home To ③Brief Encounter ④A Stranger In Town ⑤But Not For Me ⑥On Green Dolphin Street ■Marion Evans(arr), Quincy Jones(arr), Al Nevins(cond)［1955年］

の評判がジャズ専門誌でも取り上げられ、'55年にニューヨークに進出。RCAと契約して、この記念すべきデビュー作『ロンサム・ギャル』を録音した。

アービー・グリーンの渋いトロンボーンが光る「My Heart and I Decided」や「A Stranger In Town」など、デビュー・アルバムと思えない落ち着いた語り口と歌のうまさにシカゴでの評判の高さがうかがえる。その後RCA系のVIKに2枚、ATLANTICに1枚アルバムを残しシカゴに戻り結婚、クラブを経営したが失敗、'83年に亡くなったという。

先日、彼女のアルバムを店で流していたら、茨城からいらっしゃったヴォーカル好きな方が、〝彼女はギャングに撃たれ死んだと書かれていましたよ〟と話してくれた。本当だろうか？　ちょっとショックだったが、シカゴといえばあの悪名高きギャングの大物アル・カポネの街。僕も一度立ち寄ったことがあるが、ジャズやブルースが似合いそうなレンガ造りの古い建物が立ち並び、そのいくつかには暴力団の巣窟があり、夜ともなれば街影にギャングが潜んでいてもおかしくない雰囲気が今でもあった。この街でクラブ経営などしていれば、ギャングとの繋がりも致し方ないと思えてしまう。

彼女は黒人ヴォーカルの名花だと思う。あのエラ・フィッツジェラルドは〝その実力に対し正当に評価されていないシンガー〟として彼女の名前を揚げたというが、〝名歌手であればこそ名歌手を知る〟のだろう。嬉しくなる。そんなことを考え、夕暮れに窓を開け放ち聴く彼女の歌は、僕の心を抜けしみじみと哀感を滲ませては、夕闇の中で漂っていた。

シンガーには
マイクがよく似合う

◉テイク・ワン／ドナ・ハイタワー

マイクを前に歌うシンガーの姿を捉えたジャケットには、白人黒人にかかわらず、欲しいと思わせる魅力がある。例えばCapitolでいえばシナトラやエセル・エニス、EmArcyのヘレン・メリル、セルマ・グレーセンなど、録音スタジオからダイレクトに歌が聴こえそうな臨場感のあるジャケットは、ヴォーカル・ファンを幸せにしてくれるものだ。

このドナ・ハイタワーのジャケットを眺めていただきたい。Capitolロゴのマイクに向かって歌う彼女の姿。微かに笑みを浮かべバラードでも歌っているのか、恍惚の表情が実にいいムードだ。しかし人によっては彼女のコブシの効いたキィーンと通る声、黒人特有の節回しとアーシーな乗りを嫌い、敬遠なさる方がいらっしゃると思う。しかしながらちょっと耳を傾けてほしい。もちろんこの〝コブシ・節回し・アーシーな乗り〟を抑えたら聴きやすくなる。だがこのコクとアクを抜いたら白人ヴォーカルさながら口あたり良くまろやかにはなるが、それでは黒人ヴォーカル本来の魅力、持ち味が消え、気の抜けた黒ビールのようになってしまう。オリジナリティを失った歌を聴くのは寂しく辛い。

『テイク・ワン』は、彼女のファースト・アルバムだが、参加している演奏者の豪華なこと、Capitolの期待度がうかがえる。感情を抑え語るように歌う「Maybe You'll Be There」、ムーディーなウェブスターのソロも見事。軽やかにスウィングしながら歌う彼

Donna Hightower
『Take One!』

CAPITOL　T1133

【A】①Perfidia ②Maybe You'll Be There ③Lover, Come Back To Me! ④There I've Said It Again ⑤Because Of You ⑥Please Don't Take Your Love Away From Me【B】①C'est La Vie ②Too Young ③Baby, Get Lost ④I Get A Kick Out Of You ⑤Anytime, Anyday, Anywhere ⑥Trouble In Mind
■Sid Feller(arr, cond)
［1958年］

女の若さが感じよく伝わる「Too Young」、ハンク・ジョーンズのピアノ、ジョー・ワイルダーのトランペットもそつの無いプレイで歌を支え、効果的だ。このアルバムは各曲での名手の演奏も聴きどころであるが、バックのメンバーに臆することなく溌溂と歌う彼女の、躍動感あふれる若さが程よく満載された、愛らしさを抱かせるアルバムである。

『風と共に去りぬ』の時代じゃないんですよ

◉トライ・ア・リトル・テンダネス／グロリア・リン

米国では、ナイト・クラブやラスベガスのステージなどで活躍し、それなりに高い評価を受けているベテラン・シンガーであるが、日本ではほとんど話題に上ることはない。ライヴ盤を聴けばそのシンガーの力量がよく分かるというが、1962年の『グロリア・リン・アット・ザ・ラスベガス・サンダーバード』での実況録音盤などを聴けば、黒人ならではのリズム感のよさ、情感豊かなバラードの説得力は、並のシンガーではないと頷かせるものがある。確かにルックスは黒人そのものの顔だちで、お世辞にも美女にはほど遠いが、彼女の〝輝ける武器〟と言えるこの歌唱力は、もっと注目され多くの人に聴かれてもいいのではないだろうか。もしこれが白人ヴォーカルで、彼女ほどの歌唱力があったら、マスコミにも大きく扱われ誌面を賑わせたことと思う。時は、あの1861年に起きた奴隷制度廃止をめぐって戦った南北戦争、『風と共に去りぬ』の時代じゃないんですよ！固定概念を取り除き、もっと大勢の方に黒人シンガーのアルバムを聴いてほしいと願う。

1931年ニューヨーク生まれ。生粋のニューヨークっ子の彼女は、大歌手のエラやサラそしてダイナなど、数多くの黒人シンガーがステージを踏み巣立っていった黒人音楽の殿堂、ハーレムの《アポロ劇場》で歌の経験を積み、ナイト・クラブなどでの評判を得て、'58年ニューヨークに設立されたEVEREST と契約。アルバムを重ねるが、'63年のロス

Gloria Lynne
『Try A Little Tenderness』

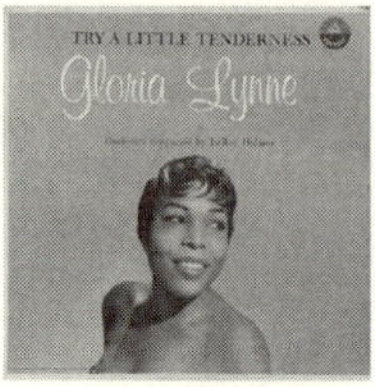

EVEREST　LPBR5090

【A】①Intermezzo ②Try A Little Tenderness ③Long Ago And Far Away ④Happiness Is A Thing Called Joe ⑤Be My Love ⑥A Hundred Years From Today【B】①Bali Ha'I ②Indian Love Call ③Please Be Kind ④One Step From Heaven ⑤My Reverie ⑥My Prayer For You
■Leroy Ho l mes(arr, cond)
［1960年］

での録音を最後にEVERESTによるジャズ録音がなくなると、他のレーベルに移り何枚かのいいアルバムを残している。その中から彼女の代表作をと言われたらちょっと迷うが、僕がよくターンテーブルに乗せるのは、ストリングス入りのオーケストラとコーラスが、初々しい歌声を耳あたりよく包み、優しさを心に届けるこの『トライ・ア・リトル・テンダネス』だ。そして内容が良ければジャケット写真のお顔がチャーミングに見えるのも道理。白人ヴォーカルは素敵だ。でもそれは黒人ヴォーカルにも言える。同じようにとは言わないが、もう少し愛ある眼差しで触れてほしいと思う。

知的に歌うバレリーナ

◉マイ・ネーム・イズ・ルース・プライス…アイ・シング
◉ルース・プライス・ウィズ・シェリー・マン・アンド・ヒズ・メン・アット・ザ・マン・ホール／ルース・プライス

ルース・プライスは、僕にとって懐かしいヴォーカリストである。今から25年ほど昔のロスアンゼルスでのこと。或日コミュニティー新聞を読んでいたら、ライヴ情報欄にルースの名前があった。場所はと見ると、幸運にもサンタモニカにほど近い、当時母親の住んでいたブレントウッドから歩いて約10分のサンヴィセンテ通りにある小さなコーヒー・ショップだった。彼女のアルバムを日頃よく耳にしていた僕は、これは行かなくちゃと期待を胸に出かけた。

まだカリフォルニアの明るい陽射しが差し込む夕刻のカフェ、店内はこざっぱりとしており客席は50名ほど、すでにルースは店の隅でワインを片手に顔見知りと歓談していた。やがて黒のドレスに身を包み、ピアノとギターをバックにスウィング・ナンバーでスタートさせた。驚いたことに彼女は表現豊かなヴォーカリストで、リズムや歌に合わせ身振り手振りを加え、時にはジャズ・ダンスといった動きでとてもアグレッシブな印象を与える。また一転してバラードでは、マイクの前に静止して、自身をも納得させる如くの仕草で瞳を閉じ、時折手をしなやかに風のように動かせての柔軟なパフォーマンス、御歳50歳なら

Ruth Price
『My Name Is Ruth Price ... I Sing !』

KAPP　KL1006

【A】①My Shining Hour ②Ev'ry Time ③Calypso Blues ④I Don't Want To Walk Without You ⑤Who Am I ⑥Gentleman Friend【B】①I'm Old-Fashioned ②Give Me The Simple Life ③Sleighride In July ④Shadrack ⑤Someday My Prince Will Come ⑥Exactly Like You
■Lou Stein(p), Milt Hinton(b), Ellis Tollin(ds), Joe Newman(tp), Frank Wess(ts)［1955年］

ではという〝円熟〟の味わいだった。休憩をはさんで約2時間、ワインをたっぷりいただいた体に鞭を打ち、表に出ると外はロスアンゼルスの青い月明かり、知的なヴォーカリストとの思いを抱き家路を辿ったのであった。

1938年4月27日ペンシルバニア州フェニックスヴィル生まれ。14歳からバレエ学校に通い、その後フィラデルフィア・バレエ・カンパニーに入団、プロのバレリーナとなった。音楽も好きでよく聴いてはいたが、バレエのためのクラシックが中心だったという。しかしバレエだけでは生活が成り立たず、ナイト・クラブでも働き、次第にポピュラー・ミュージックに心惹かれるようになる。その頃ジュリアード音楽院に通っていた友人から、チャーリー・パーカーを聴きに行こうと誘われ、本格的なジャズに初めて触れたルースはパーカーの演奏に強く心を打たれ、ジャズの素晴らしさに興味を募らせるようになりヴォーカリストになろうと決心する。'54年にチャーリー・ヴェンチュラがシンガー兼ダンサーを探していることを知り、その応募に応えバンドに雇われることになった。

デビュー・アルバムは、彼女の歌ったテープを誰かがニューヨークのレコード会社に送ったことにより実現、KAPP及びROOSTに録音する幸運に恵まれた。当時クラブではレッド・ガーランドやフィリー・ジョー・ジョーンズなどと共演したという。その後仕事がなければフィラデルフィアに戻るつもりでニューヨークに出たルースは、無名ながらヴィレッジ・ヴァンガードで数週間の仕事を得る。彼女にとって転機となったのは、数ヵ月間クラブ・ジャズ・シティに出演した折り、そこで彼女と同じユダヤ系の名ドラマー、シェリー・マンと交友関係を持てたことであった。まもなくルースはウエスト・コーストのクラブに出演するようになり、シェリー・マンのクラブでの実況録音盤『ルース・プライ

Ruth Price
『Ruth Price With Shelly Manne & His Men At The Manne Hole』

CONTEMPORARY　S7590

【A】①I Love You ②They Say It's Spring ③Listen Little Girl ④Dearly Beloved ⑤I Know Why ⑥Shadrack【B】①Crazy He Calls Me ②Nobody Else But Me ③Nobody's Heart ④All I Do Is Dream Of You ⑤Who Am I ⑥Till The Clouds Roll By / Look For The Silver Lining
■Russ Freeman(p), Chuck Berghofer(b), Shelly Manne(ds), Conte Candoli(tp), Richie Kamuca(ts)
［1961年］

ス・ウィズ・シェリー・マン・アンド・ヒズ・メン・アット・ザ・マン・ホール』を発売するに至ったのである。'64年には1年半程ユダヤ系のトランペッター、ハリー・ジェームス楽団の専属シンガー勤め、同年4月に来日している。また彼女は映画音楽やフュージョンで名の知れた、やはりユダヤ系のピアニスト、デイヴ・グルーシンと結婚している。'90年代にはロスアンゼルスのジャズ・クラブ《ザ・ジャズ・ベイカリー》の経営に携わり、時には歌を披露していたという。

『マイ・ネーム・イズ・ルース・プライス・アイ・シング』。ルース・プライスはLPを6枚ほど残しているが、一枚をと言われればこのデビュー盤である。彼女はアルバムを重ねるごとに、ちょっと引きずるような持って回った歌い方が多くなるが、デビュー盤だけにその癖が程良い個性となって新鮮に聴こえる。スロー・ナンバーも悪くないが、バックの好演もあり「My Shining Hour」や「Give Me The Simple Life」などのスウィング・ナンバーの爽快感にグッとくる。

『アット・ザ・マン・ホール』は、ピアノのリフレインに続き、司会がルースの名を告げ拍手が沸き起こり、ドラムのハイハットを合図に、間髪おかずに歌いだすという好調な滑りだしだ。客席にいるようなダイレクトな音の質感、ウェスト・コーストならではの寛いた雰囲気、歌声・演奏共に旬の出来映え、選曲のよさにも満足のライヴ盤。

まだ健在なら歌える年齢ではあるが、どうしているのだろうか。ルース・プライスはそれほど華のあるシンガーではないが、〃一度は聴かなければ〃と思わせる、インテリジェンスを内に秘めた魅力のシンガーであった。

癒しの王様

◉トゥ・フゥーム・イット・メイ・コンサーン／ナット・キング・コール

今は幸せな時代だろうか？　癒しに関連するさまざまな商品やグッズが売られ、ためらいもなく買い求めてゆく人びと。癒しという言葉が流行になるほど癒しのない時代。まだ閑だった頃の記憶が脳裏をかすめる。

熱い夏の夕暮れ、路地には打ち水が蒔かれ、窓にかかる葦簾の向こうからプロレスや野球、そしてテレビドラマの音、卓袱台を囲み食事をする家族、笑ったり悲しんだり、幸せとは気付かずにいた幸せ。裕福とは言えないが、いとおしい夏の小景。そんな頃、僕はアメリカのテレビドラマに夢中だった。なかでもルート66が放送される日はどんな甘い誘惑にも負けず、友達からお前の好きな子が浴衣を着て盆踊りで踊るぞ、それでも行かないのかぁと誘われても、テレビの前にかじりついた。シカゴとロスアンゼルスを結ぶ国道66号を旅する二人の若者。先々で事件に巻き込まれながらも解決。二人の窮地を救った人びとや束の間の恋に心を残しながらも、やがて去って行かねばならぬという、出会いと別れの人間模様が魅力だった。またドラマの終わりにジョージ・マハリスとキング・コールの主題歌が交互に聴けるのも楽しみで、いつも次回が待ちどおしかった。実は僕が彼の歌に関心を示す以前から、我が家には母の買い揃えたキング・コールのアルバムがあったのだ。従って、僕にとって彼は最も付き合いの長いシンガーであり、親しい友にも似た想いがあ

Nat “King” Cole
『To Whom It May Concern』

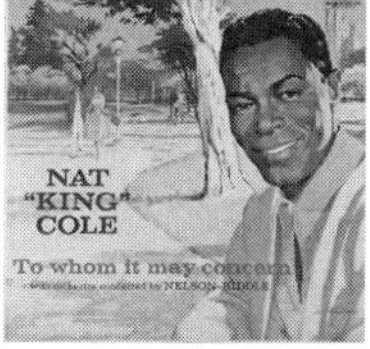

CAPITOL　W1190

【A】①To Whom It May Concern ②Love-Wise ③Too Much ④In The Heart Of Jane Doe ⑤A Thousand Thoughts Of You ⑥You're Bringing Out The Dreamer In Me【B】①My Heart's Treasure ②If You Said No ③Can't Help It ④Lovesville ⑤Unfair ⑥This Morning It Was Summer
■Nelson Riddle(arr, cond)
［1959年］

る。ラジオでよく聴いた「My First And Only Lover」「Get Out And Get Under The Noon」。優美で品があり、心にぽっと灯を点すような、笑みをかえさずにはいられない歌声。そんな彼の歌を聴いて癒されない人がいるのだろうか。

1919年アラバマ州モントゴメリー生まれ。父が聖職者だったため、4歳の時一家はシカゴに移る。後にスライド奏法のジャズ・ピアニストとして名を馳せる彼だが、ピアノは聖歌隊で歌う母親パーリーナの教えによるもので、12歳の時には教会のオルガニストを勤めていたという。のちに彼のピアノとドラムレスの編成は、多くのミュージシャンに影響を与えた。50年代の終わりから人気が上昇すると共に、甘く心地よいオーケストレーションをバックにしたアルバムの制作を推し進めてゆく。当然それらのアルバムは優れた作品ばかりなのだが、評論家の中には早期にジャズを捨て白人趣味の音楽に片寄り過ぎているると非難する者もいたという。しかしそれは愚かな発言というもの。彼は聖職者の一家に生まれ幼い頃から人びとに愛と希望を与える手助けをしてきたのである。より広く大衆を楽しませ、愛を与える素晴らしさを選択をしたに過ぎない。非難した評論家には猛省を促したい。

『トゥ・フゥーム・イット・メイ・コンサーン』には、有名曲は入っていないが、彼が作曲したタイトル曲からネルソン・リドルの編曲も冴えわたり、優れたヴォーカル・アルバムとなっている。それにしても神は惨い。あれほど多くの人びとに愛を与えた彼の命を、45歳の若さで奪った。いまだに彼の歌が人びとに愛されているということが、神の慈悲なのだろうか。背筋を伸ばし微笑みを浮かべ歌う姿、キング・コールの歌声には聖歌にも似た深いやすらぎがある。

どことなくいいシンガーのムーニー

◉ザ・ハピネス・オブ・ジョー・ムーニー／ジョー・ムーニー

盲目のヴォーカリスト、ジョー・ムーニーは、オルガンやアコーディオン奏者であり、ピアニストでもある。僕は以前、このようなオルガンやアコーディオンがバックのヴォーカルは聴く耳を持たんよ、と避けていた血統書付きの馬鹿だった。しかし歳のせいとは思いたくないが月日が僕を変えたようで、今では彼の歌はすーっと心の壁を通りぬけて楽々と僕の中に入ってくる。決してうまいとは言えない、ぼそぼそと語り部のような歌い方だが〝誰とも違う〟。存在していること自体に意味があると思えるいい歌なのだ。

昨年ニューヨークの某有名レコード店で'55年の初LPであるDECCA盤『You Go To My Head』の10インチを見つけたが、やけにプライスが高く迷ってしまった。この10インチは初期のSPをアルバムにしたもので、ここからの7曲に5曲を加え12インチにしたのが'57年の『On The Rocks』だ。このアルバムは持っている、聴けるからいいかと購入を諦めた思い出がある。

さて、この『ザ・ハピネス・オブ・ジョー・ムーニー』は、手堅いバックメンが彼を支えているが、本人は至っていつもと変わらず、アコーディオンで「When I Fall In Love」、ピアノで「Emily」、オルガンで「When Sunny Gets Blue」と肩の力を抜いて淡々と歌っている。その淡々が粋でもあり〝どことなく好き〟なのだ。また、彼の〝なんとなく流〟

Joe Mooney
『The Happiness Of Joe Mooney』

【A】①Cute ②When I Fall In Love ③Emily ④You Irritate Me ⑤I Wonder What Because Of Me ⑥Honeysuckle Rose【B】①Happiness Is You ②She's Not For Me ③I Wanna Be Around ④When The World Is At Rest ⑤When Sunny Gets Blue ⑥This Is The Life
■Joe Mooney(vo, org, acc), Mundell Lowe(g), Kenny Burrell(g), George Duvivier(b), Milt Hinton(b), Mousey Alexander(ds), Ed Shaughnessy(ds), Andy Fitzgerald(fl), Jerry Dodgion(fl), Joe Venuto(vib)
［1965年］

COLUMBIA CL2345

は聴く者に安心感を与え、決して構えさせたりしない。それゆえに好いと思えるのである。ムーニー、彼のようなシンガーをいいと感じるのは、僕が十分大人になったからなのか、歳をとったと言うべきなのか。いずれにせよ、月日の流れも悪くないなあと思うのであった。

昔ふうながら

◉ア・センチメンタル・デイト・ウィズ・ペリー・コモ／ペリー・コモ

僕のラジオ・デイズ、暇さえあれば好きな歌に耳を傾けていた。その頃は、男性シンガーも女性シンガーを上回るぐらい元気に〈ラジオのヒット・パレード〉を賑わし庶民の生活に溶け込んでいた。良い時代だったと思えばそれでいいのだが、近頃の男性シンガーの衰退を思うと寂しい気持ちになる。ペリー・コモ、彼の歌もラジオで随分聴いた。そういえばこのジャケット、髪を後ろに撫で付けオール・バックにしたコモが写っている。昔、男性の多くはこんな髪型していたものだが、それは子供心に大人の印に見えた。今でも時折見かけるが、昔ふうながらキリッと男ぽくっていい。

1913年ペンシルバニア州キャノンズバーグでイタリア系アメリカ人の息子として生まれる。少年期から努力家のコモは学業の合間に理髪店の見習いとして働き、その貯金と両親の援助で14歳の時には自分の店を持ち、歌が好きだったコモは憧れのビング・クロスビー張りの声で歌をサービス、歌う床屋さんとして繁盛したそうだ。あの声で耳元で歌われたら、男でもたまらないだろうなあ。ウフウフと笑みが零れ、髭を剃る時など危ない気がするのだが。19歳の時、友人の勧めでクリーヴランドを中心に活動していたフレディ・キャロン楽団のオーディションに合格、店を両親に任せ歌手としての道をスタートした。'36年、当時の人気ダンス・バンド、テッド・ウィームズ楽団のテッドがコモの歌を聴

Perry Como
『A Sentimental Date With Perry Como』(10inch)

【A】①When Day Is Done ②Carolina Moon ③What'll I Do? ④If We Can't Be The Same Old Sweethearts【B】①I'm Always Chasing Rainbows(With The Satisfiers) ②Love Me Or Leave Me(With The Satisfiers) ③Body And Soul ④When Your Hair Has Turned To Silver
■Russ Case(arr, cond), Lloyd Shaffer(arr, cond)［1953年］

RCA VICTOR　LPM3035

いてバンドに誘い、有名バンドのシンガーとして全米を巡業。コモの名も知れ渡ったが、'42年にテッドが第二次世界大戦中の海兵隊に協力するためバンドは解散。コモは故郷に戻ろうと考えたが、CBSラジオから仕事の話が舞い込みニューヨークに進出。番組は成功を収め名高いナイト・クラブ《コパカバーナ》にも出演し評判となり'43年RCAと専属契約を結んだ。'45年にミュージカル『回転木馬』の一曲「If I Loved You」とショパンのポロネーズを編曲した「Till The End Of Time」が売り上げ200万枚を記録、歌手としての地位を確かなものにした。

『ア・センチメンタル・デイト・ウィズ・ペリー・コモ』は、'48年に発売されビルボード誌のアルバム・チャートで1位となったSPの4枚組を10インチにしたもので、コモのバラードの巧さが堪能できる。実を言うと若い頃は、イージーゴーイング調の間延びしたようなコモのバラードが苦手だった。しかし何事もスピーディーな現代では、それがとても貴重なもののように思える。ロマンティックで円やか、寝そべって雲の上で聴くようなバラード、それはいつも眠りを誘い、現実は遠い彼方にある。再び男性シンガーの歌が多く流れる世が来ることを僕は切に望むのである。

私の輝ける時

◉ラヴ・レディ／シルヴィア・シムズ

時々その飢えはやって来る。奇をてらったり派手や斬新なものでは納まりがつかない。もっとじわじわと胸に染み入る歌である。こんな気分であれこれレコードを引っこ抜くのだが、若い恋人的シンガーでは心許無く、結局、どこをうろうろしてたのよ、今頃顔出して浮気でもしてたんでしょ、とちょっと拗《す》ねて見せるような昔馴染みの気心の知れたシンガーに落ち着く。

シルヴィア・シムズは小柄でぽっちゃりとした並の器量、歌い方もパワフルとは無縁で声もプレーンと飾り気がないのだが、時折かいま見せる繊細な表現や情感の奥深さに、僕は〝はっとさせられて〟しまい、彼女が歌うことの存在理由を見い出すと共に、愛しい思いをつのらせるのである。

1919年、ロシア移民の家庭だが、ニューヨークの南イーストサイドにあるユダヤ人居住区でシルヴィア・ブラグマンとして生まれた。父は衣料品の商いをし、彼女は言葉がおぼつかない頃から歌が好きだったという。両親の勧めでニューヨーク大学でジャーナリズムを学ぶが、'40年の夏にジャズ・クラブ《ケリーズ・ステイプル》のバンド・リーダーだったベニー・カーターに週25ドルで雇われ、全盛期を迎えつつあったマンハッタン界隈のナイト・クラブの常連歌手となった。この頃レスター・ヤングやアート・テイタム、そ

Sylvia Syms
『Love Lady』

STANYAN　SR10001

【A】①I'll Never Be Alone ②Second Best ③The Way It Was Before ④Love, Let Me Not Hunger ⑤The Ivy That Clings To The Wall ⑥Where Are We Now? ⑦Listen To The Warm【B】①Bend Now And Touch Me ②The Beautiful Strangers ③Like Children Do ④I'll Catch The Sun ⑤Blessings In Shades Of Green ⑥If You Go Away ⑦The World I Used To Know
■Syd Dale(arr), Rod McKuen(cond), Ellis Larkins(p)［1970年］

して当時影響を受けていたビリー・ホリデイらと親しくなり、のちに〝ホリデイの髪にくちなしの花を勧めたのは私よ〟と述べている。50年代に入りナイト・クラブ業界が衰退し始めると、舞台での仕事を増やし『南太平洋』、『ファニー・ガール』などのミュージカルに出演。ドラマ『カミノ・リール』では、アル・パチーノと共演した。'58年には『マイ・フェア・レディ』からの一曲「I Could Have Danced All Night」が大ヒットとなり、自身のキャリアに最大の光を当てた。

60年代後半から次々と深刻な健康上のトラブルに見舞われ、癌の手術で片脚・脾臓・腸の一部を失うが、40年代によく酒を酌み交わし、生涯を通じて友人となったフランク・シナトラがその費用を支払い励ましたという。その後も病魔には悩まされたが、徐々に回復し80年代に再び仕事に復帰した。

『ラブ・レディ』は、詩人・作曲家・歌手・プロデューサーと多才な顔を持つロッド・マッケン曲集。当時の彼女は離婚や健康上の苦悩を抱えていたにも拘らず、作品には不安感など微塵もなく、歌うことの悦びや曲に対する視線の優しさがしみじみと伝わる名作である。

'92年のこと、新聞を見ていたら彼女の死が小さく報じられていた。5月10日未明ニューヨークの名門ホテル《アルゴンキン》で公演中、アンコールのためにステージに向かう途中で見かけた、友人の作曲家サイ・コールマンと話しを交わした時に倒れ、病院へ運ばれた時にはすでに息がなかったという。アンコール・ナンバーでは「My Shining Hour」(私の輝ける時)を歌うことになっていた。実に彼女に相応しいアンコール・ナンバーであり、なんと見事な幕の引き方なんだろうと、なんだか涙腺が緩んでしまった。

良き時代の麗人

◉ナイト・イン・マンハッタン
◉ウェスト・オブ・ザ・ムーン／リー・ワイリー

以前、僕の憧れの地は西海岸で、ニューヨークには関心がなかった。しかし一曲の歌が急速に僕をニューヨークへと方向転換させた。その曲とは、リー・ワイリーの小粋な名曲「Manhattan」。針を落とせば、軽やかにコロコロとブシュキンのピアノが流れ、ハケットのトランペットが高らかに歌の出番を促すと、あのシックで甘美なハスキー・ヴォイスがふわりと登場する。そんなたまらない瞬間と共に〝時の秒針〟は過去へと刻みを始め、微睡みにも似た懐かしい思い出を呼び寄せ、そして雑然とした世の煩わしさがふと消え去ったかのような安堵感を漂わせるのだ。出会った時からそんな気分にさせたこの一曲は、僕の終生の愛聴曲となった。

7年前、僕はニューヨークへと向かう機上の人だった。紺碧の空にすくっと聳え立つ摩天楼、ハドソン川はきらきらと色を変え、眼下のニューヨークは美しかった。憩いのセントラル・パーク、芸術家の街グリニッチ・ビレッジ、ブルックリン橋から望むマンハッタンの夜景、僕は摩天楼の下に佇んではビルに切り取られた青空を眺め、「Manhattan」の旋律を心で鳴らし彼女の時代を偲んだ。

1915年10月9日オクラホマ州フォート・ギブソン生まれ。洗練されたイメージだが、

Lee Wiley
『Night In Manhattan』(10inch)

COLUMBIA　CL6169

【A】①Manhattan ②I've Got A Crush On You ③A Ghost Of A Chance ④Oh! Look At Me Now【B】①Street Of Dreams ②A Woman's Intuition ③Sugar ④Any Time, Any Day, Anywhere ■Bobby Hackett(Cor), Joe Bushkin And His Swinging Strings(Backing Band)
［1950年］

イギリス人の祖父がチェロキー族のインディアンの娘と結婚したため、彼女にもチェロキーの血が流れているという。10代の頃エセル・ウォーターズの歌に刺激を受け、15歳で家を離れ母の友人が探してくれたシカゴの小さなナイト・クラブのシンガーとなった。'31年にレオ・ライスマン楽団の専属となり音源も残されているが、その当時、幸運にもクラブで新進の作曲・編曲兼バンドリーダーのヴィクター・ヤングと出会い、彼と一緒にニューヨークに移り、'33年『ザ・ボンズ・コールド・クリーム・アワー』の歌手契約を結んだ。まもなく全米の人気ラジオ番組、ポール・ホワイトマンの『クラフト・ミュージック・ホール』の花形シンガーとして注目されたが、自分の歌を指揮していたヤングの名が放送中に紹介されなかったことへの不満などから二人は番組を降りた。その頃の深酒で健康を害していた彼女は、療養のためアリゾナに向かい、親しい関係であったヤングはハリウッドに行き『誰が為に鐘は鳴る』('43年)や『シェーン』('53年)などの映画音楽の作曲家として大成した。'44年にジャズ・ピアニストのジェス・ステイシーと結婚、バンドを率いて全米を巡業したが、一年ほどでそんな生活に疲れステイシーとも数年で離婚。'66年に裕福な元実業家ナット・ティシェンケルと再婚するも、徐々に人前で歌うことやレコーディングも少なくなり引退した。

彼女は大歌手とはちょっと違うが、多くの根強い賛美者を残した。50年代の円熟期に吹き込まれた『ナイト・イン・マンハッタン』は、「Manhattan」のみならず「I've Got A Crush On You」、「Oh Look At Me Now」などの名曲が収められた、後世にも伝えたい不滅の名盤だ。そして『ウェスト・オブ・ザ・ムーン』は、程よく熟唱された「Who Can I Turn To Now?」や「East Of The Sun」など、ラルフ・バーンズ楽団との相性も

Lee Wiley
『West Of The Moon』

RCA VICTOR　LPM1408

【A】①You're A Sweetheart ②This Is New ③You Must Have Been A Beautiful Baby ④Who Can I Turn To Now? ⑤My Ideal ⑥Can't Get Out Of This Mood【B】①East Of The Sun ②I Left My Sugar Standing In The Rain ③Moonstruck ④Limehouse Blues ⑤As Time Goes By ⑥Keepin' Out Of Mischief Now
■Ralph Burns And His Orchestra
［1956年］

よく、彼女特有の薫り立つような風情に、今更ながらいい歌だなぁと納得させられる一枚である。

彼女の歌は、初めて聴く方には古さを感じさせるかもしれない。僕もそうだった。しかし優しい会話のように歌われる都会の哀愁は、優雅な温かさを心に蓄積させては、再び聴かずにはいられない思いにする。それは〝自然にシンプルに歌う〟という、彼女の美しい魔法である。'72年にはニューポート・ジャズ祭のステージに立ち往年のファンを喜ばせたが、'75年12月11日〝古き良き時代の麗人〟リー・ワイリーは、60歳で星の国の住人となった。

奔放な天性のシンガー

◉ダイナ・ワシントン
◉イン・ザ・ランド・オブ・ハイ＝ファイ
◉ホワット・ア・ディファレンス・ア・デイ・メイクス！／ダイナ・ワシントン

ダイナ・ワシントン、凄いシンガーだと思う。我が国でも若干の知名度はあるとはいえ、歌の正当な評価となるとはなはだ疑問である。彼女というと、以前ＴＶのＣＭで使用され種火ほどヒットした「What A Difference A Day Made（縁は異なもの）」や演奏好きが決まって挙げる、クリフォード・ブラウンとの『ダイナ・ジャムス』と判押しばかりの評価に甘んじた状態。彼女はＣＭに流れてどうの、ブラウンとどうのと、そんな引き合いは不要の天下御免のシンガーなのに。しかし恥ずかしながら、自分も昔はダイナか〜とレコード棚の隅を定位置とし、聴くことも稀な罪人だったのである。

20年程前のこと、ロスアンゼルスからサンフランシスコに向かって真っ直ぐ伸びるハイウェイ5号線を走っていた。黄昏は青空を赤く染め、雲は広大な大地に影を落し、カーラジオからの音楽はご機嫌だった。やがて歌詞を絞りだすように歌う、甲高い彼女の声が流れてきた。その歌声は大地をものともせず風景さえ友とし、すべてをブルーな感傷色に染め、僕を傷心の旅人にした。彼女の背景にある差別による人種的な重さや、自然と一体となって生み出される生命の力によるものなのだろうか、つくづく〝広い大陸で暮らす人々

Dinah Washington
『Dinah Washington』(10inch)

【A】①I Want To Cry ②It Isn't Fair ③I Wanna Be Loved ④I Only Know 【B】①I'll Never Be Free ②I Can't Get Started With You ③How Deep Is The Ocean ④Why Don't You Think Things Over
［1950年］

MERCURY MG25060

にこそ〃より理解される歌なんだろうと、僕の心の壁に深くダイナの烙印が押されたのだった。

本名ルース・リー・ジョーンズ。１９２４年アラバマ州タスカルーサ生まれ。物心がつくと、教会のピアニスト兼聖歌隊指揮者だった母親からピアノと歌を習い、シカゴに家族が移り15歳の時、《リーガル劇場》でのアマチュア・コンテストで優勝。翌年、伝説的なゴスペル歌手サリー・マーティンのピアニストを務め巡業、まもなくサリーの初代の女性ゴスペル・グループ、カラード・レイディズ・カルテットで歌うこととなり、プロとしてのスタートを切った。

ダイナの歌を説教臭いという方もいるが、あらためて述べるまでもなく彼女の表現の根底にはいつも母親と伝説の人サリーから会得したゴスペル魂があり、従ってそのやり口で聴衆を煽情し且つドラマティックな唱法で心を鷲掴みにし敬服させるのである。'41年、聖女であるべき彼女が、夜ごと盛り場で酒や男にうつつを抜かしているとの評判がたち、ゴスペル・グループを去りシカゴのナイト・クラブで歌うようになったが、この通俗な場所こそ彼女に相応しい世界であった。'42年、ギャリック・バーに出演していた時、プロモーターのジョー・クレイザーの目に止まり、彼の交渉によりライオネル・ハンプトン楽団に入団、芸名をダイナ・ワシントンと改め、徐々に注目を集め〃ブルースの女王〃と呼ばれるようになった。彼女名義の初録音はKEYNOTE（'43年）への4曲、その後APOLLO（'45年）へブルースを12曲、'46年から'61年までMERCURYの専属となった。

初のビッグ・ヒットは'49年にR＆Bチャートで1位となった「Baby Get Lost」で、'58年には映画『真夜中のジャズ』に出演しパンチの効いた「All Of Me」を披露。そして最

Dinah Washington
『In The Land Of Hi-Fi』

MERCURY　MG36073

【A】①Our Love Is Here To Stay ②Let Me Love You ③There'll Be A Jubilee ④My Ideal ⑤I've Got A Crush On You ⑥Let's Do It【B】①Nothing Ever Changes My Love For You ②What'll I Tell My Heart ③Sunnyside Of The Street ④Say It Isn't So ⑤Sometimes I'm Happy ⑥If I Were A Bell
■Hal Mooney(arr, cond) Junior, Mance(p), Cannonball Adderley(as)
［1956年］

初で最後のトップ・テン・ヒット「What A Difference A Day Made」が、ビルボード誌のトップ・チャートで9位を記録、100万枚を売り上げグラミー賞を受賞した。ダイナには7度の結婚歴があるが、他にもドラマーのジミー・コブやラリー・ライスなどとも親密だったという。彼女は男性遍歴の女王でもあった。

奔放に生きた彼女だったが、日頃の大量の飲酒に加え睡眠薬の過剰摂取のため'63年12月14日の深夜、39歳でこの世を去った。デトロイトでの通夜には酷寒にも拘らず3万人が参列、シカゴの葬儀には2万5千人もの人々が集まったという。いかに彼女の歌が大衆に愛されていたかが分かる出来事である。

『ダイナ・ワシントン』は、SPの音源を10インチにまとめたもので、当時の懐かしいオーケストラのサウンドに調子を合わせ、彼女の若々しい張りのある歌声が堪能でき、まもなくスター歌手の仲間入りをしようとする頃の勢いが伝わる一枚。

『イン・ザ・ランド・オブ・ハイ=ファイ』は洗練されたブルース・フィーリングを含ませながらお馴染みのスタンダードを力強くスウィングさせ、バラードでは心を潤わせたりの、ダイナ節全開のお薦め盤。

『ホワット・ア・ディファレンス・ア・デイ・メイクス!』は、彼女を語る上で欠かせない記念碑的アルバムで、甘美なストリングス入りの聴きやすさ故に好セールスを収めたが、バックはどうであろうと独自のスタイルは不変で、愁いを帯びた歌唱は感動的でさえある。

ダイナはレコーディングの際、例外を除き一曲につきワン・テイクにしか応じなかったという。その感情移入の非凡さ、正確なピッチは神に選ばれし天賦の才であり、ジャンルを超越した、米国の生んだ豪放磊落な至宝と言えるシンガーであった。

Dinah Washington
『What A Difference A Day Makes!』

MERCURY　SR60158

【A】①I Remember You ②I Thought About You ③That's All There Is To That ④I Won't Cry Any More ⑤I'm Thru With Love ⑥Cry Me A River 【B】① What A Difference A Day Made ② Nothing In The World ③Manhattan ④ Time After Time ⑤It's Magic ⑥A Sunday Kind Of Love
■Belford Hendricks(arr, cond)
［1959年］

素晴らしさに、今も昔もない

◉ハーベスト・ムーン・アルバム／ザ・パイド・パイパーズ

僕は間抜けだった。今でも悔しいと思い続けている。その悲劇は今年の2月半ばに起きた。

ロスに着き車で3時間、パームスプリングスにやっと到着。やれやれと寛いでいると、ここから近いパーム・デザートに《マッカラム》という素敵なシアターがあるから、もし観たいショーがあったら連れて行ってあげるわねと、コンサート・ガイドを渡された。翌週パラパラと日当たりのいい庭先でコンサート・ガイドを眺めていると、目を疑う文字が飛び込んできた。「トリビュート・トゥ・ジミー・アンド・トミー・ドーシー・ブラザーズ・オーケストラ」指揮ビル・トール、問題はその次だ。Starring「ザ・パイド・パイパーズ」と書いてある。まさか！ 60年代に解散したと聞いたがまだ続いていたのか、結成は1937年だから71年も前のことだ。ショーの日付を見ると20日の1回公演。ああ～神はどこに。すでに2日ほど過ぎている。間抜け男に花が散る。パイド・パイパーズは、僕の大フェイバリット・コーラス・グループなのである。往年の魅力が薄れていたとしても観てみたかったと、心が乱れる。〝東海の小島の磯の白波にわれ泣き濡れて悪夢とたはむる〟そんな悔しい思いで、その日を過ごしたのであった。

パイド・パイパーズ、その輝きに満ちた魅惑のハーモニー。まだ未来に希望があるよう

The Pied Pipers
『Harvest Moon Album』(10inch)

【A】①Shine On Harvest Moon ②Dream ③My Melancholy Baby ④Girl Of My Dreams【B】①Can't Yo' Hear Me Callin' Caroline ②Poor Butterfly ③Alice Blue Gown ④I'll See You In My Dreams
■Paul Weston(arr, cond)
［1952年］

CAPITOL　H212

な、まだ人を信じてもいいような、そんな温かな夢をいつも授けてくれる、アメリカの良き時代をこれほど偲ばせてくれるグループは稀だ。

当初8人編成でスタートしたグループは、トミー・ドーシー楽団に加わった頃に4人編成に変わっている。歴代の紅一点も魅力的で、初代のジョー・スタッフォード、ジューン・ハットン、ローアン・ホーガン、ジェナ・エックランド、スー・アレン、ジーン・マクナマスなどの顔ぶれが名を連ねている。現在はジミー・ドーシー・オーケストラ専属の女性シンガー、ナンシー・ノールがリーダーとなり、彼女の努力のお陰でグループは存続している。パイド・パイパーズのファンは多い。ヴォーカル・ファンに〝お好きですか？〟と尋ねると途端に雄弁に話し出す。そんな〝島原の隠れキリシタン的なファン〟が多く潜伏している。嘘だと思うなら〝踏み絵〟のように、ヴォーカル好きの方にパイド・パイパーズのレコード・ジャケットを、踏んでみろと差し出してみるといい。必ず怯えおののき後ずさりする多くの隠れファンがいるはずだ。昔なら市中引き回しの上、島流しまたは打ち首というところだが、今は〝お主お前もか〟と喜びの抱擁を交わしあうこととなる。

現在は音楽の主流から遠くはずれ、過去の音楽・グループと思われているのかもしれないが、この独特のハーモニーに勝るものが無いのでは、〝過去の〟では、すますことはできない。聴くたびにホッと胸を撫でおろし、グループの存在を喜び、それを生きる糧として楽しんでいる、僕らのような者もいるのである。

敬愛するエレザベス・スタッフォードが逝った

◉アズ・ユー・デザイアー・ミー
◉スターリング・ジョー・スタッフォード／ジョー・スタッフォード

また、ままならぬ浮世を幾度となく忘れさせてくれた敬愛するシンガーが、この星から去って逝った。

7月19日にアメリカの友人リチャードから電話がかかってきた。挨拶を済ますとすぐ彼は〝清一の好きなジョー・スタッフォードが7月16日に他界した。それを昨日のロサンゼルス・タイムズで報じていた〟と教えてくれた。眼に障害があったものの、安らかにロスのセンチュリー・シティの自宅で息を引き取ったという。この街は何度も行った思い出の地だ。う〜んと言葉に詰まる。60年代にはレコーディングから遠ざかり、再発は時々されているものの、スポット・ライトを離れてから随分歳月が流れている。しかし僕は彼女の歌をよく聴き、よく話題にし生活の一部も同然だった。90歳という年齢を考えれば諦めなくてはいけないのだろうが、僕は彼女が同じ星の空の下で生きていてくれるだけで良かったのだ。

本名エレザベス・スタッフォード、1917年11月12日カリフォルニア州コウリンガ生まれ。彼女のシンガーとしての経歴は輝かしいが、大きな飛躍となったのは'37年にパイド・パイパーズに加わり、グループが'39年にトミー・ドーシー楽団に参加すると共に、紅

Jo Stafford
『As You Desire Me』(10inch)

COLUMBIA　CL6210

【A】①As You Desire Me ②Something To Remember You By ③Easy Come, Easy Go ④Blue Moon【B】①I'm In The Mood For Love ②September In The Rain ③Spring Is Here ④Don't Worry About Me
■Paul Weston(arr, cond), The Norman Luboff Choir(vo)
［1952年］

一点として注目を浴びるようになったことだ。またこの時期、トミー・ドーシーはもちろん、ジョニー・マーサー、フランク・シナトラ、マット・デニスらと共演し、メンバーのジョン・ハドルストンとの結婚やのちに再婚相手となるポール・ウェストンなどの影響もあって、より洗練されたシンガーとして成長していった。この素晴らしい音楽家たちとの出会いによって、彼女の声法は磨かれ形成されたといっても言い過ぎではないだろう。

'44年にソロ・シンガーになりCAPITOLに移籍、'50年頃からCOLUMBIAに録音を開始する。ソロでの活躍をあげだしたらキリがないが、'44年から'55年のビルボード誌のヒット・チャートに、彼女の歌がデュエットを含めて85曲もあり、うち5曲はミリオン・セラーである。その数は驚きでしかない。彼女のレコードは２００万枚以上売れ、ＬＰレコード売り上げが１００万枚を突破した初のシンガーとなっているが、その記録の理由は明白だ。彼女はポピュラー、ジャズ、ブルース、カントリー、フォーク、宗教曲、ノヴェルティ、デュエット、コーラスと守備範囲の広い、多彩なオールラウンド・シンガーだからである。一見節操が無いように思われるかもしれない。しかし、多種多様な人種の住む怪物国家・アメリカはその文化や時代背景から音楽的趣向もまたさまざまであり、その要求に応えるように柔軟にアピールした彼女は、大衆の夢と時代を歌ったかけがえのないポピュラー・シンガーであったと言える。

よく彼女の話になり、どのアルバムが好きですかと聞くと、『ジョー・プラス・ジャズ』と答える方が多い。もちろん名立たるジャズ・ミュージシャンがバックを務め彼女が歌うのであるからして悪くはないのだが、好きな理由として〝演奏もよいから〟ということらしい。失礼ながらそんな方の多くは、彼女の他のアルバムをあまり御存じなく、【スイン

Jo Stafford
『Starring Jo Stafford』(10inch)

【A】①Serenade Of The Bells ②On The Alamo ③No Other Love ④Red River Valley 【B】①A Sunday Kind Of Love ② The Gentleman Is A Dope ③Symphony ④Tumbling Tumbleweeds
■Paul Whiteman(arr, cond)
［1953年］

CAPITOL　H435

グジャーナル選定・ゴールドディスク】のマークに惹かれて買っていたり、インストに比重を置いて聴いておられるのである。なぜなら真に彼女を好きなんだと思える方はみな、ポール・ウェストン楽団とのアルバムやパイド・パイパーズなどのことを、優しげな表情で語るからである。

僕がまだヴォーカルの入り口で模索していた昔、ヴォーカルへの羅針盤となってくれた彼女の歌に出会えたのは幸運だった。その滑らかな長いフレーズ、自然なブレスで歌われる情感豊かな歌声、時折つややかに繰り出されるフェイクは、これがオリジナルのメロディーではと思えるほど美しい味わいがある。

この2枚の10インチ『アズ・ユー・デザイアー・ミー』『スターリング・ジョー・スタッフォード』には、天性と言える美声と、ゆったりとした優しさを含ませながら歌に陰影を与えるポール・ウェストン・オーケストラの見事な演奏の妙が収められ、そこにはただノスタルジーという言葉だけでは済ますことのできない心を満たすものがある。ウェストンは'96年に亡くなっているが、今頃は久しぶりの再会を愉しんでいることだろう。7月16日、Singsはジョー・スタッフォードの日と永久に決めた。その日はNight And Day彼女の歌が流れる日としよう。それを嬉しく思い、二人は共に舞い降りてくるかもしれない。

我が家と「虹のかなたに」

◉ジュディ・ガーランド・シングス／ジュディ・ガーランド

人恋しい夜、ミュージカルや古い映画を眺めているのが好きだ。Ｓｉｎｇｓをオープンして間もない頃、歌の好きな磯田さんが一枚のＤＶＤを置いてにぎやかに帰って行った。'63年から'64年にかけてＣＢＳテレビで放送された『ジュディ・ガーランド・ショウ』の名場面集だった。数日後に見ると、ヒット・ソングで綴ったオープニング演奏の後、たっぷりとスポット・ライトのきらめきをまとい彼女が登場。〝ワンス・イン・ア・ライフ・タイム〜〟と歌う一声を聴いた途端、心がふわっと舞い鳥肌が立った。その姿はショウ・ビジネスの一線で生きてきた風格と気品を放ち、存在そのものが価値であると思わせる、まさにスターそのものであった。名立たるゲストを相手に軽いジョークと歌で見事にエスコートし、他愛のない仕草にも愛情を捧げたくなるような、その魅力は時を経ていてもリアルに映像の中で生きていた。

私事だが、ドロシー役の彼女が歌い生涯のテーマ・ソングとなった「Over The Rainbow」が主題歌の映画『オズの魔法使い』('39年)は、幼い二人の娘に繰り返しよく見せた映画である。西の魔女がホウキに乗って空を飛んでくる場面では怖そうに目を丸くし、ハラハラドキドキの冒険が終わりハッピー・エンドを迎えて笑顔になるのが常であった。あれから20数年、上の娘は二人の子を産み僕を爺さんにし、下の娘は米国の大学に進みニューヨー

Judy Garland
『Judy Garland Sings』(10inch)

【A】①Who ②Look For The Silver Lining ③Put Your Arms Around Me Honey ④Love Of My Life【B】①Last Night When We Were Young ②Play The Barber Shop Chord ③Get Happy ④Johnny One Note
［1951年］

MGM　E82

クで仕事に就き日本になかなか帰ってこない。めくるめく大都会の毎日は、オズに立ち向かうドロシーの心境だろう。娘たちが傍にいないのは寂しくもあるが、いつでも「Over The Rainbow」の〝やれば夢は叶えられる〟という心を失わずに、と願うのである。

ガーランドはMGMのトップ・スターとして多くのミュージカル映画を残し、劇中で歌われたヒット・ナンバーは今でも聴かれ歌い継がれているが、その華やかな成功の裏では過密なスケジュールによるプレッシャーに苦しんでいた。そのためもあってか、多量の薬物を常用、精神的にも不安定で、撮影所でのトラブルも絶えず、果てはヴィンセント・ミネリとの結婚生活にも支障をきたし、ついに'50年にはMGMに契約を解消されてしまう。しかしその後、結婚した元映画プロデューサー、シド・ラフトのマネージメントでロンドンやブロードウェイの劇場で歌い成功。その勢いでWARNER BROS.と契約した。

ハリウッドに戻り『スタア誕生』に主演。映画は批評家から絶賛されアカデミー賞にもノミネートされたが収益を上げることができず、二度と大型ミュージカルの主演に返り咲くことはなかった。その後再び歌の世界に戻りテレビ番組やクラブ、各地の劇場に出演。'61年《カーネギー・ホール》のコンサートでは聴衆が彼女に大喝采を送り、その晩のライヴ・レコード、そしてCAPITOLで録音した他のアルバムも好セールスを記録した。

こうして何度も不死鳥のように蘇った彼女だが、私生活は相も変わらずで、精神的にも肉体的にも安定せず、結婚生活も落ち着かず、'69年にナイト・クラブの仕事で訪れたロンドンのアパートで47才で亡くなった。1922年ミネソタ州で二流のヴォードヴィル芸人の両親との間に生まれ2歳半から舞台に立ち、その私生活は波瀾万丈だったが、スポット・ライトをまとったステージでの彼女は、今も輝きを失ってはいない。

ハード・ロマンと悪女

◉リザベス／リザベス・スコット

長い髪をなびかせ瞳に微笑みをたたえた爽やかなジャケットだが、彼女は印象とは反対に謎めいたクールな悪女役が多く、髪はブロンド、瞳はグリーン、ハスキーな声と脚線美の持ち主という典型的なハリウッドの美人女優だった。モデルで生活費を稼ぎながら演劇学校に通い、'45年に端役で舞台に立っていたところを大プロデューサー、ハル・ウォリスの目に止まり『You Come Along』でデビュー。彼女の代表作というと、ハードボイルドのヒーロー、ハンフリー・ボガードと共演した'47年の『大いなる別れ』で、劇中で彼女はナイト・クラブのシンガー、コーラルを演じているが、どことなくそのイメージはボガード夫人のローレン・バコールに似ている。

僕はハード・ロマンを漂わせた探偵映画や本がとても好きだが、なぜかポリスくずれの私立探偵は美女によくもてる。大金持ちの美しい未亡人やギャングの愛人などとの恋のやり取りがあり、悩ましい美女の登場と共に、これまた判で押したように悩ましい音楽が流れ、これから見てはいけないような淫らなシーンが始まるのかしらん、色仕かけで危険な目に遭いそうだけど、うらやます〜いと、興味なさそうな顔をしながらも、本音は期待に胸をふくらませた若い日が懐かしい。

『リザベス』は、語りから入る「I Can't Get Out Of This World」、口笛が優しく心に

Lizabeth Scott
『Lizabeth』

VIK　LX1130

【A】①Can't Get Out Of This Mood ②Men ③I'm In Love Again ④He Is A Man ⑤Legalize My Name ⑥It's So Nice To Have A Man Around The House
【B】①He's Funny That Way ②Deep Dark Secret ③Lucky ④When A Woman Loves A Man ⑤Willow Weep For Me ⑥How Did He Look?
■Henri Ren (arr, cond), George Wyle(arr)［1957年］

残る「He Is A Man」、そして探偵映画で流れたら合いそうな「When A Woman Loves A Man」などをハスキーな低い声で歌い、シンガーとしても捨てがたい味を感じさせる。またそのムードに秘められた微妙な表情から、謎めいた悪女役を演じるのもなるほどと思わせるが、実のところ彼女は心根に女性らしさと脆《もろ》さを兼ね揃えた、心底悪女になりきれない悪女を演じていたのではと、歌に耳を傾けながらそんな気持ちにさせられたのであった。

女優然とした姿の向こうに

◉ロンダ／ロンダ・フレミング

ロスから30分ほど車を走らせたところにパサディナという街がある。古くからお金持ちが多く住んでいたという場所柄、歴史を感じさせる邸宅が並びいい雰囲気だ。この街のシティ・カレッジの校庭で、月に一度レコードを中心に日用雑貨や骨董品などの青空市が催されている。カリフォルニアの躍る日射しを浴びてのレコード探しは気分がよく、以前はアメリカに行くたびに物見遊山で顔を出していた。

そんな青空市で僕は彼女のアルバムを手にしたが、プライスが40ドルとちょっと高い。常連らしき仲間と愉快に話しているオーナーに、値切るのはどうかと躊躇したが、勇気を出して〝20ドルにしてくれ〟と声をかけた。話を中断されたオーナーは僕を見ながら〝何をいってんだぁ東洋人の阿呆たれめが〟というような目つきで〝だめだ！　彼女が誰か分かってんのかぁ〟と小馬鹿にした笑いを浮かべ、周りの者も相づちをうつ目で僕を見た。ここでひるんではと、彼女の本名はマリリン・ルイスと言い、『夢の宮廷』でビング・クロスビーとデュエットし、『最後の砦』では、あのロナルド・レーガンと共演。『ＯＫ牧場の決闘』（’57年）で知られたロスアンゼルス生まれの女優さんであると、まあざっとこんな説明をした。ひどい英語なので通じたかなと心配顔でいると、小馬鹿にした顔がホホォに変わり、やがて頷きながら〝10ドルでいい〟とニカッと笑った。その途端、その場がす

Rhonda Fleming
『Rhonda』

COLUMBIA　CL1080

【A】①Don't Take Your Love From Me ②Around The World In Eighty Days ③Love Me Or Leave Me ④The End Of A Love Affair ⑤Under Paris Skies ⑥Baby, Baby All The Time
【B】①With The Wind And The Rain In Your Hair ②When I Fall In Love ③I've Got You Under My Skin ④Then I'll Be Tired Of You ⑤Love ⑥They Can't Take That Away From Me
■Frank Comstock(arr, cond)
［1957年］

っかりなごやかになり、他にも何枚か買ったがすべて安くしてくれたのだった。しかし20ドルに値切ったのに、納得すると10ドルと言ってくれる、この捻りの利いたきっぷのよさがアメリカ人の魅力である。

『ロンダ』は美しいストリングスをバックに歌う「Don't Take Your Love From Me」や「The End Of A Love Affair」などオーソドックスながら女優さんの余技とは言えない良さ。それにしても近頃にはない香りたつような往年の女優然とした姿に、時代の豊かさを感じるのは惚れた弱みというものだろうか。

流浪の旅人

◉チェット・ベイカー・シングス
◉レッツ・ゲット・ロスト／チェット・ベイカー

　昔チェット・ベイカーを、随分だらっと締まりのない声で歌う人だなぁと思った。無論いまでは、彼の音楽で満たされる空間は何より代えがたいものとなっている。彼の魅力といえば歌と同一線上にあるトランペットだ。そのメロディアスなペットの旋律は、何かに気をとられていると、歌が終わり間奏に移ったのが気付かないほど自然であって、時折驚かされる。

　或る日Ｓｉｎｇｓでチェットのアルバムをかけていたら、よくいらっしゃる博学の大竹さんが、ピアノを弾きながら歌うのが〝弾き語り〟なら、彼のは〝吹き語り〟だな、と言った。巧いことを言うなぁと思った。歌とペットが相俟って魅力倍増の吹き語り、歌だけならこれほど人の心に忍び込むことはなかっただろう。

　１９２９年オクラホマ州イェール生まれ、本名チェスニー・ヘンリー・ベイカー・ジュニア。’40年にカリフォルニアに移住、父親がギター奏者だったため、ジャズは身近な音楽だったという。ハイスクールの時トランペットを手にし、大学で音楽を学びクラブで演奏するようになった。’50年、兵役につき除隊後の’52年、ロスアンゼルスを訪れていたチャーリー・パーカーが行ったトランペット奏者のオーディションに合格。チェットの演奏を聴

Chet Baker
『Chet Baker Sings』(10inch)

Pacific-Jazz　PJLP11

【A】①But Not For Me ②Time After Time ③My Funny Valentine ④I Fall In Love Too Easily【B】①There Will Never Be Another You ②I Get Along Without You Very Well ③The Thrill Is Gone ④Look For The Silver Lining
■Chet Baker(tp, vo), Russ Freeman(p, cel), Carson Smith(b), James Bond(b), Bob Neel(ds), Lawrence Marable(ds), Peter Littman(ds)［1954年］

いたパーカーは〝彼に決めた〟と即座にオーディションを中止にしたというから、流石パーカーである。

その後、ジェリー・マリガン・カルテットの一員となり、パシフィック・ジャズにシングル（SP）を初録音。カルテットが注目されると、人目を引くチェットはマイルスと並び称される人気トランペッターとなった。'53年にマリガンの麻薬などの原因からバンドが解散すると、ラス・フリーマンと共にカルテットを結成。同年7月、初リーダー・セションをPACIFICに吹き込み、引き続き10月に初のヴォーカル・アルバムのための録音を開始、先行発売のシングルが評判となる。翌'54年、後に重要なレパートリーとなるスタンダードの数々を録音、LP『チェット・ベイカー・シングス』は大ヒットとなった。チェットは前年のタウンビート誌の新人部門で1位、アルバムは同誌で5つ星を獲得した。チェットは自身の歌について、〝15歳の時にアマチュア・コンテストで優勝、それ以降は時折人前で歌っていた。ただし自分はシンガーであるよりも、トランペッターである〟と述べている。PACIFICのオーナーであるリチャード・ボックは、クラブ《ヘイグ》で女性たちを痺れさせていたチェットの歌はいけると、ヴォーカルのレコードを制作することを思い立ったという。ちなみに当時行動を共にしていたピアノのラス・フリーマンは、チェットが歌うことに反対だったそうだ。50年代後半になるとウエスト・コースト・ジャズに翳りが見え、チェット自身の麻薬や傷害事件などのトラブルもあって、60年代末には影も薄れていたが、'73年、ニューヨークでカムバックを果たす。翌年CTIにアルバムを録音、旧友ジェリー・マリガンと共に《カーネギー・ホール》でコンサートを行い、スター・プレイヤー時代とは一味違う、よりヒューマンなプレイを披露した。70年代末からヨーロッ

Chet Baker
『Chet Baker Sings And Plays From The Film "Let's Get Lost"』

【A】①Moon & Sand ②Imagination ③You're My Thrill ④Every Time We Say Goodbye ⑤Daydream 【B】①Zingaro ②Blame It On My Youth ③My One And Only Love ④Almost Blue
■Chet Baker(tp, vo), Frank Strazzeri(p), John Leftwich(b), Ralph Penland(ds, per), Nicola Stilo(g, fl)
［1989年］

RCA-BMG-NOVSU 3054-1-N

パの各地で演奏、地元のプレイヤーとレコーディングを行い、現地のマイナー・レーベルに多くのアルバムを残している。日本にも'86年と'87年に来日しているが、トランペットを片手に流浪の旅人となったチェットには、常にジャズ・麻薬・女性のイメージが付きまとった。

『チェット・ベイカー・シングス』自信・喜び、そして少々不安感の入り交じった若者ゆえのナイーブさが、聴後に忘れがたい爽やかな青さを残す。今も女性ファンは多いが、甘く謎めいた歌、優しく愛撫するかのようなトランペット、女性の心を捉えるのも無理はない。バラッドも悪くはないが、僕は軽くいなす如くの「But Not For Me」や「Look For The Silver Lining」が好きだ。

『レッツ・ゲット・ロスト』まだ50代というのにまるで老木の立ち姿。見ると誰もが一様に驚く、流浪の生き様が刻まれた面がまえ。よく中性的などと言われるが、むしろ自身は自由に彷徨い、時には思いを断ち切り〝心の思うまま〟を貫いた気骨の人ではなかっただろうか。歌声は老いたスタンダードの語り部といったふうで少々辛いが、枯れた晩秋の捨てがたい魅力もある。

ファッション・フォトグラファーのブルース・ウェバーは、'87年からチェットの自伝的ドキュメント映画『レッツ・ゲット・ロスト』を撮影していたが、封切を待つことなく'88年5月アムステルダムのホテルの窓から転落死した。事故死とされているが真相は謎である。死後まもなく封切られたこの自伝的映画は、アカデミー賞ドキュメンタリー部門にノミネートされた。

チェット・ベイカー58歳の生涯。空を漂う浮雲のようなチェットの流浪の旅は、人並み外れた才能を持ちながら、多くの喪失感を重ね併せていった者の定めだったのかもしれない。

変わらないことの美しさ

◉バーバラ・リー・ウイズ・ザ・ジョニー・ウインドハースト・クインテット／バーバラ・リー

なんて素敵なんだろう！　飽きもせずにジャケットを眺めていると、彼女の歌が聴こえてくるようだ。このジャケットを眺めて、何も感じないヴォーカル・ファンなんているのだろうか？　いたとしたら、雨に打たれる鳥のように哀しい。

7月に嬉しい驚きがあった。ニューヨークを中心に活躍している若きベーシスト、中村恭《やす》士《し》君が家に遊びに来た。〝自分が演奏で参加したCDです〟と2枚お土産にくれた。一枚はトランペットのドミニク・ファリナッチ『サウンズ・イン・マイ・ライフ』。もう一枚はなんと、バーバラ・リーの『ブラック・バタフライ』。発売は２００６年で、本作の『バーバラ・リー』からちょうど50年経っている。１９８０年前後にオーディオ・ファイルから発売されたアルバムは知っていたが、それでもすでに20年も前のことだ。う〜む、まだ現役で歌っていたとは……。普通に歌えるのだろうか、声は出ているのだろうかと、不安を抱きつつ早速聴いてみた。なかなかいける、悪くない。もちろん若い頃の軽やかさはない。音程がふらつく所もある。だが声のトーンが低くなった分、しっとりとした陰影と味わいがあり、そして高齢にも拘らずまだ歌声にツヤがある。恭士君いわく、彼女は歌い終わった後、歌ったことを忘れてしまうようだったという。しかしこれだけ歌えるのは、

Barbara Lea
『Barbara Lea With The Johnny Windhurst Quintets』

【A】①Nobody Else But Me ②Where Have You Been? ③I'm Coming Virginia ④Honey In The Honeycomb ⑤Thursday's Child ⑥I've Got A Pocket Full Of Dreams 【B】①My Honey's Lovin' Arms ②I Had Myself A True Love ③Gee Baby, Ain't I Good To You ④I Feel At Home With You ⑤Baltimore Oriole ⑥Blue Skies
■Johnny Windhurst(Leader, tp), Dick Cary(p, as), Richard Lowman(p), Al Hall(b), Osie Johnson(ds), Al Casamenti(g) ［1956年］

PRESTIGE　7065

シンガーとしての習性・スピリットが、今なお強く身体に宿っているのだろう。凄いなあと思う。そして、彼女の歌を引き立てている、ベニー・カーター楽団のメンバーによるビッグバンドのアンサンブルがいい。みなさん60歳以上というが、その中で25歳の彼がバンドとの調和を考え、オーソドックスながらゆったりと豊かにベースを響かせている。若者が立ち向かう姿には、いつも爽やかな風が吹いている。僕は音楽の土台をしっかり支える力強いベースが好きだ。いつか演奏を聴きに行くから地を這うようなベースを聴かせてくれ、そう彼に言うと、にっこり手を差しだして帰って行った。

昔ながらにマイク一本で録音されたという『ブラック・バタフライ』、そこには1950年代に作られた彼女の優れたアルバムに共通する、心を穏やかにする音がある。それは現代のクリアーで刺激的、情報量が豊富と言われる最新技術が〝失った音〟。進歩が少しずつ人の気配と温もりを削り取っているとしたら、残念なことだ。1956年の『バーバラ・リー』と2006年の『ブラック・バタフライ』、ジャケットを見ると、とても同じ女性には見えない。しかし歌は、どちらも誠実でウォーム、変わらないことの美しさを感じる。大ベテランのバーバラ・リー、25歳のベースマン、共にニューヨークでがんばっている。素晴らしいことだ。

愚かなり我が心

◉ソングス・アイ・ライク・トゥ・シング！／ヘレン・ヒュームズ

告白しよう。僕はでっぷりしたおばさん顔のジャケットが嫌で、長い間、彼女のレコードを手にしなかった。できることなら3メートル以内に近づきたくないとさえ思っていたのだ。

2年前フィラデルフィアに行った。落ち着いた古い街並、店構えがイギリス風のアンティーク・ショップもたくさんあり、僕ごのみの街だった。こんな街にはいいレコードがあるに違いない！　そう確信すると、途端に気分が落ち着かない。ううっ……しかし障害がある。楽しそうにアンティークを見ている娘とかみさんだ。むむ、我慢できない。覚悟を決めて〝レコード屋さんに行きたいんだけど〟。そう切りだすと、例の目だ。また始まったかと、病人を見る目。いや変人を見る目だ。たのむよ！と時間を決め、その冷ややかな氷山のような目を振り払い、小走りにレコード屋に向かった。

その店はあまり立派とはいえいが、棚に各ジャンルのレコードがギッシリと詰まっていた。まどろみの店内はいつもの匂い。やはりここが一番しっくりくる。オーナーも僕の心を察してか、ヴォーカルをかけてくれているではないか。乗りがいいしバックもいい。エラに似ているが黒人シンガーかな？　パタパタとレコードを物色していたが、4曲目のバラードで手が止まった。いい、とてもいい。声に愛らしさがあり僕好みだ。間奏のサック

Helen Humes
『Songs I Like To Sing!』

【A】①If I Could Be With You ②Don't Worry 'Bout Me ③Mean To Me ④Every Now And Then ⑤I Want A Roof Over My Head ⑥St. Louis Blues【B】①You're Driving Me Crazy ②My Old Flame ③Millon Dollar Secret ④ Love Me Or Leave Me ⑤Imagination ⑥Please Don't Talk About Me When I'm Gone
■Marty Paich(arr, cond), Art Pepper(as,cl), Leroy Vinnegar(b), Shelly Manne(ds), Barney Kessel(g), André Previn(p), Ben Webster(ts), Teddy Edwards(ts), Jack Sheldon(tp), Stu Williamson(tp), etc.［1960年］

CONTEMPORARY　M3582

スも実にムーディーで、これはかなりの名盤ではと、カウンターに行きジャケットを見せてもらうと、そそ、それはあのでっぷりおばさんだった。裏を見るとアレンジャーがマーティ・ペイチで、ベン・ウェブスター、アート・ペッパー、バーニー・ケッセル、アンドレ・プレヴィンなど好きなミュージシャンがたくさん参加している。ああ「My Foolish Heart」〜愚かなり我が心、「How Deep Is The Ocean」〜海より深い馬鹿だった。美人ジャケット好きが招いた悲劇。彼女にすまないが、いまさら反省しても遅い。彼女はすでに1981年に亡くなっている。かくなる上は、アルバムを買い揃えて愛聴してゆくしかない。そう心に誓い、彼女のレコードをもう一枚探し出し買い求め、〝まったく遅いわね〜あの宿六〟と悪口を言っているであろう、娘とかみさんの元へ急ぐ、反省のフィラデルフィアはすでに夕暮れの街であった。

聴き手はいつも現金なもの

◉ジェイ・ピー・モーガン／ジェイ・ピー・モーガン

50年代、60年代にはポップス、カントリー、スタンダードと、なんでも器用に歌い、親しまれたシンガーが数多くいた。このようなシンガーのアルバムは、大名盤・大歌手のアルバムより僕のターンテーブルに乗ることが多い。彼女もそんなシンガーの一人で、特別うまいとは思わないが、庶民的で親近感を覚える歌声は、肩ひじ張らず気楽に聴ける良さがある。

本名メリー・モーガン。1932年コロラド州のデンヴァーに近い小さな町に生まれた。一家全員がヴォードヴィルの一座だったため、3歳の時から芸能の道に入り、それは'45年の父の死まで続いた。その後ハイスクール卒業と共に迷わず歌手になることを決意し、ロスアンゼルスのラジオやクラブに出演。転機となったのは、あの名アレンジャーのフランク・デヴォルがハリウッド・パラディアムで行ったオーディションであった。そこで認められた彼女はデヴォル楽団の専属となり三年間バンドで歌い、'53年の「Just A Gigolo」が話題となり、'54年にはVICTORと専属契約、人気歌手となっていった。彼女の声はビブラートが小刻みにかかるのが特徴だが、それを煩わしく思うか魅力的と感じるかで、聴こえ方がまったく違ってくる。当初それを煩わしく感じていた僕は、このアルバムを含め彼女のアルバムを白人美人シンガーということで買い求めたはいいが、長く棚の中で眠ら

Jaye P. Morgan
『Jaye P. Morgan』

RCA VICTOR　LPM1155

【A】①You're Driving Me Crazy ②Let There Be Love ③My Heart Belongs To Daddy ④Will You Still Be Mine? ⑤It All Depends On You ⑥You're My Thrill【B】①Pagan Love Song ②Till We Meet Again ③You Turned The Tables On Me ④I Fall In Love With You Everyday ⑤I Guess I'll Have To Change My Plan ⑥Can't We Be Friends
■Hugo Winterhalter(arr, cond)
［1956年］

せていた。

　ある日、たまには、と取りだしたこの'56年のファースト・アルバムを聴いてみると、「It All Depends On You」「You Turned The Tables On Me」など、その日は何だかとてもよく聴こえる。これはと思い他のアルバムも聴いてみると、なんと！どれもいいではないか。こうなると聴き手は現金なもの、彼女の評価が大逆転。苦手だったビブラートも個性と捉え、色っぽいと感じる今はむしろ快感、彼女はきっと気立てのいいシンガーに違いないとさえ思えるから、身勝手なものだ。好きと嫌いは天国と地獄。まことにいい加減ではあるが、嫌いなものがたくさん好きに変わることの方が人生いいに決まっているし、幸せだよね。

日本の枠を飛び越えて

◉ミヨシ／ミヨシ・ウメキ（ナンシー梅木）

戦後、本格的な女性ジャズ歌手の草分けと言われ人気がありながら、渡米し女優としても活躍した彼女のことをどれだけの方がご存知だろうか。

１９２９年（昭和４年）北海道の小樽市で、梅木美代志は９人兄弟の末っ子として生まれた。両親が鉄工所を経営し、彼女はタップダンスやピアノを習ったことがあるというから、梅木家は裕福でモダンな気風であったと思われる。また兄が進駐軍の通訳をしていた関係で米兵が家を訪れることが多く、その彼らを通じて米国のポピュラー・ソングに興味を持つようになり、それが後に歌に生かされ渡米への基盤になったと思われる。兄の勧めで進駐軍のために映画上映と演奏を行っていた《札幌マックネア劇場》のオーディションに受かり、映画上映の前座として歌手ナンシー梅木が誕生した。しばらく放送局や米軍キャンプで歌った後、'48年に上京して角田孝シックスの専属となる。'50年にはレイモンド・コンデのゲイ・セプテットに参加。人気歌手となり日本ビクターからレコード・デビュー。

その後、多くのラジオやコンサート、映画、米軍クラブなどで活躍。１９５５年に駐留していたアーサー・ホワイティングの助言もあり（彼の父親は西海岸で劇場関係のエージエントをしていた）、《浅草国際劇場》で渡米記念ショーを行い、ロスアンゼルスに渡った。

やがてＴＶのタレント・スカウト番組『アーサー・ゴッドフリー・ショー』に着物姿で出

Miyoshi Umeki（ナンシー梅木）
『Miyoshi』

【A】①My Heart Stood Still ②My Ship ③You Make Me Feel So Young ④They Can't Take That Away From Me ⑤ Sometimes I'm Happy ⑥I'm Old Fashioned【B】①That Old Feeling ② Gone With The Wind ③Jeepers Creepers ④Wonder Why ⑤I Could Write A Book
■Hal Mooney(recording director)
［1959年］

MERCURY　MG20658

演。「How Deep Is The Ocean」を歌い優勝、全米の注目を浴びた。'57年、マーロン・ブランドと高美以子が主演した『サヨナラ』に出演。米兵レッド・バトンズと愛し合うが、日本人女性との結婚を禁止する軍令に悲観し心中する娘役を演じ、日本人俳優で初のオスカー、アカデミー助演女優賞を獲得した。当時、戦勝国でもあり、エキゾチックな異国日本に対する憧れもあって、ハリウッドは占領国の日本を舞台にした映画を次々と制作し、日本の俳優が多く起用された。彼女の受賞はそんな親善ムードも背景にあったように思えるが、'58年のブロードウェイ・ミュージカル『フラワー・ドラム・ソング』では、中国からの『写真花嫁』メイ・リー役でトニー賞の最優秀女優賞にノミネートされ、アカデミー賞がギミックではなかったことを見事に証明した。

その後も多忙な日々を送っていたが、レギュラー出演していたTVコメディ終了後の'72年に引退し、以後、消息が途絶えていた。後の情報によると、晩年はミズーリ州リッキングで息子夫婦や孫と静かな余生を送り、2007年8月同地が終焉の地となったようだ。『ミヨシ』はお馴染みのスタンダードばかりだが、編曲の良さもさることながら時折入る日本語も面白く、ゆったりムーディーな「My Ship」や、ちょっとポップでロマンティックな「Wonder Why」などは、さらりとした声質に合い、うっとりとさせる巧さがある。戦後日本のジャズ歌手の草分けとして活躍し、米国に渡り日本人の存在を示した彼女を、僕は誇りに思う。

日系人に光を灯した男

◉ウィ・スピーク・ザ・セイム・ランゲージ／ジェームズ繁田

20年も前のこと、ピーターソンとチヨさんに誘われ、二人が住むロスアンゼルスから9時間ほどのカーソンシティへ車で一緒に向かった。いくつかの街を過ぎると荒涼とした砂漠が続き、やがて横手に広い道と数棟の建物が見えて来た。チヨさんに尋ねると〝マンザナ日系人強制収容所跡よ〟と言った。1941年12月7日、日本海軍による真珠湾攻撃によって太平洋戦争が開始されると、日系人を〝敵性外国人〟と見なす法令が採択され、多くの日系人が財産を没収され、全米に10箇所あった収容所に入れられた。日系二世のチヨさんは〝私たちはアメリカ国籍だったのに変よね〟と笑ったが、こんな荒涼とした砂漠に……と、当時の日系人の哀れさに思いをめぐらさずにはいられなかった。

繁田は1933年にホノルルの日系移民の二世として生まれた。作家、教師を志しニューヨーク大学で英語を学ぶが、やがて音楽に目覚め『テッド・マックのスター発掘番組』に応募して優勝。奨学金を得て声楽を学び、ラスベガスのナイト・クラブで歌手の道を歩み始めた。'50年に朝鮮戦争が勃発、海兵隊で2年半の任務を果たし除隊後、歌手の活動を再開した。演技経験は無かったが、ロスのリトル東京でロケされた『クリムゾン・キモノ』('59年)の日系人刑事役でデビュー。映画では事件の捜査中に出会った白人女性と恋に落ち結ばれるが、当時白人女性と黒人男性が結ばれる恋愛映画が稀であったように、白

James Shigeta（ジェームズ繁田）
『We Speak The Same Language』

CHOREO　A7

【A】①I Saw You Yesterday ②My Ship ③To Look Upon My Time ④Autumn Rain ⑤What's Good About Goodbye
【B】①We Speak The Same Language ②Yes ③Soon It's Gonna Rain ③This Funny World ④I've Just Seen Her ⑤Girls Like You
■Harry Betts(arr, cond), Dick Hazard(arr, cond)
［1962年］

人女性と東洋の男性が愛し合い結ばれることは異質でありタブーとされていた。'61年には第二次世界大戦中に米国の女性（妻役キャロル・ベイカー）と結婚した実在の日本人外交官の寺崎英成を『太陽にかける橋』で演じた。この2本の作品は敢えて人種のタブーに挑戦した映画として称えたい。そして何度も観たのに気付かずにいた僕は間抜けであったが『ダイ・ハード』（'88年）では日系人の社長役を好演し、他にも多くの映画とミュージカルの舞台で活躍した。

本作はソフトで甘い男性的な声が心地よく、「I Saw You Yesterday」や「What's Good About Goodbye」など、デビュー作としては上々の出来である。このアルバムを聴きながら僕は、日系二世のスターであった彼と同じブラッドラインであることを嬉しく思った。

ミス・ポニーテールといえば

◉ザ・メニー・サイズ・オブ・パット・スズキ／パット鈴木

ふた昔も前になるだろうか、ロスの日本人街に近い西本願寺で日系人の信者や婦人会が中心となり盆踊りをやるから行かないか、と二世の三男・ミユキさん夫婦から電話があり、連れだって出かけた。会場に着くと広場の中央にやぐらが組まれ、まわりを屋台が囲み、拡声器からは東京音頭や歌謡曲が次々と流れている。夫妻はゲーム遊びの屋台を担当するというので一人でぶらぶら屋台をのぞいていると、日本から持ち帰ったのか古いレコードが売られていた。その中から今日の記念にと、美空ひばりと三橋美智也のコンパクト盤を買った。やがて夕闇と共に賑わいは増し、婦人会のおばさん方はやぐらの下で踊り、ポニーテールに浴衣姿の三世の娘さんたちは、金髪のボーイフレンドと楽しそうにしている。紺碧の空に星と月が輝き、日本でもめったに行くことがないのにロスで盆踊りとは不思議な気分になったが、異国に住む日系人にとって、この行事は〝望郷の念断ちがたし〟という思いの表われなのだろう。

ポニーテールといえば、パット鈴木はこの髪型をトレードマークにして活躍した時期がある。彼女は1955年頃にシアトル周辺のナイト・クラブで注目されていたが、さらに話題を集めたのはサンフランシスコの中国人社会を描き、'58年に開幕しロングランとなったミュージカル『フラワー・ドラム・ソング』で、彼女は〝女に生まれて良かった〟と言

Pat Suzuki（パット鈴木）
『The Many Sides Of Pat Suzuki』

RCA VICTOR　LPM2005

【A】①From This Moment On ②Fine And Dandy ③A Sunday Kind Of Love ④Something's Gotta Give ⑤Solitude ⑥Poor Butterfly【B】①Just One Of Those Things ②I Had The Craziest Dream ③The Song From Moulin Rouge ④Hi-Lili, Hi-Lo ⑤Always True To You In My Fashion ⑥Don't Get Around Much Anymore ⑦Lazy Afternoon
■Henri René(arr, cond)［1957年］

ってナイト・クラブで働く娘リンダ・ロウ役を好演した。この舞台はダンスの名手、ジーン・ケリーが手掛けている。彼女はお顔もスタイルも並で、どこにでも見かける日本の娘さんという器量だが、幸い神は愛くるしさと月並み以上の声を授けた。

『ザ・メニー・サイズ・オブ・パット・スズキ』はビッグバンドをバックにスカッと歌うナンバーや、弦入りのオーケストラをバックに歌う憂いを込めたバラードなど、日系人であることを感じさせない良質なヴォーカル・アルバムとなっている。日系の方と話していると〝日本人が置き忘れてきた〟日本の心を意識させられたりするが、それは昔どこかで出会った人たちの面影とよく似ている。

素っぴんのあたたかな世界

◉アナザー・タイム／メレディス・ダンブロシオ

1978年のファースト・アルバム『ロスト・イン・ヒズ・アームス』を手にした時の印象はひどいものだった。質の悪い茶色のジャケットにタイトルと名前だけが書かれた、それはそれは簡素で、彩りのいいヴォーカル・レコードたちの中ではあきらかに見劣りのする、初めから売れることを諦めているような、マイナー・レコードの情けなさを感じさせるアルバムであった。

　裏を見ると30代とおぼしき女性が、どことなく感じのいい笑みを浮かべている。この笑みに僕はお金を払った。しばらくの間買ったのを忘れ、ああそういえばと期待もせずに聴いてみたが、アルバムから出てきた音もまた、凄かった。何の細工もない音、素のままと言える歌とピアノ、そして待ったなしよ、という感じで素っ気なく次々とスタンダード・ナンバーを歌い綴っていく。一曲がやけに短い。あまりにも飾り気なしの色気なしで、なんだこれは？と理解不能に陥り、唖然としてしまった。これはレコードの作りといい、録音といい、ブートレック・海賊盤に近いと落胆した。

　ところが何度か聴き続けているうちにやがて、いつも聴いているヴォーカルとは明らかに違う雰囲気とアプローチを武器に、ついに彼女の歌声は、寄せては返す波のように静かな衝撃となって、僕をすっかり魅了したのだった。そのあたたかな日差しにそよぐ木綿の

Meredith D'Ambrosio
『Another Time』

SHIAH　SR109

【A】①All Of Us In It Together ②Aren't You Glad You're You ③It's So Peaceful In The Country ④Rain, Rain(Don't Go Away) ⑤Dear Bix ⑥Lazy Afternoon ⑦Where's The Child I Used To Hold ⑧Love Is A Simple Thing ⑨You Are There【B】①While We're Young ②Day Tomorrow ③A Child Is Born ④The Piano Player(A Thousand And One Saloons) ⑤Someday My Prince Will Come ⑥Such A Lonely Girl Am I ⑦Wheelers And Dealers ⑧I Was Doin' All Right ⑨Skylark
■Meredith D'Ambrosio(vo, p)［1981年］

如くふっくらとした歌声、無駄を省いたシンプルなピアノ、素っぴんだが健康で誠実、心がダイレクトに伝わる歌の数々。

'78年にベニー・グッドマンやアーティ・ショウのロード・マネージャーだったフランク・ニコルスが彼女の歌を気に入り、友人であった著名なプロデューサー、ジョン・ハモンドに聴いてもらおうとデモ・テープを作ったが、ニコルスが心不全で急死。しかし不運にめげることなく、そのテープを基に彼女は自費でレコードを制作した。そのお陰で僕たちはデビュー・アルバムを手にすることができたわけである。ジャケットや音がひどいとボヤいた自分を恥じつつ、彼女の決意に拍手を送りたい。

ここに紹介する'81年のアレック・ワイルダーに捧げた『アナザー・タイム』も彼女の弾き語りで、前作と基本的な姿勢は変わらず、写真から受ける素朴なイメージどおりの心に染みるいいアルバムだ。その後、ピアノをハンク・ジョーンズや結婚したエディ・ヒギンズなどにまかせ歌に専念するようになるが、僕には演奏・録音共によくなればなるほど彼女の個性が希薄になって並のシンガーのように聴こえ、あれほど感じられた歌からの収穫が得られなくなってしまった。できることなら初期のアルバムのように、彼女がピアノを弾きながら歌うアルバムを出してほしい。それはかなわぬ夢だろうか……。彼女の世界はあたたかい。

画面いっぱいに愛を

◉オールド・ボーイフレンズ／クレア・マーティン

1991年のデビュー・アルバム『ザ・ウェイティング・ゲーム』は、シンプルながら現代的なデザインと、何か従来のアナログとは違う新しいアナログの在り方を感じさせ新鮮だった。そして美貌のこの女性はどんな声で歌うんだろうと胸が躍った。聴いてみると、歌・内容共にまずまずの出来であったが、次回を期待させるには十分と言えるものだった。

少し話は外れるが、もうひとつ興味をそそられたのは、レーベルがLINN RECORDS（リン・レコーズ）だったことである。オーディオ・ファンならご存知かと思うが、リンは有名なオーディオメーカーであり、創始者であるアイバー・ティーフェンブルンがスコットランドのグラスゴーで経営していた父親の精密機械部品制作工場の一角を借り'72年にアナログ・プレイヤー〈LP12〉を製造したことから始まる。このシングル・スピードのプレイヤーはシンプルな作りにもかかわらず、発売されると共に音のよさで評判となり、各国のアナログ・ファンに広く迎えられることとなった。その後アンプ、CDプレイヤー、スピーカーなども発売、優れた音のブランドというイメージを保ち続けている。リンは'82年からアルバムの録音を開始するが、音を本業とするメーカーだけに、粒立ちがよく、透明で切れがあり、ヴォリュームをぐっと上げるとスカッとした気分が味わえる。

彼女の2作目『デヴィル・メイ・ケア』には大いに期待したが、あれこれ策を練り過ぎ、

Claire Martin
『Old Boyfriends』

LINN RECORDS　AKH028

【A】①When The Sun Comes Out ②Close As Pages In A Book ③Partners In Crime ④Chased Out ⑤Moonray ⑥Old Boyfriends
【B】①Out Of My Continental Mind ②I've Got News For You ③The Wheelers And Dealers ④I Was Telling Him About You ⑤Gentleman Friend ⑥Killing Time
■Steve Melling(p), Arnie Somogyi(b), Clark Tracey(ds), Jim Mullen(g), Mark Nightingale(tb)［1994年］

暗中模索とも言える出来に肩透かしをくらった思いだった。だが3作目にあたる本作『オールド・ボーイフレンズ』は、まず31センチの画面にど〜んと足組して座る大写しの彼女におお〜としばし心を奪われてしまった。その迫力を感じさせる姿には自信が溢れ、ふてぶてしささえ漂わせている。ただちに買い求め早速ターンテーブルに乗せると、満点とはいかないまでも、やはり思ったとおりデビュー・アルバムをスケール・アップし、さらに磨きをかけた聴きごたえのある内容だった。バック・ミュージシャンのジャズ・フィーリングが光るA面1曲目「When The Sun Comes Out」、2曲目「Close As Pages In A Book」と流れもよく、さらにハスキーな彼女の声にも自然とゆとりが感じられ、以前よりずっと魅力的だ。僕は2作目の出来に、あれこれ愚痴をこぼしていたことなどすっかり忘れ、ほれぼれとするそのお姿に笑みを捧げたのであった。

夢の残り火

◉パティ・ウィーバー・シングス・アズ・タイム・ゴーズ・バイ／パティ・ウィーバー

アメリカのレコード屋さんをのぞいていると、未開封のままのレコードが、たくさん置いてあることがある。そのすべては無名のシンガー及び演奏者たちのアルバムだ。いつの日かメジャー・レコード・カンパニーに……と志し、レーベルを立ち上げたものの、マイナーのままで終わった〝夢の残り火〟〝兵どもが夢の跡〟という感じがなんとも痛ましい。このアルバムもそんな一枚の中から拾い上げたものだが、見るからに売れそうにもないモノクロームのジャケット。こんな、中途半端美人で趣味の悪い衣装の、冴えないクラブやキャバレーで歌うシンガーのイメージでは誰も買いたいと思わないだろう……と思いつつ、裏を見て、あら、まあドッキリ！　砂浜で可愛い女性が長い髪をなびかせているではないか。馬鹿め。な、なんでこの写真を表ジャケに使わないんだ。男は風に髪をなびかせている女性にとても弱い動物で、太古の昔から我々男性にとって〝海・風・女性〟という、この三大シチュエーションは〝限りなく不透明に近いブルー〟と、意味不明に陥るほど好きなのだ。さらに驚いたことに、僕の大好きなマンデル・ロウが、プロデュース・アレンジ・指揮・ギターと全面的にアルバム作りに関わっている。表のジャケットだけで判断して買わなかったらどう責任をとるつもりなんだ！　まったく。

日本に帰って早速聴いてみると、A面が一曲を除いてアップテンポ、B面はバラード集

Patty Weaver
『Patty Weaver Sings ... As Time Goes By』

RE/SE RECORDS　RE/SE1000

【A】①Beginnig To See The Light ②I'll Never Say Never Again ③Get Happy ④Why Did I Choose You ⑤Just In Time
【B】①As Time Goes By ②Where Is Love ③My Ship ④Spring Will Be A Little Late This Year ⑤Someone To Watch Over Me
■Mundell Lowe(arr, cond, g), Pete Jolly(p), Bob Daugherty(b), Sol Gabin(ds), Gerry Vinci(str)
［1976年］

だが、美しいアルト・ヴォイスで歌われるバラード集が予想通りのよさで、ロウもいいアレンジでムードを作り、彼女の歌を支えている。歌いだしがロウのギターで始まる「My Ship」と「Spring Will Be A Little Late This Year」が心に残る。しかし発売が1976年とは彼女にとって不運だった。その当時、ロック、シンガー・ソングライター、ニュー・ソウルなど多様な音楽が大きな波となって巷に溢れ、〝スタンダード・ナンバーの歌い手たち〟の多くはその波に乗り切れず取り残され苦しんでいたのだった。せめてあと10年早かったら少しは話題になっていたのにと残念に思うが、それはそれでよかったとも思う。このような偶然出会うアルバムが与えてくれる喜びと驚きが、僕を〝レコードのある場所〟へと足を運ばせる活力となるからである。

ステージング巧者のジョー

◉ア・マン・エイント・サポーズド・トゥ・クライ／ジョー・ウィリアムス
◉ザ・グレイテスト!!／カウント・ベイシー＝ジョー・ウィリアムス

マイルス・デイヴィス特集に「85年・初夏のマイルス」の記事を書きながら、ふと思い出したことがあった。1985年、ロスアンゼルスのプレイボーイ・ジャズ・フェスティバルでのことである。マイルス登場の際も歓声は上がったのだが、それをさらに上回るような歓声を浴びたのは、すっかり〈ハリウッド・ボール〉に夜の闇が降りた頃登場したジョー・ウィリアムスであった。その頃、活動の中心がロスアンゼルス周辺だったのか、司会者の紹介と同時に送られた彼への温かく惜しみない歓声と拍手は、地元のスターに対する親しみのこもったものであった。

へぇ〜と驚かされたのは僕である。開演前プログラムを眺めながら、ジョー・ウィリアムスかぁ、まだ歌っていたんだとまるで関心がなかったのだが、それがどうだろう。ディープな声を響かせ威風堂々とした歌いっぷり，また度々の女性ファンの掛け声にもジョークを交え、その答えに笑いの渦が起こるといったステージング巧者の、現役ばりばりの姿で僕とオーディエンスの心を捕えたのであった。まことに宏大なアメリカにおいては、えぇ！　と思うようなスターがまだ現役で活躍していたりすることも多く、それは突然旧友に出会ったと時のような嬉しさを僕に与える。

Joe Williams
『A Man Ain't Supposed To Cry』

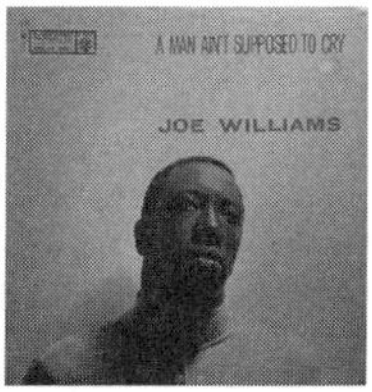

ROULETTE　R52005

【A】①What's New? ②It's The Talk Of The Town ③I'll Never Smile Again ④I'm Through With Love ⑤Where Are You ⑥I've Only Myself To Blame【B】①Say It Isn't So ②What Will I Tell My Heart ③You've Got Me Crying Again ④Can't We Talk It Over? ⑤I Laugh To Keep From Cryin' ⑥A Man Ain't Supposed To Cry
■Jimmy Mundy(arr, cond)
［1958年］

本名ジョゼフ・ゴリード、1918年ジョージア州コーデール生まれ。幼い頃シカゴに移り、そこでブルースとゴスペルの洗礼を受け育った。10代になって教会で歌うようになり、その後ローカル・バンドのシンガーとして働き、16歳でハイスクールを去り芸名をジョー・ウィリアムスとし、シカゴで本格的に歌手を志しクラブで歌い始めた。'38年にクラリネット&サックス奏者のジミー・ヌーンのバンドで歌い、シカゴのダンス・ホールからのラジオ中継により広範囲の地域で評判を得る。'41年にコールマン・ホーキンス（ts）のバンドと共に各地を廻り、翌年ライオネル・ハンプトン楽団のレギュラー歌手を務め、40年代はレッド・サンダースのバンドとの録音が残されている。

'51年からアンディ・カーク楽団に参加、'54年に又とないチャンス到来、カウント・ベイシー楽団の専属となり'55年に自身のファースト・アルバム『カウント・ベイシー・スウィングス・ジョー・ウィリアムス・シングス』をベイシー楽団と共にClefに録音、ダウン・ビート誌のニュー・スター・アワードに選ばれ、'61年まで在団しジャズ&ブルース歌手としての名声を高めた。その後も、ニューポート・ジャズ・フェスティバル、モントレー・ジャズ・フェスティバル、シカゴやロスのプレイボーイ・ジャズ・フェスティバルなどで度々歌い、《カーネギー・ホール》等にも出演した。80年代には高視聴率のコメディー・ドラマ『ビル・コスビー・ショー』に祖父アルの役で出演して大衆からも親しまれ、'85年にはベスト・ジャズ・ヴォーカリストとしてグラミー賞を受賞と、これほど活躍に対し、情けなくも、我が国での評価は無きに等しい。'99年3月29日、治療を受けていたラスベガスの病院からの帰りに転倒し、自宅まで数ブロックという場所で亡くなったが、80歳のその年まで現役を貫いた。

Count Basie / Joe Williams
『The Greatest!! - Count Basie Plays Joe Williams Sings Standards』

【A】①Thou Swell ②There Will Never Be Another You ③Our Love Is Here To Stay ④'S Wonderful ⑤My Baby Just Cares For Me ⑥Nevertheless【B】①Singin' In The Rain ②I'm Beginning To See The Light ③A Fine Romance ④Come Rain Or Come Shine ⑤I Can't Beieve That Your In Love With Me ⑥This Can't Be Love
■Count Basie(p), Frank Wess(sax), Frank Foster (sax), Charlie Fowlkes(sax), Bill Graham(sax), Marshall Royal(sax), Reunald Jones(tp), Thad Jones(tp), Wendell Culley(tp), Joe Newman(tp), Henry Coker(tb), Bill Hughes(tb), Ben Powell(tb), Freddie Green(g), Eddie Jones(b), Sonny Payne(ds)［1956年］

VERVE　MGV2016

『ア・マン・エイント・サポーズド・トゥ・クライ』本作はストリングス入りのオーケストラをバックにしっとりと歌い、今宵の一枚にぜひ、の趣があり、〝バリトン歌手のバラードもいいもんだなぁ〟と、しみじみ思わせる出来映え。「男は泣いてはいけない」といった意味のタイトルだが、これが結構染みる。

『ザ・グレイテスト!! カウント・ベイシー・プレイズ・ショー・ウィリアムス・シングス・スタンダード』御大のピアノはもちろん、ベイシー楽団のメンバーを一堂に従え、お馴染みのスタンダードをのびのびと、ストレート勝負といった歌いっぷりの良さ、編曲・演奏・曲間のソロもご機嫌の聴くほどに愛着の湧く代表作。

黒人男性ヴォーカルはあまり聴かない、〝なんとなく好きじゃない〟と不明瞭な返事をする方が多い。黒人でありブルースを得意としたジャズ歌手ということで、ジョー・ウィリアムスも然りと敬遠なさる向きもあろうが、〝そこをひとつ曲げて〟まずは親しみやすいこれらのアルバムをお聴きになって、認識をあらたにしていただけたら幸いである。

寒い夜には、温かな歌がいい

◉ア・ウィンター・ロマンス／ディーン・マーティン

彼はエンターテイナーとして折り紙付きの大スターであるが、ラジオからよく流れていた「Volare」や「Everybody Loves Somebody」などのヒット曲はあるものの、シンガーとしてのインパクトはなぜか弱い。しかし彼には生き馬の目を抜くような厳しいショー・ビジネス界を、ジョークで笑い飛ばし難なく生きてきたと思わせる強さと柔軟さがある。その原動力は、粋でダンディだが気取らない愛嬌のある身のこなし、ディノの愛称で人々に親しまれた彼の人柄に尽きる。

1917年オハイオ州の鉱山町ステューベルヴィル生まれ。本名ディノ・ポール・クロセッティ。若かりし頃の彼は、製鉄所、ボクサー、賭博所のディーラーなどの職業を経験したという。'45年サム・ワトキンス楽団でシンガーとしてスタートするが、翌年にはコメディアンのジェリー・ルイスとコンビを組み、ドタバタ喜劇でナイト・クラブやテレビ・ショーで注目を集め、その成功がパラマウント映画との契約に結び付いた。二人の喜劇映画は、'49年の『マイ・フレンド・イルマ』からコンビを解消する'57年までに16本が作られ、世界中に笑いを与えた。

日本初登場は『底抜け艦隊』('56年)で底抜けシリーズとして知られている。コンビ時代はジェリー・ルイスの人気に押され引き立て役というイメージがあり、解散後の将来が

Dean Martin
『A Winter Romance』

【A】①A Winter Romance ②Let It Snow! Let It Snow! Let It Snow! ③The Things We Did Last Summer ④I've Got My Love To Keep Me Warm ⑤June In January ⑥Canadian Sunset【B】①Winter Wonderland ②Out In The Cold Again ③Baby, It's Cold Outside ④Rudolph, The Red-Nosed Reindeer ⑤White Christmas ⑥It Won't Cool Off
■Gus Levene(arr, cond)［1959年］

CAPITOL　T-1285

危ぶまれたが、映画『若き獅子たち』や『走り来る人々』などで良い演技を見せるとヴォーカリストとしてもヒット曲が生まれ、安定したエンターテイナーの地位を築いた。僕はハワード・ホークス監督『リオ・ブラボー』(’59年)の、アル中の保安官助手デュードが、はまり役で好きだ。彼とリッキー・ネルソン(コロラド)、そしてウォルター・ブレナン(スタンピー)も絡んで劇中で歌う「My Rifle My Pony and Me(ライフルと愛馬)」の心温まる名場面。主役のジョン・ウェイン(チャンス)も脇役も個性豊かで役者魂を感じさせる超一流の娯楽作品だった。

『ア・ウィンター・ロマンス』は、寒い季節にお勧めのウィンター・ソング集で、木枯らしの吹く夜やサラサラと雪の降る日に、ロマンティックな『A Winter Romance』を恋人と聴くもよし、一人でお酒を片手に聴くもよし、クリスマス・シーズンにも、冷え性の治療にも最適な、ふんわりと部屋を温めてくれるアルバムである。そしてジャケットを見ていただきたい。一人の女性を抱きしめていながら、目はもう一人の美女と視線を交わしているという、女性には抜け目ないイタリア系の気質を感じさせるが、何をやってもユーモラスで憎めないと思わせる人柄が、ディノの最大の魅力であった。

クロス・ユア・ハートには負けた

◉アナトミー・オブ・ラヴ／ヴィッキー・カー

彼女は非常に歌のうまいシンガーで、日本では考えられないほどアメリカでは人気の高い実力派だ。その両国での〝知名度の落差〟は音楽に接する生活スタイルの違いだと言える。

アメリカはエンターテインメント重視の国で、ショーや演劇、映画その他、楽しませてくれる所なら足繁く出かける。そして最も楽しみを与えてくれるものに多くのお金を支払い、賛辞を惜しまない。従って大衆の欲求を満たすために歌い手は、ポップスからジャズ、時にはブルースやカントリーと幅広い選曲に応えなければならず、そのパフォーマーとしての器用さと水準の高さが人気のバロメーターとなる。そんな欲求に応えスターとなったシンガーの一人が彼女である。

先日、白黒映像の『レイ・アンソニー・ショー』で初々しい彼女の歌を2曲聴いた。アンソニー楽団と「And The Angels Sing」、もう一曲はゲストのレス・ブラウンの指揮でブラウン楽団最大のヒット曲「Sentimental Journey」。まだ20代前半と思われるが、堂々とした姿と歌いっぷりは非凡なものをうかがわせた。

１９４１年テキサス州エルパソでメキシコ系の血を引く家庭に生まれた。’63年にLIVERTYからデビュー。「SanFrancisco」「Poor Butterfly」がヒット。’67年に大ヒット

Vikki Carr
『Anatomy Of Love』

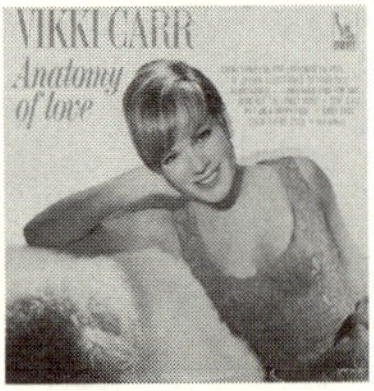

LIVERTY　LRP3420

【A】①Put On A Happy Face ②Them There Eyes ③None But The Lonely Heart ④Baby Face ⑤Heartaches ⑥I've Grown Accustomed To His Face【B】① Everything I've Got ②Cross Your Heart ③Look At That Face ④I Only Have Eyes For You ⑤That's All ⑥Real Live Boy
■Dave Pell(produce, arr), Bob Florence(arr), Mort Garson(arr)
［1965年］

「It Must Be Him」で人気を確立。'69年には「With Pain In Hand」でグラミー賞最優秀女性歌唱賞にノミネートされた。

『アナトミー・オブ・ラヴ』は、スタンダードを中心に、伸び伸びとヴァラエティに富んだ編曲をバックに歌っているが、「Cross Your Heart」には負けた。メロディーもいいが、ワン・コーラスの終わり近くで笑みをこぼしながら歌う箇所がたまらない。聴くたびに胸をキュンとさせ幸せを投げかけてくる。彼女はメキシコ系の血筋ゆえか、明るさを含ませた歌と笑顔が、とても素敵だと思わせるシンガーである。

自分の奇癖を棚に上げて

◉アイム・ア・ドリーマー／ゲイル・ロビンス

人は無くて七癖というが、コレクターには奇癖の方が多い。それらの方はレコード専門店や廃盤店によく出没する。レコードを手に取り、これはいい、これはよくないと一人で長々と講釈している方（よくないなら早く棚に戻せばいいのに）、美人ジャケットを手に、メガネをずらし、綺麗だなぁいいなぁとなめるように見ている方（自分にも覚えがあるが、他人のは気味が悪い）、これはセカンド・プレスだ……ぶつぶつ、日本盤なのになんでこんなに高いんだ……ぶつぶつと呟きながら探している方（狂人といるようで落ち着かない）、とまぁ一例を挙げたが、以前となりにぶつぶつ言いながら忙しなくレコードを見ている方がいた。一見紳士風だが、レコード店に入るとコレクターに変身してしまうんだろうと、我慢していた。僕がゲイル・ロビンスのレコードを手にして見ていると、突如ぶつぶつ紳士が〝君、それを譲りたまえ〟と言ってきた。うん……譲りたまえ？　値札よりも高く買ってもいいと言う。まだ買ってもいないのに冗談だろうと思ったら、正気だったのでビックリした。丁重に断ったらぶつぶつと去って行ったが、こんな奇癖の方は理解しながらも辛い。

そんな経緯で僕の所に来た彼女は、１９２４年イリノイ州シカゴ生まれ。麗しさとスタイルの良さを生かしてモデルをしていたが、やがて歌手に転向。シカゴのナイト・クラブ

Gale Robbins
『I'm A Dreamer』

VIK　LX1126

【A】①What Is This Thing Called Love ②Them There Eyes ③How Deep Is The Ocean ④Ain't Nothing Wrong With That Baby ⑤Golden Earrings ⑥The Nearness Of You 【B】①They Can't Take That Away From Me ②Here I Go ③I'm A Dreamer, Aren't We All ④Best Of All ⑤Music, Maestro, Please ⑥Ain't Misbehavin'
■Eddie Cano(arr, cond)［1957年］

で歌っている所を見初められ、'41年にアート・ジャレット楽団に参加。その後、ソロになるとこの美貌を映画界が放っておかず、'44年にデビュー。歌曲作家の伝記ミュージカル『土曜は貴方に』('50年・主演フレッド・アステア)、またニューヨークで起こったスキャンダルの実話を映画化した『夢去りぬ』('55年)など数多くの出演作がある。しかしその多くは端役で、スクリーンで大輪の花を咲かすことはなかった。他にもTV、ラジオ、米軍慰問と活動したが、70年代に引退。'80年にこの世を去った。

アルバムは平均点というところだが、「Ain't Nothing Wrong With That Baby」や「Best Of All」など、しっとりとしたバラードにシンガーとしての力量をうかがわせる。近所に脇役に詳しい大竹さんという映画博士のような方がいるが、彼女を知らないという。この美貌をもってしてもと、人の記憶に残ることの大変さを思うのである。

小さな永遠

◉サムバディ・ラヴズ・ミー／ダイナ・ショア

寒風の日本を離れ、2月に3週間ほど、ニューヨーク経由でパームスプリングスを訪れた。温暖で季候がよく、春または初夏の陽気。庭からはすぐ傍のゴルフ・コースの緑が広がり、パームツリーがゆったりと風に揺れ、まるで夢の別天地。寒い日本に住む友にすまない気持ちだ。

この地には、フランク・シナトラ、ディーン・マーティン、ボブ・ホープ、ダイナ・ショアなど、縁あるスターの名前が付けられた通りがある。その中で僕のお気に入りはダイナ・ショア通りだ。この路の途中に小高い丘を走る大好きな場所がある。丘から望む裾野には幾つかのショッピング・モールや家が並び、その向こうに大地が続く。そして遠くにそびえる遥かな山々は、陽の動きに峰の雪を光らせ、それは小さな永遠を感じさせる。優雅で心を爽やかにする風景、それはまるで彼女とその歌のようだ。

本名はフランシス・ローズ・ショア、芸名のダイナは好きだったエセル・ウォーターズの愛唱歌「Dinah」から。1917年3月1日テネシー州ウィンチェスター生まれ。その後、ナッシュビルに移り10代から歌い始め、エンターテイナーとして長く大衆に愛された。シンガーとして9つのゴールドディスク、またバラエティ・ショーやトーク番組の司会者として7つのエミー賞を受賞。そんな彼女に説明は無用だが、ひとつ大好きなエピソード

Dinah Shore
『Somebody Loves Me』

【A】①It's Easy To Remember ②East Of The Sun ③I Hadn't Anyone Till You ④When I Grow Too Old To Dream ⑤Something To Remember You By 【B】①〈Medley〉Remember～All Alone～Always ②I Only Have Eyes For You ③My Buddy ④Somebody Loves Me
■André Previn(arr, cond)
［1969年］

CAPITOL　T1296

がある。

1938年ニューヨークに来た彼女はベニー・グッドマン、ボブ・クロスビー、ジミーやトミー・ドーシー楽団のオーディションを受けるが、なんとすべて不採用。しかし'39年の後半からザビア・クガート楽団のシンガーとしてウォルドルフ・アストリア・ホテルに出演して注目され、6月に同楽団と初録音、NBCの人気ラジオ・ショーにレギュラー出演、ブルーバードに吹き込んだ「Yes,My Darling Daughter」('40)、「Blues In The Night」('42)がヒット、スターとして脚光を浴び始める。そんな彼女の人気に目を付け、現金にも今度はトミー・ドーシーの方から楽団の専属シンガーにと誘いかけてきた。だが彼女はそれをきっぱりと断ったという。この話には彼女の精神の品位、気高さが感じられ、ファンとして痛快である。

『Somebody Loves Me』このアルバムは、突然にぎやかな曲で雰囲気を壊されたりすることもなく寛いで聴ける極上のバラード集だ。なかでもこの一曲といえば「East Of The Sun」。昔は好きな曲ではなかったが、彼女の歌で好きになった。そのしっとりとした深い味わい、彼女の声の美しさが活かされたアンドレ・プレヴィンの編曲と指揮、何度聴いても色褪せることがない。このアルバムを聴くと、ダイナ・ショア通りの風景が浮かぶ。あの小さな永遠、それは彼女の永遠でもある。

天国に最も近いアルバム

◉ヘヴンリー／ジョニー・マティス

まだ二十歳前だったと思うが、或る日、〝ジョニー・マティスのコンサートがあるけど用事で行けないから聴きに行ったら〟と母からチケットを渡された。その頃、僕の音楽の中心はポップスやロックで、興味も湧かず気が進まなかったのだが、暇つぶしのつもりで出かけた。会場は着飾った大人が多く、その頃の僕には居心地の悪さを感じさせた。やがて暗転になり、バンド演奏の後、スーツ姿で登場した彼は、折り目正しくスマートにスタンダードやアイドルだった頃のポップ・ヒット・ナンバーを続々と、歌うごとにピッチを上げ、ぐいぐいと驚く程よく通る滑らかな声で歌い、聴衆を自分の世界に引き込んでいった。演奏は日本のオーケストラと一緒に来日したピアノ・トリオで、そのトリオがまた見事だった。ドラムのシャープな響き、力強くうねるベース、華麗に遊ぶピアノと、身のこなしはクールなのにサウンドは熱い。

気付くと、暇つぶしに来たはずだった僕の心に異変が起きていた。〝本場の音、本物〟を見せつけられた思いだった。その当時、僕らの周りはテイク・イット・イージー、〝気楽に行こうぜ〟といった風潮で、マティスのようなシンガーは、スクエアー・保守的な堅いイメージを抱かせた。しかし今思えば、この素晴らしい歌と演奏を前に、実は、保守的だったのは狭い価値観に捕らわれていた僕ら若者の方であって、素晴らしい歌と演奏には

Johnny Mathis
『Heavenly』

COLUMBIA　CL1351

【A】①Heavenly ②Hello, Young Lovers ③A Lovely Way To Spend An Evening ④A Ride On A Rainbow ⑤More Than You Know ⑥Something I Dreamed Last Night【B】①Misty ②Stranger In Paradise ③Moonlight Becomes You ④They Say It's Wonderful ⑤I'll Be Easy To Find ⑥That's All
■Glenn Osser(arr, cond)
［1959年］

心の壁などいらないことを気付かせてくれたのが、ジョニー・マティスとそのピアノ・トリオだった。

この『ヘヴンリー』からも、あの時のコンサート体験に近い感動を得ることができる。歌はもちろんだが、グレン・オッサーの編曲も限りなく美しく、１９５９年に彼の歌でミリオン・セラーとなった「Misty」を始め、心地よいスタンダード・ナンバーの美曲が多く収められている。このアルバムには〝深い意味など求めず〟ただ耳を傾ければ、タイトルどおりに聴く者を安らかな天国に導いてくれるはずだ。余談だが、先日、今はアメリカに住む母に会った時、マティスのコンサートを聴きに行ったのよと、嬉しそうにプログラムを見せてくれた。その顔はとても若々しく倖せそうであった。

秘書の週末は羨ましい

◉ザ・ウィークエンド・オブ・ア・プライベート・セクレタリー／シャーリーン・バートリー

このいかにも作為的で作り事めいたジャケットを、若い頃は非芸術的と感じて嫌だったりもしたが、今は心が大逆転。こんなジャケットを見ると即座に欲しくなってしまう。作為を楽しめる歳になったのかもしれないが、眺めているとあらぬ方向に想像が飛躍し、あれこれと妄想遊びが実に楽しい。またタイトルも『秘書の週末』と意味深でまことによろしい。

東京辺りの秘書の週末というと、上司とお忍びで熱海か箱根付近に小旅行、その夜、それなりの美味しい食事を前に、上司から君も一杯どうかねなどと言われ、まあ嬉しいと頬を染めたりする古典的なストーリーが想像されるが、だがシャーリーン嬢の週末はスケールが大きい。ハバナやキューバでのバカンス、マイアミで月を眺め、現地で重役と落ち合いアヴァンチュール。時には行く先々で恋の花を咲かせ、青い海が見えるテラスでカクテルを飲みながら愛を語らい、夜はイヴニング・ドレスをまといダンスと洒落こみ、相手の肩にもたれトロピカルな南国の夜を楽しむ……。そんな自由奔放なシャーリーン嬢の休暇は、まことをもって羨ましく、自分も一度は秘書になりたいなどと、訳のわからん妄想を掻き立てる内容である。

Charlene Bartley
『The Weekend Of A Private Secretary』

【A】①The Weekend Of A Private Secretary ②That's For Me ③She Didn't Say 'Yes' ④Moon Over Miami ⑤I've Got A Crush On You ⑥Mixed Emotions【B】①I Don't Stand A Ghost Of A Chance With You ②Orchids In The Moonlight ③Under A Blanket Of Blue ④We'll Be Together Again ⑤Sand In My Shoes ⑥Memories Of You
■Tito Puente(arr, cond), Hal McKusick's(arr, cond, as, fl), Frank Rehak(tb), Henry Jones(p), Don Alessi(g), Milt Hinton(b)［1957年］

RCA VICTOR　LPM1478

彼女は生地ロスにあったバンド・リーダー、マイク・ライリーの経営するマドハウスの前座シンガーとしてそのキャリアをスタート。その後アメリカ各地で歌い、1950年に30年代から活動していたアル・ドナヒュー楽団のシンガーとなり、「Gypsy Magic」を初録音。ロスやニューヨーク、ラスベガスなどの一流ホテルにも出演していたというが、米国でも日本でも全く無名といっていいほど知名度が低い。しかし本作の「She Didn't Say "Yes"」や「Mixed Emotions」などの歌を聴くと、白人シンガー特有の軽妙なうまさと趣味のよさがあり、聴くほどに愛着が湧いてくるアルバムである。ジャケットには〝メリー・クリスマス、ヘンリーさんへ〟と書かれた彼女のサイン。そのアルバムが海を渡って今僕の手元にある不思議。大切にしたいと思う。アルバムの録音が一枚だけとはなんとも残念だが、彼女の知名度を考えれば、よくぞこの一枚を残してくれたと、手を合わせ感謝するべきなのかもしれない。

下総の猪突盲進男

◉サドンリー・ゼアーズ
◉トーチ・タイム／ゴギ・グラント

下総の国、船橋に高木さんというヴォーカル愛好家がいる。ヴォーカルならなんでも御座れではないが、しかしこの男、並じゃない。激しい思い込みで狙いを定めると、的に向かってまっしぐらの猪突盲進の男である。

さてこの男、アメリカに行った折に手に入れたゴギ・グラントのシングル盤「It's A Wonderful Thing To Be Loved」（RCA・'57年）を聴いた途端、〝これは！〟と甚く気に入り、日ごと妄想に拍車がかかり恋焦がれるようになった。その後、インターネットを駆使して彼女の住所を知ると、熱烈なラブレターを送った。数週間後に来た待ちに待った返事の中に、サウス・キャロライナ州の田舎町ニューベリーにて2002年の5月にコンサートをするとの一文を見定めると、〝まことに信じ難いことだが〟この機会を逃したらもう生きている姿を拝めることはないだろうと勝手に思い込み、仕事なんぞしてはいられないと再度手紙を出し、なんとサウス・キャロライナに飛んだのである。しかしまぁ彼女の全盛期とはいかないまでも、多少若かりし頃ならまだしも、この時点で失礼ながら77歳のお婆さん。よくやるなぁである。ついにニューベリー・オペラハウスのロビーに立ち、今か今かと開演を待っていると、マネージャーがやって来て、〝彼女は貴方が遠くから来て

Gogi Grant
『Suddenly There's』

ERA　EL20001

【A】①Suddenly There's A Valley ②I Let A Song Go Out Of My Heart ③Love Is The Sweetest Thing ④I'll Never Be The Same ⑤The One I Love(Belongs To Somebody Else) ⑥There Will Never Be Another You【B】①Wrap Your Troubles In Dreams ②What's New ③All Of Me ④I Don't Want To Walk Without You ⑤It Happens Every Spring ⑥Who Are We
■Buddy Bregman(arr, cond)［1956年］

くれたことを心から喜んでいます。つきましてはコンサート終了後に、ディナーにお招きしたいので帰らずに〟と言われたという。やがてステージに登場した彼女は、ピアノ・トリオをバックに（盲信男の彼いわく）昔と劣らない歌声でステージを進め、一部の後半には〝遥ばる日本からやって来たミスター高木に捧げます〟とバラード「Far Away Places」を歌ってくれたという。ディナーの誘いのみならず曲を捧げられ、ボォーとしまりのない顔を紅潮させ、天にも昇る気持ちだったのではと推察する。よく日本の解説では'33年生まれとなっているが、実際には'24年生まれで、約１５０ｃｍという小柄ながら、元気で可愛らしく、まだ美貌の名残があったという（盲目となりし彼いわく）。

あきれたことに話はこれで終わらず、3年後の4月にロス在住のトニーというやはり彼女のファン宅に泊り込み、彼と一緒にパームスプリングスのクラブに赴き、またまたショー終演後ディナーを共にし、翌日にはロスにある彼女の自宅に招待され、シックな部屋に飾ってあったオスカー像やゴールドディスクを眺めながらの、至福の時を過ごしたんだとさ！　羨ましくもある猪突盲進男の猛走である。

本名オードリー・ブラウン。フィラデルフィアで生まれ、後にカリフォルニアに移住。ロスアンゼルスでのハイスクール時代に多くのアマチュア・コンテストに出場し自信をつけ、卒業後プロになることを決意。ＴＶの出演が幸運を呼びエージェントの目に留まり、多様な仕事をこなすこととなった。その後RCAと契約、'52年にデビュー曲「Where There's Smoke, There's Fire」を含み4枚のシングル盤を発表するがヒットには結びつかず、4枚目のRCAが取り決めたシングル「Secret Love」は、ドリス・デイも録音し〝ゴギはそれを知らなかったが〟ほぼ同時に発売された。しかし映画『カラミティ・ジェ

Gogi Grant
『Torch Time』

RCA VICTOR　LPM1940

【A】①They Say It's Wonderful ②The Thrill Is Gone ③Poor Butterfly ④My Man ⑤Bewitched ⑥Lover Come Back To Me【B】①Yesterdays ② Summertime ③Something Wonderfull ④I Didn't Know What Time It Was ⑤ Young And Foolish ⑥Mad About The Boy
■Henri René(arr, cond)
［1958年］

ーン』('53年)の挿入歌であり当時人気絶頂のドリスとは勝負にならず、ドリスのバージョンは'54年2月に1位にチャートイン、一方彼女はRCAに契約を打ち切られた。

悔しい思いを胸に、新興レーベルERAに移籍し再スタートした'55年「Suddenly There's A Valley」がミリオン・セラーとなり、翌年「The Wayward Wind」もミリオン・セラーと続き、'61年にもリバイバル・ヒットした。彼女はこの一連の大ヒットについて、全米を苦労してプロモーションして廻った結果だと語っている。ERAにはベスト盤も含み2枚のアルバムを残し、その後古巣RCAに戻るとポール・ニューマン及びアン・ブライス主演の映画『ヘレン・モーガン・ストーリー』('57年)の、ブライスの歌を吹き替えたサウンド・トラックをチャートの25位に送り、RCAには7枚のアルバムを残している。ラスト・アルバムはPETEの『ザ・ウェイ・ア・ウーマン・フィールズ』('70年)となっている。御年88歳、幾多の音楽人生の思い出と共に、今も幸せに過ごしておられると思う。

『サドンリー・ゼアーズ』ERAでの最大のヒット・ソングを網羅し、バディ・ブレイクマンの編曲も古い映画の中で流れていたような、セピアがかった統一感があり、その曲調が心を和ませる。

『トーチ・タイム』素敵なムードの1曲目「They Say It's Wonderful」から始まるA面のまとまりがよく、編曲もリッチ、サビで聴かせる伸びやかな歌唱は天性のものと感じさせる。曲によってはアルバムタイトルに疑問を覚えるが、本人いわく、タイトルはRCAサイドの考えで本作はショー・チューンで構成されている、とのことである。

下総の猪突盲進男、一枚のシングルからここまでやるかねぇと思うが、まずは見上げたファン魂と言っておこう。

愛しの10インチ

◉マーガレット・ホワイティング・シングス／マーガレット・ホワイティング

このレコードとはネバダ州リノのアンティーク・ショップの片隅で出会った。彼女は何枚かのガラクタ同然のレコードに挟まれ可哀想に、物凄い埃の中で息絶え絶えという感じで僕を待っていた。盤を見ると、汚れと傷が凄い、凄すぎる。おのれ～と怒りが湧いてきたが、人の良さそうな店のおばさんはそれはいいレコードよ、などと暢気《のんき》に笑っている。だったらもっと綺麗にして飾っておけと、またまた怒りが湧いてきたが、しかし3ドルの値段は大納得の安さ、怒りどこやら、〝これいいレコードなんだよねぇ〟などと愛想笑いの現金男となったのだった。

僕は知っていた。このアルバムが素晴らしいことを。埃でくすんだジャケットに潜む、重ね合わせた美しい色合い。'42年に録音された「My Ideal」、18歳ならではの初々しさ、春風の如く温かな歌声。寒い夜にはバリバリ音をさせて、彼女のアルバムを聴こう、そしてその温かさに包まれながら安らかに眠るのだ。

Margaret Whiting
『Margaret Whiting Sings』(10inch)

【A】①Old Devil Moon ②Guilty ③Gypsy In My Soul ④April Showers【B】①It Might As Well Be Spring ②My Ideal ③Heat Wave ④Look For The Silver Lining
［1942年］

CAPITOL　H234

◉ザット・パリス・ムード／ジャッキー・パリス

声高に言ったりはしないが、パリスは僕が心中に深く留め、大切にしている男性シンガーの一人だ。取り出して聴く時は、BGMとしてではなく彼を身近に感じるように、ゆったりと聴く。彼の声は素敵だ。美声ではないが、ざらっと引きずり気味に歌うハスキーな声。「The Things We Did Last Summer」の〝甘さの匙加減〟がたまらない。この歌は実に心の糸を震わせる。僕は彼のアルバムを蒐集する方、そして彼のことを話す方にも愛情を持ってしまう。

◉ララバイ・オブ・ブロードウェイ／ドリス・デイ

むかし僕は密やかに彼女を愛していた。あまりにもメジャーで当たり前すぎるのか、コレクターの方やヴォーカル好きの間でもめったに話題に上らず、又聞かれたこともなかった。残念に思う。しかし誰がなんと言おうと、たとえ否定されたとしても（誰も何にも言ってくれないが）彼女は米国最高峰の、クラシック・ポップス界の女神だ！ タイトル曲である「Lullaby Of Broadway」は、この10インチとLP『デイ・イン・ハリウッド』にも入ってはいるが、同じテイクにもかかわらず10インチ盤の方が、歌も演奏もダイレクトで音圧も高く、問題にならない程いい。エンディング近くのブレイク後、バラード風に流す絶妙な歌とコーラスのアンサンブル。まるで夢のような、ああ～この素晴らしさを何に譬えよう、その感激を、声高らかに遠い空の果てまで叫んだとしても、まったく物足りない、良すぎる、最高だ！ 今はもう歌うことの無い彼女だが、彼女がまだこの世に生きていてくれるだけで、僕は倖せに思うのである。

Jackie Paris
『That Paris Mood』(10inch)

CORAL　56118

【A】①You're Mine You ②We'll Be Together Again ③Who Can I Turn To? ④Cottage For Sale 【B】①More Than You Know ②Detour Ahead ③The Things We Did Last Summer ④I'm Through With Love
■Billy Taylor(p), Earl May(b), Khalil Madi(ds), Charlie Shavers(tp) ［1954年］

Doris Day
『Lullaby Of Broadway』(10inch)

COLUMBIA　CL6168

【A】①Lullaby Of Broadway ②Fine And Dandy ③In A Shanty In Old Shanty Town ④Somebody Loves Me 【B】①Just One Of Those Things ②You're Getting To Be A Habit With Me ③I Love The Way You Say Goodnight ④Please Don't Talk About Me When I'm Gone
■Frank Comstock(arr, cond), The Norman Luboff Choir(vo), The Buddy Cole Quartet ［1951年］

「アゲイン(Again)」は、僕の大名曲だ

◉ルッキング・バック／ナット・キング・コール
◉ア・ライト・トゥ・シング・ザ・ブルース／ジェーン・フローマン
◉アズ・ロング・アズ・シー・ニーズ・ミー／ジェリー・ヴェール

「Again」は、僕の大名曲だ。いついかなる時に聴いても、気分をうっとりとさせる。たとえ哀しみに沈もうと、怒りに駆られようと、地獄の門に立たされたとしても、この旋律が流れたら穏やかな気持ちを取り戻すに違いない。

中学生の頃、三鷹駅前の古本屋さんが、売れ残ったシングル盤をダンボールに詰め安く売っていたことがあった。その中からリッキー・ネルソンの『Mad World』を買ったのが「Again」との出会いだった。A面の彼らしいポップ・ソングを聴いた後、B面に針を落とすと、なんとも懐かしさが込み上げてくる愛らしいロッカ・バラードで、メロディーの派手な起伏はないが美しく〝もう再びこんなことは起こらないだろう。生涯で一度だけのときめき〟と歌われる「Again」が流れてきた。心を奪われたその日から45年余り、まだその愛は継続している。

この僕の愛聴曲は'48年のイギリス映画『ロード・ハウス』で使用され、英国のシンガー、ヴェラ・リンが歌い、その後アメリカに渡りヒットした。'49年のビルボード誌を見ると、1月ヴェラ・リン23位、4月ゴードン・ジェンキンス2位、メル・トーメ7位、ヴィッ

Nat King Cole
『Looking Back』

CAPITOL　T2361

【A】①Time And The River ②World In My Arms ③Again ④Looking Back ⑤Midnight Flyer ⑥I Must Be Dreaming
【B】①Is It Better To Have Loved And Lost ②Send For Me ③Just As Much As Ever ④If I May ⑤Sweet Bird Of Youth
■Nat King Cole(vo, p), David Cavanaugh(arr, cond), Billy May(arr, cond), Sid Feller(arr)［1965年］

ク・ダモン11位、5月ドリス・デイ14位、6月トミー・ドーシー22位、7月アート・ムーニー28位と話題になり、広く大衆に親しまれた名曲だ。なのに不思議に思う。あの今も繰り返し歌われる大スタンダード・ナンバー「Misty」に勝るとも劣らないこの「Again」を、日本はもちろん海外でも、近頃採り上げるシンガー及びミュージシャンが、あまりにも少ない。怒れる魔人となって威してやりたいほどだ！ それほどいとおしい。

『ルッキング・バック』ナット・キング・コール
ちょっとポップな伴奏に乗って軽くリズミカルに、時にまろやかに、旋律へのアクセントの付けかたがさすがだ。

『ア・ライト・トゥ・シング・ザ・ブルース』ジェーン・フローマン
元は'52年録音のようだが、やけに時代がかった歌い方とオーケストラだと思った。だが、それが良き時代を偲ばせての郷愁となり、〝悪くない〟に変わった。

『アズ・ロング・アズ・シー・ニーズ・ミー』ジェリー・ヴェール
イタリア系シンガー特有の朗々とした歌声はスカッと爽やか、また一味違う魅力で曲が堪能できる。

「Again」は、僕の故郷とも言える大名曲だ。少しでも多くのシンガーに歌われ、また演奏されることを願ってやまない。

Jane Froman
『A Right To Sing The Blues』

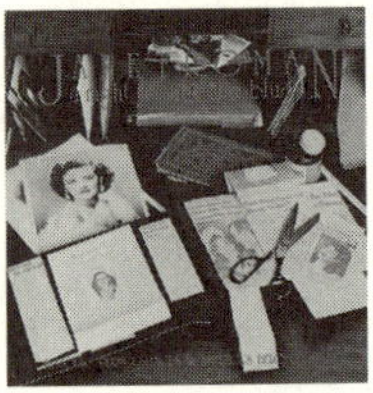

【A】①I've Got A Right To Sing The Blues ②When I See An Elephant Fly ③I've Got You Under My Skin ④Orchids In The Moonlight ⑤April In Paris ⑥I'll Be Seeing You 【B】①What's The Use Of Wondering ②Papa, Won't You Dance ③Again ④Isn't It Romantic ⑤They Can't Take That Away From Me ⑥With A Song In My Heart［1952年］

AEI　2105

Jerry Vale
『As Long As She Needs Me』

【A】①As Long As She Needs Me(From "Oliver!") ②Where Love Has Gone(From "Where Love Has Gone") ③The Very Thought Of You ④On And On(Adapted From Offenbach's "Barcarolle") ⑤In The Chapel In The Moonlight 【B】①Again ②You're My Everything ③Santa Lucia(Me And Maria) ④Any Time［1969年］

HARMONY　HS 11298

ジャケットから授かった、幸運の一曲

◉ユア・ダンス・デイト・ウイズ・レス・ブラウン／レス・ブラウン（ルーシー・アン・ポーク）

この10インチとは、ちょっと立ち寄ったアメリカの小さな町の雑貨店で出会った。レス・ブラウンかぁと思ったが、可愛いイラストが気を引いたので、町に寄った記念にと買い求めた。しばらくほっといていたが、たまには演奏ものでも聴くかと針を落とすと、楽しげなビッグバンドのターラ、ターラ、ラッタ、タァの前奏の後に、突然予期せぬ女性シンガーの声が。くぅ〜……いい感じだ！好みだ！誰だろう。これはと驚きジャケットを見たが名前が書かれていない。盤のレーベルを見ると、おお！ルーシー・アン・ポークと書かれてる。なんという幸運！　記念にとアルバムを買った自分を偉いさすがと褒め称え、幸運曲「S' Wonderful」に再び針を落としたのだった。

Les Brown（Lucy Ann Polk）
『Your Dance Date With Les Brown』（10inch）

【A】①A Foggy Day ②Easy To Love ③Drifting And Dreaming ④Ebony Rhapsody【B】①'S Wonderful ②I Could Write A Book ③Cabin In The Sky ④Tico Tico
■Lucy Ann Polk(vo)
［1950年］

COLUMBIA　CL6123

◉バード・ライヴズ／チャーリー・パーカー（サラ・ヴォーン）

僕は大フェイバリット色のグリーンに弱い。その色彩にビニール・コーティングされたジャケットを見ると、見境なく欲しくなる。これがその一枚。コーティングされたグリーンの中でパーカーが凛々しい。しかしそれだけで僕が、このレコードを持ち出すわけがない。ヴォーカルである。サラ・ヴォーンの歌が2曲収められているが、「What More Can A Woman Do?」これがいいのだ！ 繰り返し聴かずにはいられない。彼女21歳の初々しい名唱。録音がいいとは言えないが、何かが澄んでいる。心に染る時代が生んだ、郷愁の音なのだ。

◉ミッドナイト・オン・ザ・クリフ／レス・バクスター（スー・アレン）

羨ましいことに、美しいブルーの闇夜に、絶壁の上で恋人同士がきつく抱擁を交わしている。なんとも心を捉える女性の感窮《きわ》まった恍惚の表情、映画の一場面のような印象的な青の世界。バクスターには興味はないが、これだけジャケットがよければと日本に持ち帰った。或日、ジャケットを眺めていると、コーラス入りと書いてある。裏ジャケに大好きなパイド・パイパーズの女性シンガー、スー・アレンの名前があった。慌ててターンテーブルに乗せると、2曲目「Wake The Town And Tell The People」にあのパイド・パイパーズのコーラスが再現されている。よかったのはこの曲だけだったが、一曲で大満足の2分半の幸福であった。

Charlie Parker（Sarah Vaughan）
『Bird Lives』

【A】①Dream Of You ②Oh-Oh, My, My, Oh, Oh ③Sorta Kinda ④Mean To Me ⑤What's The Matter Now? ⑥4-F Blues 【B】①That's The Blues ②I'd Rather Have A Memory... ③I Want Every Bit Of It ④What More Can A Woman Do? ⑤Seventh Avenue
■Sarah Vaughan(vo), Trummie Young(vo), "Rubberlegs" Williams(vo), etc.［1945年］

CONTINENTAL　CLP16004

Les Baxter（Sue Allen）
『Midnight On The Cliffs』

【A】①Midnight On The Cliffs ②Wake The Town And Tell The People ③End Of Spring ④Take My Love ⑤The Shrike ⑥Blue Mirage 【B】①Unchained Melody ②Medic ③Suddenly ④If You Were Mine ⑤When You're In Love ⑥Dream Rhapsody
■Sue Allen(vo)［1957年］

CAPITOL　T843

Vocal music is always the best!

II

この世で最も麗しいビブラート

●ランデヴー・ウィズ・ペギー・リー
●ザ・マン・アイ・ラヴ
●ラテン・アラ・リー！／ペギー・リー

歌は努力次第でうまくもなり技術も向上するが、声の質は生まれながらの資質で、両親の遺伝子と神の賽《さい》の目に委ねられている。日常の生活において、稀に電話などで、顔を拝みたくなるようないい声の女性がいる。早口に無縁の穏やかな質感で、話に無駄がなく〝微風の如し〟である。逆に無遠慮なガサついた声は御免被りたい。僕がすぐにでも逢いたいと思う声の持ち主といえば、ペギー・リーである。

1920年ノースダコタ州ジェイムズタウンで、ノルウェー系の父とスウェーデン系の母との間に8人兄弟の7番目として生まれ、本名はノーマ・デロリス・エグストロームという。大成にはほど遠い覚えにくい名だが、ファーゴのラジオ・ディレクターが後に金看板となるペギー・リーの芸名を授けている。

4歳の時に母親を亡くし、少女の頃から鉄道員だった父の小さな会社や農場で働き、14歳の時には聖歌隊や地元のラジオ局で歌うようになり、合間にはウェイトレスの仕事もしたという。この少女時代から養った〝自立の精神・向上心・天分〟は、波乱含みの芸能生活を支える軸足となった。

Peggy Lee
『Rendezvous With Peggy Lee』(10inch)

【A】①Why Don't You Do Right ②Them There Eyes ③Deed I Do ④I Don't Know Enough About Yo 【B】①I Can't Give You Anything But Love ②Stormy Weather ③Don't Smoke In Bed ④While We're Young
■Dave Barbour(arr, cond)
［1951年］

CAPITOL　H151

ハイスクール卒業後、歌手か女優になろうと18ドルを手にハリウッドへ向かい、ウェイトレスをしながら臨時のナイト・クラブのショーや客寄せのためにカーニヴァルで歌うこともあったが、業界の厳しさは彼女にスポットを当てることはなかった。

結局ノースダコタのミネアポリスに戻り、束の間ビッグバンドで歌い、やがて少しは知られたウィル・オズボーン楽団のシンガーに起用され、初めて歌手らしい体面を保つと同時に、まもなく訪れる栄光の門前へと、その一歩を踏み出したのである。

'41年7月、ついに幸運の女神が手を差し伸べた。シカゴのシャーマン・ホテルに当時キング・オブ・スウィングと言われたベニー・グッドマン楽団が出演していた。近くのアンバサダー・ホテルに宿泊していたグッドマン夫妻は、折しも中西部を巡業しながらヴォーカル・グループに加わりラウンジで歌っていた彼女を気に入り、退団予定のヘレン・フォレストの後任として専属歌手に迎えた。早速8月に彼女の初録音「Elmer's Tune」を吹き込み、'42年「Why Don't You Do Right?」の大ヒットにより、初めて全米に彼女の名が知れ渡った。

'43年に同楽団のギター奏者デイヴ・バーバーと結婚のため退団、一女を出産すると共に多くの録音を残した。バーバーとは2年程で別れたが、歌手としては順風満帆で「Manana」('48年)「Lover」('52年)「Fever」('58年)のヒットでゴールドディスクを獲得し、作詞家としても「Where Can I Go Without You」や「Journey Guitar」、LP『貝がら』の作品などで才能を発揮した。また女優業にも興味を示し『皆殺しのトランペット』('55年)では、アルコール中毒のブルース・シンガーを演じアカデミー賞の助演女優賞にノミネートされている。

Peggy Lee
『The Man I Love』

CAPITOL　T864

【A】①The Man I Love ②Please Be Kind ③Happiness Is A Thing Called Joe ④Just One Way To Say I Love You ⑤That's All ⑥Something Wonderful
【B】①He's My Guy ②Then I'll Be Tired Of You ③My Heart Stood Still ④If I Should Lose You ⑤There Is No Greater Love ⑥The Folks Who Live On The Hil
■Nelson Riddle(arr), Frank Sinatra(cond)［1957年］

そしてあまり知られていないが、代表曲となっている「Why Don't You Do Right?」は、ブルース及びR&B界で人気のあったリル・グリーンが'41年に録音し小ヒットさせた曲で、「Fever」も'58年のリトル・ウィリー・ジョンの名作のカヴァー曲である。50年中頃から、黒人社会の外では知られることの少なかったブルースやR&Bを、白人層をターゲットにインディペンデント・レーベルがポップ仕立てに録音し、次々とヒット曲を飛ばすとメジャー・レーベルもこれに参戦、我先にと競争は激化した。当時、リーの大ヒットしたカヴァー曲なども、我々の音楽で大儲けしやがってなどと、黒人層からは陰口を叩かれただろうが、彼女の耳触りのいいポップ・スタイルは、結果的に黒人音楽を世間に広め、オリジナルにも目を向けさせることになったのであるから、その功績は大ではなかろうか。

『ランデヴー・ウィズ・ペギー・リー』は、夫デイヴ・バーバーの楽団を従えて「'Deed I Do」など、軽快なサウンドに乗った彼女の溌剌とした歌声の良さと言ったらない。40年代に夫婦の蜜月が刻まれた名作だ。

『ザ・マン・アイ・ラヴ』最良のオーケストラとシルキー・ヴォイスの魔力、夢と現実の狭間で聴くような官能美の世界。

『ラテン・アラ・リー』ラテンのリズムと彼女の声は意外に相性が良く、口当たりのいいリキュールのまろやかさがあり、次々と繰り出される楽しげな、ミュージカルのヒット・ナンバーに文句なし。

ニューヨークのナイト・クラブ《ステージ・ドア・キャンティーン》で、ベニー・グッドマン楽団をバックに「Why Don't You Do Right?」を歌う彼女(23歳)の映像がある。マイクの前の彼女は飛び切りキュートで煌々と若さを発散させ、すでにスターの趣があり、

Peggy Lee
『Latin Ala Lee!』

CAPITOL T1290

【A】①Heart ②On The Street Where You Live ③I Am In Love ④Hey There ⑤I Could Have Danced All Night【B】①The Surrey With The Fringe On Top ②The Party's Over ③Dance Only With Me ④Wish You Were Here ⑤C'est Magnifique ⑥I Enjoy Being A Girl
■Jack Marshall(arr, cond), Marty Paich(arr)
[1960年]

グッドマン楽団の演奏も見事だ！　今となっては再現不能の歌とサウンドの響宴は、見るたびに眼を釘付けにし、胸を熱くさせる。

２００２年に終止符を打った実り多き81歳の生涯。嗚呼～あの麗しいペギー・リーのビブラート、黄泉の国へ向かう途上で聴きたいと思わせる声である。

ちょっとピアニストの話を

◉メイク・ザ・マン・ラヴ・ミー／ジョイ・ブライアン

いつもヴォーカルばかり聴いている僕だけど、決して演奏が嫌いなわけじゃない。歌の合間に入るいかすオブリガートや間奏には心が踊り顔が緩む。愛聴盤の『メイク・ザ・マン・ラヴ・ミー』は飾り気のない爽やかな彼女の歌も魅力だが、ウィントン・ケリーの巧みなピアノが随所で輝きを放つアルバムだ。タイトル曲の間奏がとてもいい。清流の川底をコロコロと小石が転がりゆくようなみずみずしいプレイ。ケリー独自のタイム感が織り成す後半の印象的なメロディー、そのどれもが僕には美しく思える。

ピアノといえば随分昔、高尾益美さんという方から家内はフルートを習い、僕は楽譜の読み方を教えていただいていたことがある。御主人は秀樹さんといいサラリーマンであったが、ジャズ・ピアニストを目指していた。ある日お宅に秀樹さんがいて、ピアノを弾いてくれたことがあった。ほっそりと小柄なのに音はガーンと力強く、何よりも不思議だったのは、指が素早く鍵盤の上を這っているのに体はピアノに向かうことなく、上半身を真横にねじり指先を見ずリズムをとりながら音を追っているのだ。その弾き方はちょっと奇妙であったが、これがジャズ・ピアノであると納得させるものがあった。やがて高尾夫妻はアメリカに渡り、秀樹さんはバークリー音楽大学に入学、以後音信が途絶えていた。30年の月日が流れ、吉祥寺のジャズ喫茶MEGで、好きな曲を持ち寄りで聴くイベントがあ

Joy Bryan
『Make The Man Love Me』

【A】①My Romance ②Make The Man Love Me ③Almost Like Being In Love ④It Never Entered My Mind ⑤East Of The Sun 【B】①Aren't You Glad You're You ②My Funny Valentine ③Old Devil Moon ④These Foolish Thimgs ⑤Everything's Coming Up Roses
■Wynton Kelly(p), Leroy Vinnegar(b), Frank Butler(ds), Al Viola(g)
［1961年］

CONTEMPORARY　M3604

った。知人の諏訪さんが、モスクワから亡命しジャズ・メッセンジャーズのトランペッターとなったヴァレリー・ポノマレフの『ミーンズ・オブ・アイデンティフィケイション』（'85年）から名曲「I Remember Clifford」をかけた。間奏のナイーブなピアノが気になりジャケットを見せてもらうと、なんとそこにはヒデキ・タカオの名前と共に笑顔の彼が写っていた。その後連絡先を捜し当て、翌年ニューヨークに住んでいた高尾夫妻を訪ねた。ポノマレフとの録音後、秀樹さんは演奏活動をこなしながら自分を追い込むほどハードに練習したが、そのせいか指と精神にズレが生じ、思うように指がコントロールできなくなり活動を断念したという。穏やかな会話の中に〝悔い〟は感じられなかった。

季節は移り、夫妻がＳｉｎｇｓに突然やって来た。話がひと通り済んだ頃〝ピアノを弾いてよ〟と頼むと、２曲続けて聴かせてくれたのだが、演奏はなんとなくまとまりの無いものに感じられた。それは本人も分かっていたのだろう、もう一曲やらせてくれと弾き出した。そのスローバラードは演奏者が別人と思えるほどに、フレーズのすべてにパワーがみなぎり、旋律は感動を呼ぶ美しい詩のように心に響いた。それは夢追い人、秀樹さんのジャズに賭けた日々を偲ばせる見事なプレイで、ゆっくりと益美さんと家内の瞳を潤ませたのである。〝こんなにいい演奏ができるのに、なぜ弾き続けないんだ〟と腹立たしく言うと、彼は〝ちょっと神がここに降りて来ただけだよ〟と笑った。

ケリーからピアノの話に終始したが、この『メイク・ザ・マン・ラヴ・ミー』はバックのスウィング感が爽快な「Everythings Coming Up Roses」や清楚な歌詞が残る「It Never Entered My Mind」など、インスト、ヴォーカル両ファンに喜ばれそうだ。そして僕はといえば、薄化粧で微笑む彼女の佇まいにいつも心を奪われてしまう。

猛牛おばさんは凄い

◉レイト・デイト・ウィズ・ルース・ブラウン／ルース・ブラウン

人種的偏見ではないかと思えるほど日本では人気のパッとしない彼女だが、１９４５年「So Long」でデビュー。翌'50年「Teardrops From My Eyes」がビルボードのR＆Bチャートで26週連続No.1。'51年「Mama He Treats Your Daughter Mean」のNo.1など、数多くのヒット曲があり'49年のデビュー曲から'59年にかけて21曲をR＆Bチャートのトップ10に送り込みATLANTICのビルは〝ルース御殿〟と呼ばれたほどのドル箱スターだった。

また彼女は、最も初期のリズム＆ブルース・シンガーでR＆BとはRuthのRとBrownのBだとも言われ〝R＆Bの女王〟や〝ミス・リズム〟の呼び名で大衆に愛された。彼女をシャウトがきつい猛牛おばさんとしか思っていなかった昔、サンタモニカに近い小さなレコード屋で彼女のSP盤が１００ドルで売られていた。妖婆のような店主に高すぎるというと、ジロリと睨み相手にしてくれなかったが、そのことを今は恥ずかしく思う。あの店主はルースの歌の凄さをよく分かっていたんだなぁと。

１９２８年バージニア州ポーツマス生まれ。父が聖歌隊を指導していたため、彼女も教会で歌うようになる。'45年、後に結婚するジミー・ブラウン（tp）と家を離れ、バーやクラブで歌い、短期間ラッキー・ミランダ楽団に雇われるが、酒グセが元で解雇される。その頃歌の中心は大衆的なバラッドだったが、歌唱力を評価していたＤＪのウィリス・コノ

Ruth Brown
『Late Date With Ruth Brown』

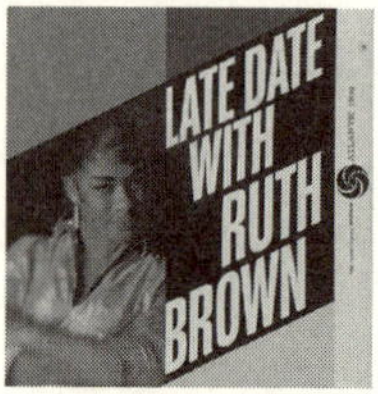

ATLANTIC　1308

【A】①It Could Happen To You ②Why Don't You Do Right ③Bewitched ④I'm Just A Lucky So And So ⑤I Can Dream, Can't I ⑥You And The Night And The Music 【B】①You'd Be So Nice To Come Home To ②We'll Be Together Again ③I'm Beginning To See The Light ④I Loves You Porgy ⑤No One Ever Tells You ⑥Let's Face The Music And Dance
■Richard Wess(arr, cond), Hank Jones(p), Milt Hinton(b), Don Lamond(ds), Sol Gubin(ds), Al Caiola(g), Mundell Lowe(g), etc.［1959年］

バーにATLANTICの創始者アーティガンとエイブラムソンを紹介され、レーベル初の女性シンガーとなり、アーティガンの勧めによりR＆Bに転向、その後の快進撃となった。『レイト・デイト・ウィズ・ルース・ブラウン』は、彼女をR＆Bシンガーの枠にはめジャズを歌わせなかった会社に、より良いクラブに出演するにはジャズを歌わなければと悟った、彼女自身から録音を申し出て制作された。選曲とアレンジはリチャード・ウェスが決め、すべて彼女の意志どおりとはいかなかったようだが、ストリングス入りのビッグバンドはアクの強い彼女の声に甘さとコクを与え、ひと味違うスタンダードの名作に仕上げている。'89年、トニー賞とグラミー賞を受賞。'93年、ロックの殿堂入りと活躍を続けたが、2006年にラスベガス近郊の病院であの世に召された。〝猛牛おばさん〟彼女は黒人ポピュラー音楽の凄いシンガーだった。

とびきりのハスキー・ヴォイス

●ヒー・ラヴズ・ミー、ヒー・ラヴズ・ミー・ノット／クリス・コナー

ニュージャージー州で、クリス・コナーが癌のため81才で息を引き取った。全ヴォーカル及びジャズ・ファンにとって8月29日は悲しい日となってしまった。約半世紀もの間、魅力的な声を武器に我々のハートをとらえ続けた彼女に、どんな言葉が相応しいんだろうと思い悩んでしまう。

70年代初頭、日本はまだ長閑で若者たちは〝ニュー・ジェネレーション、ニュー・シネマ、ポップ・アート、ヌーヴェル・ヴァーグ〟と、押し寄せる欧米の新しい文化を謳歌していた。そんな世相の中で僕は彼女の歌と出会った。新宿二丁目に〈火の車〉という感じのいい酒場があった。ある夜更け、終電車に乗り遅れて一人で飲んでいると、すぐ側のジャズ喫茶に行こうとマスターが誘うのでついていった。店内は大音量のジャズとタバコの煙で息苦しい。しばらく喧騒が続いた後、朝露の如くしっとりとした歌が店内の空気を一変させ、その声は僕をハッとさせ魅了した。そのクールで涼し気な耳ざわり、情感に秘められた女らしさ、知的でデリケートな唱法は深夜の子守唄となって、僕に安らかな休息を与えてくれたのだった。その後、多くのアルバムを買い揃え聴くことになったが、彼女が最も輝いていたのは20代半ばから30代半ばにBETHLEHEMとATLANTICに録音していた時期ではないだろうか。断言してもいいほど名盤揃いである。

Chris Connor
『He Loves Me, He Loves Me Not』

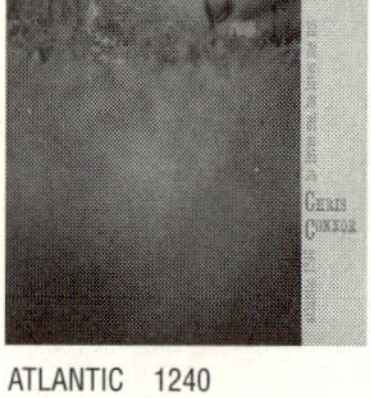

ATLANTIC　1240

【A】①High On A Windy Hill ②Round About ③Angel Eyes ④You Stepped Out Of A Dream ⑤Why Can't I ⑥Suddenly It's Spring【B】①About The Blues ②Oh! You Crazy Moon ③But Not For Me ④I Guess I'll Hang My Tears Out To Dry ⑤I Wonder What Became Of Me ⑥Thursday's Child
■Ralph Burns(arr, cond)
［1956年］

『ヒー・ラヴズ・ミー、ヒー・ラヴズ・ミー・ノット』は、恋をテーマにした淡いバラード集で、哀愁をたたえた「Why Can't I」や「But Not For Me」など、抑えの効いた表情も良いが、ロマンティックなジャケットにも心を惹かれるアルバムだ。何度も胸に刻まれた彼女の歌、思い浮かべることはたやすい。とびきりのハスキー・ヴォイスに親しみを込めて、ありがとうの言葉を送りたい。

侮れない、ポップ・シンガーのスタンダード

◉ホワッツ・ニュー／リンダ・ロンシュタット

以前から気になっていたが、畑違いのヴォーカリストのスタンダード・アルバムがよく発売されている。ロックやポップスのスターも自分の若さがそれほど長くは続かないと知る頃、心の隅にスタンダード・ナンバーがあったことに気付き、懐かしさも含め、マンネリが続いたアルバムの打開策に、と考えたりするのであろうか。

リンダ・ロンシュタットは、1946年アリゾナ州トゥーソンでドイツ系メキシコ人の父親と、オペラ歌手志望であった母親との間に、4人兄弟の3番目として生まれた。父ギルバートは、若い頃ラジオやクラブにも出演した歌手だったが、生活のため家業の金物店を受け継ぎ成功していたという。父は子供たちにギターを教え、幅広く音楽を聴くように勧め、彼女はメキシコの歌やスタンダード・ナンバーの数々を父から学ぶという環境の中で育った。高校生となり、兄のピーター、姉のスージーとフォーク・グループを組み、地元で活動を開始。彼女の歌を聴いた同郷のボビー・キンメルはロスアンゼルスに行くよう説得し、誘いにのった彼女は大学を中退、ケニー・エドワーズを加えた3人でストーン・ポニーズと名乗り'67年にCAPITOLからデビューしたが、グループは3枚のアルバムを残し消滅。

'69年『ハンド・ソーン…ホーム・グローン』でソロ・デビュー。アルバムを重ねるごと

Linda Ronstadt
『What's New』

ASYLUM/WARNER　P11408

【A】①What's New ②I've Got A Crush On You ③Guess I'll Hang My Tears Out To Dry ④Crazy He Calls Me ⑤Someone To Watch Over Me【B】①I Don't Stand A Ghost Of A Chance With You ②What'll I Do ③Lover Man(Oh Where Can You Be) ④Good-Bye ■Nelson Riddle(arr, cond), Don Grolnick(p), Ray Brown(b), Bob Cooper(ts), etc. [1983年]

に注目を集め、5作目の『ハート・ライク・ア・ホイール』とシングル「You're No Good」で大ブレイクし、全米に名が知れ渡った。その後もヒット曲とプラチナ・アルバム（100万枚）が続き、僕らの世代のアイドルだった西海岸の歌姫はミス・アメリカとなり70年代を代表するポップ&ロックのヴォーカリストとして全世界に羽ばたいた。当時、西海岸の文化と音楽は若者の憧れだった。しかし身近であったそれらが徐々に巨大化し産業化すると共に、我々の思いも色褪せてゆき、だんだんと聴くことがなくなっていった。

時は80年代に移り、初演が'79年という古いオペレッタ『ペンザンスの海賊』に出演。スタンダードの良さに目覚めたのか、'81年プロデューサー、ジェリー・ウェクスラーとスタンダード・ナンバーの録音を試みるが、満足できずに断念。『ゲット・クローサー』の発売を挟み、'82年、ついに名アレンジャー、ネルソン・リドルの協力によりスタンダード集『ホワッツ・ニュー』を完成させる。ポップ&ロックのスターであった彼女にとって、ヒット・チャートとは無縁のアルバム作りは危険な賭けと思われたが、アルバムはベスト・セラーとなった。華麗なストリングスに操られ伸びやかに歌声は舞い、伝統を踏まえ一段と輝きを増した歌唱力。昔を知る僕らは驚きをもって再び彼女を迎え入れると共に、頭の固いジャズ・ファンにも好意をもって評価され、身内が褒められたようなホッとした気分になったのであった。

アメリカン・ニュー・シネマの名作で、うわさになった男

◉ア・リトル・タッチ・オブ・シュミルソン・イン・ザ・ナイト（夜のシュミルソン）／ニルソン

僕にとって、シンガー・ソングライターのニルソンは、忘れがたい映画『真夜中のカウボーイ』（'69年）と共に息づいている。テキサスからひと旗あげようとニューヨークにやってきたジョー（ジョン・ヴォイト）とペテン師のラッツォ（ダスティン・ホフマン）は互いを牽制し合いながらも大都会の底に沈んでいくような孤独を共有し、やがて奇妙な友情で支えあう。当時の世相もあり、ノン・ヒーロー、アウトサイダーの二人に強く共感を覚えた。冒頭のシーンに流れたフレッド・ニール作の主題歌「Everybody's Talkin うわさの男」は、希望を胸にニューヨークへ向かうジョーの思いと相俟《あいま》って、爽やかなニルソンの歌と共に僕らの心に刻まれた。映画はアメリカン・ニュー・シネマと呼ばれ大ヒットし、曲もミリオン・セラーとなり、アカデミー賞に輝いた。

本名ハリー・エドワード・ニルソン、1941年ニューヨーク市ブルックリン生まれ、音楽好きな母親と叔父の影響を受けて育つ。その後銀行員となったが、勤務の合間を縫って始めた音楽活動がミュージシャンやプロデューサーに認められ'66年にデビュー。全米No.1となったバッド・フィンガーのカヴァー「Without You」（'72年）やスリー・ドッグ・ナイトがヒットさせた自身の作品「One」（'69年）など、ヒット曲多数。

Nilsson
『A Little Touch Of Schmilsson In The Night』

【A】①Lazy Moon ②For Me And My Gal ③It Had To Be You ④Always ⑤Makin' Whoopee! ⑥You Made Me Love You 【B】①Lullaby In Ragtime ②I Wonder Who's Kissing Her Now ③What'll I Do ④Nevertheless(I'm In Love With You) ⑤This Is All I Ask ⑥As Time Goes By
■Gordon Jenkins(arr, cond)
［1973年］

RCA　RCA6157

本作は30年代から活躍した名匠ゴードン・ジェンキンスの編曲によるオーケストラをバックに、20年代から50年代の楽曲を歌った実にノスタルジックなスタンダード集で、哀愁を込めたニルソンのレイジーな甘さが心を癒す名作だ。'94年、糖尿病による心不全のため帰らぬ人となったが「Everybody's Talkin うわさの男」を歌ったニルソンは、映画と共に今でも不滅の男である。

往年の名曲を、美味しく聴かせる料理人

◉ザ・ケニー・ランキン・アルバム（愛の序奏）／ケニー・ランキン

ケニー・ランキンは２００８年に来日、《コットン・クラブ》に出演し元気な姿を披露したが、翌年の６月に肺癌による合併症のため69歳で亡くなった。音楽活動は50年にも及ぶが、曲作りはもちろん、ポップス、ジャズ、ボサノヴァ、オールディーズとさまざまなジャンルの音楽への対応能力に優れた、多才なシンガー・ソングライターだった。また奏者としてもギター、ピアノは凄腕であるが、何よりも独自の解釈で往年の曲を奏でる達人であって、それは最高傑作と思える本作に如実に表現されている。

一曲目のハンク・ウィリアムス作のカヴァー「House Of Gold」は弾き語りで始まり、中盤からストリングスが被さってくる構成だが、洗練された歌とギターの良さも然ることながら、多くのヴォーカル・アルバムの編曲で著明なドン・コスタが率いる60人編成という弦の豊潤な美しさ、いつもその深い流れに心を酔わされては、ハンク・ウィリアムスの曲とは思えないと、呟いてしまう。それはシンプルな食材で豪華な料理を作っていただいたような満ち足りた気持ちだ。他にもお馴染みのスタンダード「Here's That Rainy Day」やラスカルズの'67年のヒット曲「Groovin'」などを、独自の料理法で調理し、ワン・アンド・オンリーの世界を作り上げている。ヴォーカル・ファンの方々は日頃耳にすることのないアルバムとは思うが、一度ひと足踏み込んで聴いていただきたい逸品である。

Kenny Rankin
『The Kenny Rankin Album』

【A】①A House Of Gold ②Here's That Rainy Day ③Make Believe ④On And On ⑤You Are So Beautiful【B】①Groovin' ②While My Guitar Gently Weeps ③When Sunny Gets Blue ④I Love You ⑤Through The Eye Of The Eagle
■Don Costal(arr, cond), kenny Rankin(g, p), Wendy Haas(el-p, org), Peter Marshall(b), Roy McCurdy(ds), Nino Tempo(ts)［1977年］

LITTLE DAVID/WARNER　P10378L

比類なきバラードの名手

◉アール・ハインズ＝ビリー・エクスタイン
◉ビリー・エクスタイン・シングス・ラヴ・ソングス・バイ・ロジャース・アンド・ハーマンスタイン／ビリー・エクスタイン

時々無性に観たくなるDVDがある。『The Black Big Bands』といって、黒人だけで結成された4つの楽団の映像だが、お目当てはビリー・エクスタイン楽団で1946年の演奏である。他の楽団は黒人特有の演奏を繰り広げているのに対し、エクスタイン楽団はスタイリッシュで都会的なアンサンブルを基調とし、当時としては斬新な他の楽団にはない輝きを放っている。映像にはトランペット&バルブ・トロンボーン奏者であったエクスタインのソロやジーン・アモンズ（ts）、フランク・ウェス（ts）のソロ、そしてアート・ブレイキー（ds）などの姿もあり楽しめる。同楽団にはチャーリー・パーカー（as）、マイルス・デイヴィス（tp）、ディジー・ガレスピー（tp）、ハワード・マギー（tp）、デクスター・ゴードン（ts）、ワーデル・グレイ（ts）、バッド・ジョンソン（ts、cl）など、後にジャズの巨人となった人材が多く去来したことからしても、楽団の素晴らしさをうかがい知ることができよう。そして何にもまして感銘を受けるのはエクスタインの歌唱で、朗々と流れる大河の如くといったバリトンで歌われるバラードだ。楽団の起伏に跳んだふくよかなサウンドが、男臭いエクスタインの声と相俟って得難い魅力を伝えてくる。それ

Earl - Eckstine
『Earl Hines - Billy Eckstine』（10inch）

【A】①Stormy Monday Blues ②I Got It Bad And That Ain't Good ③Jelly, Jelly
【B】①Skylark ②Somehow ③Water Boy
■Earl Hines And His Orchestra
［1953年］

RCA VICTOR　LPT20

はただただ郷愁を誘う懐かしさで僕の心を揺さぶるのであった。

本名ウィリアム・クラーレンス・エクスタイン、１９１４年ペンシルヴェニア州ピッツバーグ生まれ。10代の頃から歌に興味を持ち、ハワード大学卒業後に歌手兼司会者として芸能界に入り、各地で仕事をこなすようになる。’39年に友人のバッド・ジョンソンの口利きで、アール・ハインズ楽団の専属歌手を’43年まで務め、共作の「Jelly, Jelly」や「Stormy Monday Blues」が評判となった。その後ソロとなりナイト・クラブ等で歌っていたが、バップに影響を受け、来たるべき次世代の音楽の波を捉えようと、44年にハインズ楽団の若手モダン派を誘って自身の楽団を結成した。ハインズ楽団ではブルースも歌ったが、中流階級で育ったエクスタインは泥臭さを好まず、モダンなサウンドになることを重視。ジャズ史にその名を刻む程の楽団ではあったが、エクスタインの歌うバラードばかりに人気が集中し、運営もたやすくはなく’47年に解散。数枚のアルバムに当時の演奏と、同楽団をバックにした愛弟子サラ・ヴォーンの歌が残されている。

まもなくMGMと契約を交わし再びソロ歌手となり、エクスタインにとって最も輝かしい足跡を残すこととなった。’51年までに「Everything I Have Is Yours」「Blue Moon」「Caravan」「My Foolish Heart」「I Apologize」とミリオン・セラーを飛ばし、他にも「You Call It Madness」や「I Want To Talk About You」がヒット。そしてMGM以前にNATIONALから発売された「Cottage For Sale」「Prisoner Of Love」などのミリオン・セラーもあり、40年代から50年代にかけて絶大な人気を誇った初のアフロ・アメリカン系アイドル・シンガーで、曲作りにも長け、ベスト・ドレッサーに選ばれる程のスタイリストでもあった。当時、比類のないバラード歌手エクスタインの唱法を、黒人男性歌手

Billy Eckstine
『Billy Eckstine Sings Love Songs By Rodgers And Hammerstein』(10inch)

【A】①If I Loved You ②Some Enchanted Evening ③That's For Me ④People Will Say We're In Love【B】①We Kiss In A Shadow ②Bali Ha'l ③So Far ④Younger Than Springtime
［1952年］

MGM　E153

はもちろん、他の多くのシンガーも踏襲していたことは疑いもない。'57年にMERCURYに移籍。何枚かの優れたアルバムを残し、他のレーベルにも録音はあるが、全盛期のMGMやそれ以前のアルバムを上回るものは少ない。日本にも2度ほど来日、'93年に故郷のピッツバーグにて79歳でこの世を去った。

『アール・ハインズ＝ビリー・エクスタイン』は、ハインズ楽団の専属歌手として、'40年から'42年にRCA BLUEBIRDに録音された13曲の中から6曲を抜粋して10インチにまとめたもので、26歳頃からの最も初期の歌唱が聴ける。若さゆえ豊かなバリトンは少し影をひそめているが、コーラスを加えた「I Got It Bad And That Ain't Good」や「Somehow」などバラードの巧さは充分。

『ラヴ・ソングス・バイ・ロジャース・アンド・ハーマンスタイン』は、ネルソン・リドル楽団の甘い調べに乗って、気持ちよさそうに歌うエクスタインの魅力全開といった、南太平洋・オクラホマ・王様と私などのミュージカル曲集。

往年のヴォーカリスト達の多くが、この世に別れを告げ、時代の様変わりと共に耳ざわりのいいBGM的なヴォーカルが好まれて久しい。このご時世ではエクスタインに再びスポットが当たることはないと容易に分かる。しかしそれはどうであれ、エクスタインがワン・アンド・オンリーのシンガーであったことに変わりはなく、ただそんなご時世を哀れむのみである。

気品に秘められた輝き

◉ナウ・イン・ヴォーグ／テディ・キング

華やかさとは無縁だが、彼女の密やかで愛らしさを感じさせる歌は、若いシンガーには望めない、何か背筋がシャンと伸びた小粋さを感じさせる。時おり思い出したようにしか聴かないが、僕のお気に入りのシンガーの一人である。

１９２９年マサチューセッツ州ボストン生まれ。父親はヴォードヴィリアンで母親も歌が好きだったという。常に音楽が身近にあった彼女が歌い手となるのは、自然のなりゆきであった。彼女が活躍したと言えるのは40年代後半から50年代で、そのせいか、随分往年のシンガーのように感じられる。ＲＫＯ主催の「ダイナ・ショア物真似コンテスト」で優勝。それがきっかけで、ジョージ・グラハム楽団のシンガーとなり、'49年にナット・ピアースのオーケストラで初レコーディング。'52年にジョージ・シアリング・クインテットの専属歌手として注目を集め、50年代には多くのアルバムを生み出した彼女だが、60年代には録音も少なくなり、その後クラブ・シンガーとして各地を回り、長くあの《プレイボーイ・クラブ》でも歌ったという。個人的な話で恐縮だが、僕はこのクラブには悔しい思い出がある。

25年ほど前、ロスで過ごしていたある日のこと、日系三世の友人ゲーリーが片言の日本語で〝プレイボーイ・クラブに行きたいか？〟と電話をしてきた。瞬間的に僕は美女ぞろ

Teddi King
『Now In Vogue』

STORYVILLE　LP903

【A】①Why Do You Suppose ②Over The Rainbow ③This Is Always ④Fools Fall In Love ⑤I Didn't Know About You ⑥I'm In The Market For You【B】①You Hit The Spot ②Something To Live For ③You Can Depend On Me ④Old Folks ⑤Like A Ship Without A Sail ⑥You Turned The Tables On Me
■Billy Taylor(p), Milt Hinton(b), Osie Johnson(ds), Bobby Brookmeyer(tb), Nick Travis(tp), Gene Quill(as), Sol Schlinger(brs)
［1955年］

いのバニーガールを思い浮かべ、〝ぜひ行きたい〟と強く訴えたのであった。そして翌日、彼の車でクラブに向かい、〝おお、これがプレイボーイ・クラブか〟とわくわくしながら店内に入った。薄暗い落ち着いた光の中に、兎ちゃん姿の美女たちがいた。むふふもうすぐ目の前で対面できる、早く席に着きたい。ところがゲーリーを見ると受付で何か揉めている。〝どうしたの？〟と聞くと、革靴のゲーリーはいいが、スニーカーをはいた僕は入れることができないと言う。足元を見てゲーリーがため息をついた。スニーカーがだめ？ そんな殺生な！ 遠い日本からバニーガールに会いに来たんだと頼んだが、ジーン・ハックマン似の大男が、口をへの字に曲げて首を横に振る。まったくこの石頭の唐変木め、〝情は無いのか〟とうなだれながら、バニーガールの丸いシッポを眺め、未練を残し退散したのだった。思い返せばあの時は若さゆえに苛立ちもしたが、今ではその理由がよく分かる。《プレイボーイ・クラブ》は大人の領域、スニーカーにジーンズ、長い髪の男が入るべき場所ではなかったのだ。

そんなことを思い起こしながら『ナウ・イン・ヴォーグ』を聴いたが、どの曲もいぶし銀の輝きと言える歌と演奏で埋め尽くされている。そしてバート・ゴールドブラットのデザインによる気品漂うジャケット。彼女の最高傑作だと思う。彼女はCD・パソコン・携帯電話など、現代のデジタル・モンスターが登場する以前の1977年に48歳の若さでこの世を去った。それは50年代に活躍したテディ・キングにとっては幸せなことだったのかもしれない。だが今を生きる僕らにとって、彼女のような〝歌い手の死は不幸〟だ。どんな世であろうと、優しさと慈しみを与えてくれる歌い手の死は、不幸以外の何ものでもないと思うのだが。

めぐり会いはいつも突然に

◉アイル・テイク・ロマンス／ドナ・ブルックス

まだ、オリジナル盤がどうだ、レーベルと溝ありがどうの、ナンバーとアドレスがどうで、初期盤とセカンド・プレスはどうだ、ああだこうだなんだかんだと、本当にちまちまと〝じゃかましい！だからどうしたんだ〟と、叫びたくなるようなことも言わずに、心のままに音楽を聴いていた清く無垢なレコード愛好家だった頃、このアルバムに出会った。

それは都内、廃盤専門店の壁に誇らしげに飾られ、眺める者につぶらな瞳を向けていた。絶妙なピンクの中で彼女は可憐な妖精に思えた。一目惚れだったが、その頃の僕には高価で高嶺の花、目に焼きつけてすごすごと引き下がったのだった。

季節は変わり、春を思わせる暖かな冬の日に、僕は彼女に再び巡り会った。アメリカ北部のとあるスモールタウン、レコードの文字を見つけた僕は、連れが町を散策している間に店をのぞくことにした。いつもながらアナログを中心に置いてある店は平日とはいえ人影が少ない。アナログの将来はと、不安になる。棚にはロック・ポップス・ソウル・オールディーズなどが多く、珍しいものや高価なものは壁に飾ってある典型的なアメリカのレコード屋さんだ。さして収穫もないまま帰ろうと振り向くと、死角になっていた入り口の真上にもレコードが飾られている。その一枚に心臓が激しく波を打った。まさかこんな所にいらっしゃったとは。彼女は静かに僕を見下ろしていた。胸の動悸を抑え〝このレコー

Donna Brooks
『I'll Take Romance』

DAWN　DLP1105

【A】①I'll Take Romance ②Full Moon And Empty Arms ③Old Folks ④I Didn't Know What Time It Was ⑤You're Nearer ⑥You'd Be So Nice To Come Home To
【B】①You Make Me Feel So Young ②A Strange In Town ③The Lamp Is Low ④An Occasional Man ⑤Love Is A Fool ⑥You Came A Long Way From St. Louis
■Alex Smith(p), Paul Worthington(b), Angelo Paoli(ds)［1956年］

ド売り物なの？〃と指差すと〝売ってもいいがこれはレアものだ。だから高いぜ〃と言う。聞くと日本での半額ぐらいだが、確かに高い。昔ならその一言でじりじりと後退しただろうが、なんの今や、人生残りも少ない。喜んで買わせてもらった。この一枚で気分も爽快となり、その後の旅行も楽しいものとなった。

日本に大切に持ち帰り、早速聴いてみると、見た目にはキズがないのにチリチリノイズがする。残念だがジャケットはほぼパーフェクト。内容もよく「Full Moon And Empty Arms」「A Stranger In Town」には心魅かれる。DAWN はマイナー・レーベルだが、すべてにバランスのいいアルバムだ。さすがヴォーカル愛好家の人気盤である。幸運にも僕はこのようなチャンスに恵まれたが、いかんせんオリジナル盤は高価だ。若者は無理をせずに再発盤やCDでいいと思う。感性豊かなうちに、一枚でも多く、いいヴォーカルを聴いてほしいのだ。だが我々のような先が限られた者は、昔恋焦がれ再び出会った初恋の人ということで、冥土の土産に無理を承知で買ってもいいのでは、と思うがいかがなものだろう。

彼女なら、七分のちからで歌おうと

◉ザ・ディヴァイン・サラ／サラ・ヴォーン

彼女は偉大なシンガーだ。それは誰でも、少なからず認めざるを得ないだろう。僕のレコード棚にも彼女のアルバムがたくさん並んでいる。しかしターンテーブルに乗せるのは40年代中頃から60年代中頃に録音されたものばかりで、それ以降のアルバムを最近聴いた記憶がない。そういった意味で僕は彼女の真のファンとは言えず、熱心なファンにお叱りを受けそうだ。彼女はデビュー当初から歌がうまかったが、アルバムを重ねるごとに眼を見張るほどの素早さで成熟しているのが分かる。しかし60年代以降の歌はうまさを誇張させて、フェイク過多でうるさく感じられる。彼女なら七分のちからで歌おうと、誰にも劣ることはないだろうに。僕は〝初々しさ〟と〝うまさ〟が程よく共存していた頃の彼女の声に魅了される。若かりし頃の彼女はキュートだ。そしてアルバムごとに脱皮するが如く素敵な褐色のシンガーに成長しており、そんな時代の彼女を、愛さずにはいられない。

この10インチ盤は、大好きなアルバムの一枚。'54年2月10日リチャード・ヘイマン楽団との初の吹き込みで「My Funny Valentine」「Come Along With Me」などが収められているが、僕は同年3月にドン・コスタ楽団と吹き込んだバラード「Easy Come, Easy Go Lover」が好きで、取り出したら最後、何度も繰り返し聴かずにはいられない。

ところで、アメリカにはどんなへんぴな田舎に行っても教会があり、中にはどうしてこ

Sarah Vaughan
『The Divine Sarah』(10inch)

【A】①My Funny Valentine ②Imagination ③It's Easy To Remember ④Easy Come, Easy Go Lover【B】①My One And Only Love ②I Still Believe In You ③Come Along With Me ④And This Is My Beloved
［1954年］

MERCURY　MG25188

ん な所に、と思うような広い荒野にぽつんとあったりして、いつもそのことに驚くと共に信仰の深さを感じさせられて、澄んだ気持にさせられる。彼女の母は教会でピアノを弾き、聖歌隊で歌っていたという。そして彼女も12歳の時から地元の教会でオルガンを弾き、聖歌隊でも歌ったそうだ。彼女の時にエモーショナルな表現には、そんな幼い頃からの教会音楽・ゴスペル・民族的な音楽背景が秘められているのだろう。

１９９０年4月3日、彼女の死は突然に思えた。それは彼女のファンであろうがなかろうが、ジャズ、ヴォーカルを愛する人々の心に、暗い影をよぎらせたことと思う。だが彼女の歌声は不滅だ。決して消えることはない。こうしている今も、教会ではたくさんの少女たちがオルガンを弾き聖歌隊で歌っていることだろう。いつか彼女に匹敵する、いや彼女を超える素晴らしいシンガーが現れるかもしれない。そう考えると嬉しくなるが、できることならそれは僕の眼の黒いうちに、と願うのである。

ディープ・パープル(at Sings)

●ディス・イズ・オールウェイズ／イーデン・アトウッド

早いもので、Ｓｉｎｇｓをオープンして2年半になる。喜びはやはりヴォーカルを中心とした音楽談義と、大変だがライヴを催すことだ。イーデン・アトウッドの『ディス・イズ・オールウェイズ』もそんな音楽談義で知り、やがて店でよくかかるアルバムとなった。オープンから半年ほど過ぎた頃、〝新作のプロモーションを兼ね11月にイーデンが来るけど、Ｓｉｎｇｓでライヴをやる？〟と三具保夫氏（ＳＳＪ）に言われ、彼女の歌に直に触れたいという思いからやらせてもらうことにした。それから彼女の情報が集まるようになり、親切なことにライヴ映像を送ってくれた方もいた。それは'96年に日本で行われたコンコード・ジャズ・フェスティヴァルの模様で、曲はベースから始まる「Old Devil Moon」。ベースに合わせリズムをとる彼女の後姿、そして振り向きざまにマイクに向かって歌う動作がスマートだ。紺のドレスは首から腰までV字に割れ、ライトに白い肌が映え、その艶っぽさがなんとも魅了する。スラっと背の高い見事なプロポーションと小さな顔が、モデルと女優の経験を頷かせる大美人で、来日を心待ちにしたくなる映像であった。

２００９年11月22日晩秋、家内が着いたわよと言うので、控え室にしたビルの1室に行くと彼女がいた。背が高いとは聞いていたが、初めましてと立ち上がった彼女の顔は僕の頭上にあった。そして'96年の映像よりもぽっちゃりとお肉がお付きになって、ふくよかな

Eden Atwood
『This Is Always - The Ballad Session』(45rpm/double LP)

【A】①Without A Song ②This Is Always ③Day By Day【B】①Blame It On My Youth ②Deep Purple【C】①You're Nearer ②Serenata【D】①You Leave Me Breathless ②Come Rain Or Come Shine ③For All We Know
■Bill Cunliffe(p, arr), Darek Oles(b), Larance Marable(ds), Tom Harrell(tp)
［2004年］

Groove Note　GRV1022-1

美人となっている。歌のイメージとは遠い天真爛漫お茶目な人で、靴を脱がずフローリングの部屋にずかずかと入り家内を慌てさせたり、いざ本番となり横にある入り口から店に入ろうとして、ドアの鴨居にゴォーンと頭をぶつけお客を笑わせたりした。

オープニングは『ターン・ミー・ルース』からの「Home」。昨日、日本に着いたばかりと聞くが、エネルギッシュによく動きよく歌い、人柄の良さを感じさせるトークで聴き手の心をほぐし、やがて店は和んだ空気に包まれた。本作から僕のリクエストに応えてくれた「Deep Purple」は、デイヴィッド・モーゲンロス（p）のサポートも良く、デリケートに歌う彼女のうまさが心に染みた。普段の彼女は今住んでいるモンタナのカントリー・ガールという感じだが、バラードをしっとりと歌い始めると都会的な女性に変貌する。2ステージみっちりと約2時間半、アンコールは「My Funny Valentine」。終了後はサインや記念撮影に応じてくれ、お客のみなさんの満足そうな顔と共に終了した。

すべてが終わり店の外にいた彼女に〝とても温かく美しいコンサートだった〟と言ったら、強くハグしてくれたのはいいのだが、身長の差で僕の顔がすっぽりと胸の谷間に収まり、嬉しいやら恥ずかしいやら気持ちいいやらで、最高の夜となったのであった。

今年もスタンダード集『ライク・サムワン・イン・ラヴ』の発売に合わせ10月に来日するという。それではと10月16日（土）に、Ｓｉｎｇｓでライヴを行うことに決めた。また〝深い紫が庭園の壁に降りてきて、星が瞬き始めると、記憶の霧の中から貴方が帰ってくる〟と歌われる「Deep Purple」を、彼女にリクエストしようと思う。

その声は、ニューヨークのため息だった

◉ドリーム・オブ・ユー
◉ウィズ・ストリングス／ヘレン・メリル

今年、2月の終わりから3月にかけてニューヨークに滞在した。家内と僕が揃って還暦を迎えたお祝いに、娘がボストンに連れて行ってくれるという。嬉しいではないかと心待ちにした。ところが前日から絶体絶命の猛吹雪。当日、晴れていてくれとドアを抜けると、そこは雪国だった。ああ街は雪煙《ゆきけむり》の銀世界、〝がっくり〟。空には雪山賛歌の歌が流れ、ボストン行きは中止となる。数日後、ニューヨークで音楽の仕事をしている娘が、4月に東京のブルーノートに出演するヘレン・メリルに、公演のためのインタヴューをしに自宅に行くという。〝それはいい、ぜひ一緒に〟と頼むが、仕事だからだめだと言う。そこをなんとかとお頼み申してもなかなか首を縦に振らない。ついに〝僕は君が赤ん坊の頃から彼女の歌を聴き、さらにラジオでも何度かレコードをかけ、彼女のことを理解している。君が会えるのに、そんな僕が会えないのは変だと思わないのか、親の言うことを聞けないのか〟などと大人げなくムチャを言うと、娘はしょうがないなあというチロリ目で、〝じゃ彼女に聞いてあげるからOKがでたらいいわ。でも大人しく静かに、質問はしないで、ジロジロ見ないで、息もしないで〟と、娘もムチャなことを言う。〝えーい、それでもいいから会いたい〟と言って、連れて行ってもらうことになった。

Helen Merrill
『Dream Of You』

EMARCY　MG36078

【A】①People Will Say We're In Love ②By Myself ③Any Place I Hang My Hat Is Home ④I've Never Seen ⑤He Was Too Good To Me ⑥A New Town Is A Blue Town【B】①You're Lucky To Me ②Where Flamingos Fly ③Dream Of You ④I'm A Fool To Want You ⑤I'm Just A Lucky So And So ⑥Troubled Waters ■Gil Evans(arr, cond), Hank Jones(p, cel) Oscar Pettiford(b), Danny Banks(b), Joe Morello(ds), Barry Galbraith(g), Art Farmer(tp), Louis Mucci(tp), Jimmy Cleveland(tb), Joe Bennett(tb), Jerome Richardson(fl, ts), John Laporta(cl, as)［1956年］

自宅はセントラル・パークに近い高級アパートで、30畳ほどのリビングにグランド・ピアノが置いてあり、シックな色合いが居心地の良さを感じさせる。挨拶を交わし、しばらくすると彼女と娘は窓際のソファーに移りインタヴューを始め、なごやかな二人の様子を眺めながらピアノの上を見ると、往年のミュージシャンとの写真が飾られてあって、彼女の歴史がうかがわれた。あれこれ見たり聞いたりしたかったのだが、後でお叱りを受けてはと借りてきた猫、いやトドのように大人しくしていた。インタヴュー後、あなたのレコードをたくさん持っていますと言うと、娘が父はヴォーカルが昔から大好きでなどと説明してくれ、まあそれはと話が弾み、〝今度あなたの持っていないアルバムを娘さんに渡しておくわ〟と言ってくれた。

1929年生まれ、生粋のニューヨーカーなだけに都会的な洗練された女性だったが、何よりも〝ニューヨークのため息〟と言われたあのハスキー・ヴォイスに僕は心を奪われた。後のマネージャーの話によると、昨年11月にご主人を亡くし寂しい思いをしていたので、僕らが彼女を訪ねてくれてよかったとのことだった。そのご主人とはジョン・レノンの「Imagine」の弦アレンジをした人だという。早速レコードのクレジットを見ると、トリー・ジトーだった。僕は楽器を美麗に操る彼の編曲をモーガナ・キングの『ウィズ・ア・テイスト・オブ・ハニー』で好きになり、彼の編曲されたアルバムは意識して聴くようにしていたのである。早く分かっていればもっと実りのある話もできたのにと残念に思った。

彼女といえば'54年のエマーシー盤、あのヴォーカルの名盤と名高いクインシー・ジョーンズが編曲しクリフォード・ブラウン（tp）が参加した『ヘレン・メリル』。アルバムに

Helen Merrill
『With Strings』

EMARCY　MG36057

【A】①Lilac Wine ②Anything Goes ③Mountain High, Valley Low ④Beutifull Love ⑤Love Comes ⑥End Of A Love Affair【B】①When I Fall In Love ②The Masquerade Is Over ③Just You, Just Me ④Spring Will Be A Little Late This Year ⑤You Won't Forget Me ⑥Wait Till You See Him
■Richard Hayman(arr, cond), Hank Jones(p), Milt Hinton(b), Sol Gubin(ds), Barry Galbraith(g)［1955年］

は代表曲となった「You'd Be So Nice To Come Home To」が収められている。ふと思った。その後アルバムを重ね歌い続けたが、デビュー・アルバムで大名盤と代表曲を録音してしまった彼女は、何かにつけクリフォードのトランペットと「You'd Be So～」を取り沙汰されることに重荷を感じなかっただろうか。4月に来日した彼女を観た。声がとぎれ苦しそうなところもあったが、80歳という年齢を考えればお見事と言いたい。みな待ち望んでいたのか、やはり「You'd Be So～」には拍手が多く、それに応える嬉しそうな姿は〝その財産〟をとても楽しんでいるかのように見えた。

他に彼女を語る上で欠かせないアルバムとしてあげるとするなら、斬新なギル・エバンスのアレンジと名手の演奏が聴ける『ドリーム・オブ・ユー』、じっくりとハスキー・ヴォイスに触れたい寛ぎの夜には『ウィズ・ストリングス』などはいかがだろう。ご高齢だが日本公演の後、静養のためハワイに滞在するというから、また〝ニューヨークのため息〟に会うことができるかもしれない。

スカッといなせなライヴの達人

◉バディ・グレコ・アット・ミスター・ケリーズ
◉マイ・バディ／バディ・グレコ

3年ぶりに母の住むカリフォルニア州のパームスプリングスを訪ねた。この地は避寒地として有名で、トロイ・ドナヒュー主演の映画『パームスプリングスの週末』（'64年）及び主題歌も彼の歌でヒットしたのでご存知の方も多いのではと思う。3月というのに初夏の陽気、それ故に秋の中旬から春の中頃まで寒さを避け全米から人が集まって来る。ゴルフ、テニス、プールなどで愉んだり、また散歩をしながらショップをのぞいたり、夜はショーを観たりと、過ごし方はひとさまざまだ。

その昔、何もないひどい砂漠だったこの地を、狩猟民族であったにもかかわらず白人はインディアンに与えた、というより〝この地に追い遣った〟。それが近代、温暖なこの地を白人が好み大勢やって来るようになった。しかし土地の大半はインディアンの所有地であるからにして、白人はお金を支払い土地を借り家を建てたり商売をしている。またカリフォルニア州ではギャンブルは違法だが、インディアン所有の土地は治外法権で、カジノを建て多くの白人からお金を吸い上げている。なんだかインディアンの逆襲というか復讐のようで、白人にとっては笑えない皮肉な話である。ここはまた数多くの芸能人にまつわる土地でもあり、喜劇俳優ボブ・ホープの円形の邸宅、シナトラの屋敷やプレスリーの別

Buddy Greco
『At Mister Kelly's』

【A】①Welcome To Mr. Kelly's ②But Not For Me ③They Can't Take That Away From Me ④Polka Dots And Moonbeams ⑤They Didn't Believe Me ⑥A Foggy Day ⑦Here I Am In Love Again 【B】①My Baby Just Cares For Me ②My Ship ③Dancing On The Ceiling ④Will You Still Be Mine ⑤One For My Baby ⑥The Nearness Of You ⑦Give Me The Simple Life
■Buddy Greco(vo, p), John Frigo(b)
［1955年］

CORAL　CRL57022

荘、またビング・クロスビー・ファミリーの経営していたレストラン、メル・トーメの娘夫婦のクラブ（離婚のため、今は夫が運営）があったりと話題は尽きない。以前来た時、バディ・グレコがオープンした《バディ・グレコズ・ディナー・クラブ》がパーム・キャニオン・ドライブにあり今度きたらこようと決めていたが、今回はと勇んで訪ねるとなんとクラブは閉店、《シェア・キッチン》という店になっていた。時折、愛妻と一緒にステージに立っていたというが、リタイア？　それとも経営上の問題であろうか。グレコといえば現在87歳。スタンダード・ヴォーカル界の輝ける長老トニー・ベネットより11日だけ若いという年齢である。無理もない、あぁ遅かりし無念と、カリフォルニアの月に照らされたクラブの跡を眺めるのみであった。

本名アーマンド・グレコ、1926年8月14日フィラデルフィア生まれ。父はオペラに造詣の深いクラシックの評論家でレコード店の経営者、母はアコーディオン奏者で兄はミュージシャンという音楽一家に育ち、4歳からピアノと歌を習った。ハイスクール時代にはシンガー兼ピアニストとしてプロの仕事をこなし、卒業後に自身のトリオ〝スリー・シャープス〟を結成。グループがフィラデルフィアのクラブに出演の折、ベニー・グッドマンのマネージャー、エリオット・ウェクスラーに認められ、'47年ミュージック・クラフトへの初録音から「Ooh! Look-a There, Ain't She Pretty」が、翌年ミリオン・セラーとなり注目された。'49年から'51年までベニー・グッドマン楽団のピアニスト&シンガー及びアレンジャーとして在籍、楽団と共にCAPITOLに録音を残している。'52年にソロとなりラジオ・TV・クラブなど勢力的に活動、'61年の「The Lady Is A Tramp」はミリオン・セラーの当たり曲となり、'66年にはシナトラの主宰するREPRISEに移籍している。40年代

Buddy Greco
『My Buddy』

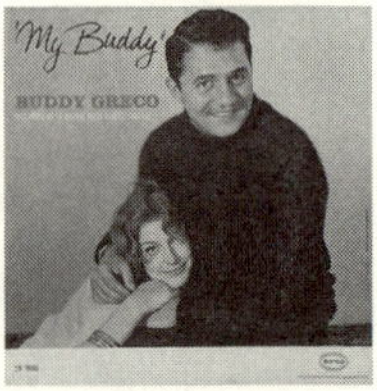

EPIC　LN3660

【A】①Like Young ②Only Love Me ③Misty ④That's What I Thought You Said ⑤Just In Time ⑥I Laughed At Love【B】①The Lady Is A Tramp ②How About You ③The More I See You ④Something's Gotta Give ⑤Cheek To Cheek
［1959年］

後半からの長い音楽歴を持ち、アルバムも20枚は下らないグレコだが、我が国での評価の低さはいかがなものか。とは言うものの、まぁ彼はライヴで本領を発揮するシンガーであるからして、そのライヴ・パフォーマンスに触れるチャンスのない我が国では致し方のないことかもしれない。

グレコといえば真っ先に挙げたいのは、シカゴのクラブでのライヴ盤『パディ・グレコ・アット・ミスター・ケリーズ』。〝ウェルカム・トゥ・ミスター・ケリーズ〟と一言挨拶、すぐさまインスト・ナンバーからスタートし、中程でミュージカル『南太平洋』のナンバー「I'm Gonna Wash That Man Right Outa My Hair」のメロディーを奏でウキウキさせ、そして丁寧にヴァースから「But Not For Me」へと続く心憎い手順である。またすべての曲にライヴならではの寛いだ雰囲気があり、時折加えるスリルと遊び心は並のライヴ・アルバムではないと感じさせる。それにしてもベースを従えただけの演奏であるのに、なんの遜色もなくスカッとした若々しい迫力があり、凄腕のピアノにも脱帽の私的大名盤である。

『マイ・バディ』こちらはそれから4年後、シカゴのクラブ《ル・ビストロ》でのライヴ盤。男盛りの33歳、トリオでパワフルに切れ味鋭くぐいぐい飛ばし、時には優しく忍び寄るといった〝スインギン&メロウ〟、真のエンターテイナーとして、グレコの魅力を余すことなく収めた実況録音である。しかし粋でいなせな兄貴といったグレコのようなシンガーが、めっきり少なくなったなぁ……などと、嘆きぼやく今日この頃である。

七光りは諸刃の剣

◉ヤング・ラヴ・フォー・セール／フランク・シナトラ・ジュニア

　子供にとって、著明な親の七光りの恩恵は、ありがたくもあり迷惑でもある諸刃の剣と言えるのではないだろうか。以前、サンディエゴのカジノに行った時のこと。広いロビーに入ると壁にカジノでのコンサート・ガイドが貼り出されていた。70年代に活躍したポップやロック・グループに交じり見慣れない男性シンガーの顔が……近くに寄って見ると、ほっそりとした昔の姿からは想像できない丸々と太ったフランク・シナトラJr.であった。そんな様変わりした彼の顔を眺めながら、大巨星フランク・シナトラを父に持つことは息子としてどんな気持ちなんだろうと思った。長女ナンシー・シナトラは父親がオーナーとなって発足したばかりのREPRISEから'61年にデビュー。'66年のヒット「These Boots Are Made For Walkin'　にくい貴方」を足掛かりにヒットを重ね、ポップ・シンガーとして親の七光りからうまく脱皮した。次女クリスティーナは日本で話題になることは少ないが、女優やプロデューサーとしてTVを中心に活躍。二人の娘はそれぞれの分野で存在感を示したの対し、長男シナトラJr.は同じ名前を背負ったがゆえにすんなりとはいかず、苦難の道であったと察する。

　1944年ニュージャージー州ジャージー・シティ生まれ。本名フランクリン・ウェイン・エマニュエル・シナトラ。5歳からヴァイオリンやピアノを習い、アリゾナのプライ

Frank Sinatra, Jr.
『Young Love For Sale』

REPRISE　RS6178

【A】①Love For Sale ②A Lovely Way To Spend An Evening ③Too Close For Comfort ④'S Wonderful ⑤Falling In Love With You ⑥I Got The Sun In The Morning 【B】①I Only Have Eyes For You ②I Don't Know Why ③From This Moment On ④Who Cares? ⑤Who Can I Turn To ⑥In The Still Of The Night ■Chuck Sagle(arr), Walt Stuart(arr), The Pied Pipers(vo), The Sam Donahue Orchestra ［1965年］

ヴェート・スクールで学びながら歌や作曲に傾倒する。大学を中退後、歌手を志しトミー・ドーシー楽団、サム・ドナヒュー楽団に名前を伏せ参加するが、父親譲りのステージで話題となる。さてこれからという'63年、ネバダ州タホ湖のハラーズに出演していた19歳のJr.はルーム・サービスを装った二人組に誘拐され、身代金24万ドルと引き換えに自由の身となるという事件が起きる。誘拐犯は捕まったが、裁判で犯人の一人バリー・キーナンは、誘拐はJr.売り出しのための自作自演の狂言だったと述べた。後年キーナンは事件の狂言話は自分がでっちあげたと認めたが、妙な形で脚光を集めたこの狂言話は、その後長くシナトラJr.に付きまとい、若い彼のイメージを損なうと共に彼に深い癒えない傷を残した。

そして'65年に本作でメジャー・デビューを飾ったが、タキシード姿といい、言い古されたサルーン向けのジョークといい、そのスタイルは父親の模倣に過ぎず、父との比較は終生ついてまわることとなる。それでも人気TV番組『ディーン・マーティン・ショウ』のホスト役、日本映画『ある兵士の賭け』('70年)では三船敏郎と共演。またステージを年300回以上こなし全米を駆け巡ったのち、RCA傘下のレーベルから発表した『スパイス』と『ヒズ・ウェイ』は名手ネルソン・リドルの編曲も得て賞賛を受けた。

その後、低迷した時期もあったが、最新作となる『ザット・フェイス！』の歌や近頃の映像などを見ると、つくづく父親に似てきたなと思う。父の歓心を集めたナンシーとクリスティーナに比べ、シナトラJr.は可愛い良い子ではあったがどこか悲しげな子だったという。デビュー当時から父親ゆずりのエンターテイナーという姿勢を貫いてきた彼だが、それは父に対する、息子としての愛情の示し方だったのではないだろうか。

お見事！ロージーのカムバック

◉ウィズ・ラヴ／ローズマリー・クルーニー
◉ハリウッド・ベスト／ローズマリー・クルーニー・アンド・ハリー・ジェームス

どんな大物と言われるスターでもスランプはある。浮き沈みの激しい米国の芸能界では、一度つかんだ栄光を持続することは難しく、アルコールやドラッグまたはスキャンダルによる私生活などの失敗によりせっかくの栄光を食いつぶすスターも多い。また再起をうかがっても、スランプが長引くほど不可能となってゆく。なぜなら気紛れな大衆は移り気で、続々と現れる新しいスターには多少の欠点があろうと、興味の対象として寛容となるからである。しかし近況がどうであれ、甦ってくる者こそ真のスターと言える。

その一人、ローズマリー・クルーニーは１９２８年ケンタッキー州メイズヴィルで生まれた。初めて人前で歌ったのは妹のベティと町長に立候補した祖父のための政治集会だったという。やがて両親の別居により姉妹はシンシナティに移り、母方の祖父母と暮らすことになり、'41年にラジオ局ＷＬＷでプロ歌手としてクルーニー・シスターズはデビューした。番組は好評であったが、放送時刻が遅いため学業との兼ね合いが難しく断念。

時が流れ、ローズマリー17歳、ベティ15歳と成長して夜更かしができる年頃になると、まずはバニー・ラップ楽団で歌い、'45年にはオーディションを受けトニー・バスター楽団に参加。しかしワンナイト・スタンドの巡業が多く、そんな生活を3年ほど繰り返した後、

Rosemary Clooney
『With Love』

CONCORD　ICJ80198

【A】①Just The Way You Are ②The Way We Were ③Alone At Last ④Come In From The Rain【B】①Meditation ②Hello Young Lovers ③Just In Time ④Tenderly ⑤Will You Still Be Mine
■Nat Pierce(p), Bob Maize(b), Jake Hanna(ds), Cal Collins(g), Cal Tjader(vib), Warren Vach (cor, flh), Scott Hamilton(ts)
［1980年］

妹のベティは楽団を去り、翌年ローズマリーはソロ歌手を志しニューヨークに向かった。やがて運良くCOLUMBIAの音楽プロデューサー、ミッチ・ミラーに認められ契約。'50年にTVの音楽番組『ソング・フォー・セール』に出演。全米で顔が知られるようになり「Beautiful Brown Eyes」がヒット。次にミラーはアルメニア民謡を下敷きにしたノヴェルティ・ソング「Come On A My House」を歌うように指示したが、自分に合うと思えず拒否するも契約により従う。しかし結果的にこの曲はミリオン・セラーとなり脚光を浴びることとなった。それに気をよくしたミラーは、同様の曲を多く吹き込ませたが、それでも後々まで彼女の大切な持ち歌となった大ヒット曲「Tenderly」や「Hey There」を残している。

'53年、映画界にも進出し、『楽しき我が家』('53年)やビング・クロスビーと共演した『ホワイト・クリスマス』('54年)、そして結婚した俳優のホセ・ファーラとの『我が心に君深く』('54年)と、多数の出演作がある。

人気絶頂の50年代が過ぎ、主演映画の不評やロックンロールの台頭、ファーラとの離婚など将来の不安から薬やアルコールに頼り突飛な言動が目立つようになり、'68年に精神状態の悪化によりロスアンゼルスの精神異常者用の病棟に監禁された。退院後の約10年間は精神的にも安定し5人の子育て、またガーデニングや料理などを楽しんでいたが、彼女に事あるごとに励まし救いの手を差し伸べたのはビング・クロスビーで、自分の仕事には必ず出演の誘いをかけたという。

'76年にUNITED ARTISTSから『Look My Way』で復帰を果たすが、その真価を発揮したのはCONCORDに移籍の1作目『Everything's Coming Up Rosie』('77年)からの

Rosemary Clooney And Harry James
『Hollywood's Best』(10inch)

COLUMBIA　CL6224

【A】①You'll Never Know ②On The Atchison, Topeka And The Santa Fe ③It Might As Well Be Spring ④Over The Rainbow 【B】①Sweet Leilani ②The Continental ③When You Wish Upon A Star ④In The Cool, Cool, Cool Of The Evening
■Harry James' Orchestra
[1952年]

諸作で、どれも趣味の良いアルバムばかりなのには驚かされる。なかでも僕は『ウィズ・ラヴ』が好きだ。A－1の「Just The Way You Are」はビリー・ジョエルが'77年に大ヒットさせた曲だが、彼女が歌うとまるで昔から歌い続けてきたスタンダード・ナンバーのように聴こえ、素敵だ！　また'52年にヒットさせた「Tenderly」の味わい深さは、磨かれたうまさを感じさせる。全盛期は名作ぞろいだが、『ハリウッド・ベスト』は若々しいつややかな彼女の歌とハリー・ジェームス（tp）のソロが堪能でき、聴き終わった後に感じさせる懐かしさが心をあたたかにする。彼女は2002年この世に別れを告げたが、ロージーのカムバックはつくづく見事だったと思うのである。

マリア役を演じたマリア

◉ディス・ハート・オブ・マイン／キャロル・ローレンス

ミュージカルが好きなのに、せっかくニューヨークに行ってもレコード・ショップはもちろんのこと、アンティーク・ショップやガレージ・セールと、レコードがありそうな場所を巡ってばかりいる。迷惑なのはかみさんである。時には腹に据えかね、〝もうあなたの病気には付き合い切れません！〟とお腹立ちになるが、〝まあ音楽が好きなんだからしょうがないじゃないか。こんな僕と一緒になった君にも責任がある〟などと言ってしまい、さらにお腹立ちを激化させたりして、まったく懲りないのだから愚かである。しかしついに、昨年ニューヨークに行った折に、ミュージカル『ウェスト・サイド・ストーリー』の舞台を観た。何度も映画を観ていたおかげで粗筋は分かっており充分楽しめたが、他の観客も同様でお馴染みのナンバー「Maria」や「Tonight」には惜しみない拍手を送っていた。初演から半世紀も経つのに物語の骨組みがしっかりと作られているためであろう、若い俳優さんたちに受け継がれた歌の数々やダンスは、古さを感じさせることなく見事であった。

１９３２年９月15日生まれ。本名キャロリーナ・マリア・ラレイヤは、芸名キャロル・ローレンスとして二十歳の時《ニューヨーク・ロイヤル劇場》で上演された『ニューフェイス』（'52年）でミュージカル・デビュー。そして'57年、ニューヨークの《ウィンター・ガーデン劇場》で上演され大評判となった『ウェスト・サイド・ストーリー』のオリジナ

Carol Lawrence
『This Heart Of Mine』

【A】①I Get Along Without You Very Well ②Tell Me Lies ③This Heart Of Mine ④Year Turns 'Round ⑤There's A Lull In My Life ⑥I'm Gonna Wear Your Love【B】①I Wonder What's The Matter With Me ②I Loves You, Porgy ③Come Away With Me ④More Than You Know ⑤So, It's Spring ⑥Goodbye John ⑦When The Sun Comes Out
■Harry Betts(arr, cond), Dick Hazard(arr, cond), Bud Shank(as), Don Fagerquist(tp), Milt Bernhardt(tb), Raphael Kramer(cello)［1962年］

CHOREO　SA A2

ル・キャストとして「マリア役」に抜擢され好演、ミュージカル女優としての名声を得た。若かりし頃の清楚な容姿、キュートな歌声はマリア役に適役で、さぞステージ映えしたことと思われる。近年話題になったラブ・コメディ『セックス・アンド・ザ・シティ』など、出演作多数。私生活では舞台の『キャメロット』('60年)や映画『ビートルジュース』('88年)などで知られるハンサムな男性シンガー、ロバート・グーレと結婚したが、後に別れている。

ミュージカルで鍛えた喉だけにアップテンポの曲も得意だが、『ディス・ハート・オブ・マイン』は、軽くスウィングするタイトル曲「This Heart Of Mine」、しっとりと語りかける「Tell Me Lies」などで歌のうまさを感じさせ、また時折入るジャズメンのソロも聴きどころのアルバムである。

微笑を浮かべ木漏れ日の下に佇む彼女の愛らしい姿、彼女のようなシンガーを多く生み出していた時代を僕は羨ましく思う。

クラシック・ポップの伝道師

◉ザ・ムービー・ソング・アルバム
◉ロング・アゴー・アンド・ファー・アウェイ／トニー・ベネット

ニューヨークのクイーンズにブロードウェイという地下鉄の駅がある。そこから程近い小さなイタリアン・レストランの壁に、従業員に囲まれご満悦といったトニー・ベネットの写真が飾られていた。またある時ニューヨークに住む友人が、ベネットの声に似ているなぁと振り返ると、本人が店先で歓談していたという。ベネットは現存する男性ヴォーカリストとして最後の大物であり、60年以上も歌い続け今も現役というヴォーカル界の人間国宝と言える存在だが、その庶民性と生まれ育ったニューヨークへの愛が、彼の人柄の良さをうかがわせる。

本名アントニオ・ドミニク・ベネディット、１９２６年ニューヨーク州ロングアイランド生まれ。歌の才能に気付く以前に、画家の道を志すが、第二次世界大戦の徴兵により一時絵筆を置く。終戦後ジョー・バーリと名前を改め10代でニューヨークのクラブで歌い始める。しかしずんぐりとした体つき、いかつい容貌では思春期の娘たちのアイドルとはなれず、また、批評家の反応も好意的ではなく、アマチュアの若造と評されたという。'50年にアーサー・ゴドフリーの『タレント・スカウツ』に出演し2位となる（1位はローズマリー・クルーニー）。その結果、テレビ番組『ソングズ・フォー・セール』に出演。その

Tony Bennett
『The Movie Song Album』

COLUMBIA　CL2472

【A】①Song From "The Oscar"(Maybe September) ②Girl Talk ③The Gentle Rain ④Emily ⑤The Pawnbroker ⑥Samba De Orfeu【B】①The Shadow Of Your Smile ②Smile ③The Second Time Around ④Days Of Wine And Roses ⑤Never Too Late ⑥The Trolley Song
■Johnny Mandel(direction, arr, cond), Larry Wilcox(arr), Neal Hefti(arr, cond), Quincy Jones(arr, cond), Al Cohn(arr) David Rose(arr, cond), Lou Levy(p), Jimmie Rowles(p), Tommy Flanagan(p), Luiz Bonf(g), Zoot Sims(ts)［1966年］

後ベネットの名付け親と言われる喜劇役者のボブ・ホープと初の全米ツアーを行い、COLUMBIAと契約を結んだ。デビュー盤『The Boulevard Of Broken Draems』そして『Because Of You』がヒット。さらに『Cold Cold Heart』が初のミリオン・セラーとなり、カントリー・ポップの流行に道を開いた。お涙頂戴の一連のヒット曲はプロデューサー、ミッチ・ミラーの趣味と思われるが、大衆の心にインパクトを与えるには効果的であった。50年代中頃からロックンロールが商業的成功を収め始めると共に、シンガーの多くは流行遅れとならぬように、その成功の恩恵に与ろうとしたが、ベネットは変わることなく自身のスタイルに磨きをかけ、'62年ついに本領発揮となった「I Left My Heart In SanFrancisco」をヒット・チャートの19位に送り、さらに「I Wanna Be Around」、「The Good Life」とヒットを続け〝スタンダード・ポップがまだ健在で輝きを失っていないこと〟を示した。その後も絶賛された《カーネギー・ホール》のコンサートや映画『ジ・オスカー』への出演、ふたつのグラミー賞などショー・ビジネス界最高のヴォーカリストとして現在に至っている。

数多いアルバムの中から、ここでは心を滲ませるバラード「Emily」や「Smile」が収められた名作『ザ・ムービー・ソング・アルバム』と、恋人や友人に語るように歌うロマンティックなスタンダード集『ロング・アゴー・アンド・ファー・アウェイ』をお薦めしたい。

最後にベネットが昔を振り返った大好きな話を紹介したいと思う。

〝僕は貧しい少年だった。大恐慌時代のニューヨークでは、みんなそうだった。だが、大きな希望があった。摩天楼が次々と建ち、誰もが自分たちは何かとてつもなく素晴らし

Tony Bennett
『Long Ago And Far Away』

COLUMBIA　CL1186

【A】①It Could Happen To You ②Everytime We Say Goodbye ③Long Ago(And Far Away) ④It Amazes Me ⑤The Way You Look Tonight ⑥Be Careful, It's My Heart【B】①My Foolish Heart ②Time After Time ③Fools Rush In ④A Cottage For Sale ⑤Blue Moon ⑥So Far
■Frank Devol(arr, cond)
［1958年］

いことに向かって進んでいると感じていた。考えられないような時代だったが、それは当時生まれた音楽の中に、まだそっくりそのまま残っている〟この言葉にベネットの原点、歌への思いと意志のすべてが感じられる。このように困難な時代・豊かさも体験してきたベネットの歌声は〝失われつつあるアメリカの良識〟であり、これからも末長くクラシック・ポップの伝道師として、大衆の前に姿を現し続けて欲しいと願わずにはいられない。

老練という言葉を捧げたい

◉ブック・オブ・バラード
◉シングス・ラヴァー・マン・アンド・アザー・ビリー・ホリディ・クラシックス
／カーメン・マクレエ

いつの頃からこう呼ばれるようになったのだろう。エラ・サラ・カーメンと言われる、ヴォーカル界の御三家である。この御三方、それぞれ相応に好きであるが、強いて順位をつければ、月並ながら、エラ・サラ・カーメンの順となる。カーメンがなんで下位なんだ！　とおっしゃる方も大勢おられようが、彼女の歌でよく取り沙汰される金属的と感じさせるあの声質、それが少々苦手で聴くのを躊躇することが多々あるのだ。しかし、これは〝私考であり〟好きな度合によって弱点が長所になったりもする、つまり各人の嗜好の問題である。とはいえ……、彼女を決して並のシンガーとは思っておらず、50年代頃の録音に偏（かたよ）り気味だが結構好きなアルバムもあって、うまいと頷かされることも度々と、それなりに愉しんで聴いているからして僕の嗜好もいい加減である。

1920年4月8日ニューヨーク州ハーレム生まれ。ジャマイカ島出身で移民の両親は、ハーレムで商店を営んでいたため家庭は比較的裕福で音楽を好み、幼い彼女がピアノに興味を示すと正式にピアノを学ばせた。10代になると徐々にラジオやジューク・ボックスから流れるジャズに惹かれ、両親には内緒でナイト・クラブやボール・ルームに忍び込み、

Carmen McRae
『Book Of Ballads』

KAPP　KL1117

【A】①By Myself ②The Thrill Is Gone ③How Long Has This Been Going On ④Do You Know Why? ⑤My Romance ⑥Isn't It Romantic? 【B】①If Love Is Good To Me ②When I Fall In Love ③Please Be Kind ④He Was Too Good To Me ⑤Angel Eyes ⑥Something I Dreamed Last Night ■Frank Hunter(arr, cond), Don Abney(p), Joe Benjamin(b), Charles Smith(ds) ［1958年］

やがてテディ・ウィルソンやビリー・ホリデイは彼女にとって特別な存在となって、いつしか音楽の道を志したいと願った。

そんなある日、テディ・ウィルソン婦人であったアイリーンの知人と出会い、これ幸いと婦人からピアノを習いたいと熱心に訴え、ウィルソン家でレッスンを受けることになり、そこで憧れのビリー・ホリデイやベニー・グッドマン、カウント・ベイシーなど、ジャズ界のスターと触れるチャンスを得る。その後、ピアノの練習に励みながら歌手を夢見ていた彼女は、ビリー・ホリデイがジミー・モンローと結婚してアパートを移ると、隣へ移り住みビリーがヘロインを打つのを手伝ったというから驚きだ。また曲作りには自信を持っていなかったが、彼女の作曲した「Dream Of Life」をビリーが気に入り録音してくれたことに感激したという。曲は'39年にニューヨークで録音され、チュー・ベリー（ts）のソロで始まり、間奏は感じのいいソニー・ホワイト（p）のソロが奏でる懐かしい雰囲気の小品で〝あなたのいない人生は空しく、青空でさえ灰色に変わったほど〟と歌われる。

'42年バップ発祥の地と言われる《ミントンズ・プレイハウス》での、ディジー・ガレスピーやドン・バイアスの演奏に触発され《ミントンズ》でピアノを弾くこととなった。'44年から'45年にカウント・ベーシー及びベニー・カーター楽団のシンガーとして歌う幸運を掴み、翌年にはマーサー・エリントンと共に2曲（SP）レコーディング、また同年《ミントンズ》で親しかったケニー・クラーク（ds）と結婚したが、生活は苦しく昼はパートタイムの仕事をしたという。それにも拘らずクラークはガレスピーとヨーロッパ・ツアーに行ったままパリに居着いてしまい、'50年にはアニー・ロスと子供までもうけ親密な間柄となり、'52年にニューヨークでアニー・ロスのドラムを務めたりしているからひどい話で

Carmen McRae
『Sings Lover Man And Other Billie Holiday Classics』

COLUMBIA　CS58530

【A】①Them There Eyes ②Yesterdays ③I'm Gonna Lock My Heart ④Strange Fruit ⑤Miss Brown To You ⑥My Man 【B】①I Cried For You ②Lover Man③Trav'lin' Light ④Some Other Spring ⑤What A Little Moonlight Can Do ⑥God Bless The Child
■Norman Simmons(p, arr) Bob Cranshaw(b), Walter Perkins(ds), Mundell Lowe(g), Nat Adderley(cor), Eddie "Lockjaw" Davis(ts)［1961年］

ある。その録音はREGENTの『シンギン&スウィンギン』に収められている。精神的な痛手もあってか、40年代の終わりにニューヨークを離れアニタ・オデイがシカゴで経営していた《ハイ・ノート》や多くのクラブに出演し、評判を博するが、それもニューヨークに戻るとシカゴ程の成果は得られず、'53年に歌手の道を諦めジャマイカで暮らすことを決意する。しかし、まもなくSTARDUSTレーベルからレコーディングの誘いがあり、8曲録音した中から「A Foggy Day」がヒット、また『スティーブ・アレン・ショー』などにも出演し脚光を浴びることとなった。翌年BETHLEHEMに録音、さらにDECCAやKAPその後COLUMBIAやATLANTICと多数のレーベルを渡り歩き、アルバムを重ねるごとに存在感を加えていった。

『ブック・オブ・バラード』は、彼女の最高傑作と言われ続けてきたアルバムだ。そうかなぁ? などと疑って聴いてみたりもするが、やはりいいのである。「Isn't It Romantic?」や「If Love Is Good To Me」など、デリケートでほのかに甘い情感がなんとも見事。窓の外は、今しんしんと40年ぶりとかの大雪ですっかり銀世界だが、これがまたしっとりと相性がよく聴き入ってしまった。

『シングス・ラヴァーマン〜』は、当然出すべきアルバムといった付き合いの深かったビリー・ホリデイ歌唱集。バックのリズム隊も利いて「I Cried For You」及び「What A Little Moonlight Can Do」でのスウィング感が壮快。そしてバラードなら「Some Other Spring」だ。彼女41歳、ジャズ・ヴォーカル然としたタフさがいい。

1994年にビバリー・ヒルズで亡くなったが、カーメン・マクレエは終始一貫してジャズ・サイドの道を歩んだシンガーだと思うのである。

センチメンタルな夜風のぬくもり

◉リトル・ガール・ブルー／ジョニ・ジェイムス

昔を振り返ると、若い頃の情熱とは凄いなあと思う。レコード蒐集に対するその思いは今も変わらないが、体力と持久力が無い。昔はレコードの文字を見つけると、すぐに飛び込んでいった。失敗や恥なども多々あるが、探し求めていたレコードにめぐり会った時の喜びが忘れられない。

初夏のこと、アリゾナに向かう途中のとある町で、レコード店をめざとく見つけた。真昼の通りはひっそりと人影はなく、熱さを避けた犬が木陰でうずくまっていた。広い倉庫作りの店内に入ると棚にギッシリとレコードが。その量に茫然としながら戦闘開始となった。3時間ぐらい過ぎただろうか。店主が呼んでいる。カウンターに行くと、コーヒーを買ってきたから一緒に飲まないかという。〝日本からか、随分遠くから来たなあ。どんなレコードを探しているんだ〟などと会話し、しばし休息。……それではと、また棚に突進。やがて外にうっすらと闇が訪れた頃、また店主の呼ぶ声が。あきれ顔に笑みを浮かべ、お腹が空いただろうとハンバーガーとコーヒーを手渡してくれた。うう、ありがたいと感謝感激しながら休息……そしてついに閉店の声、まだ見ぬ棚に未練を残しつつカウンターへ。〝君はクレイジーだけどレコードへの愛は感じる。またいつか来てくれ。いい旅を……〟まことに親切な店主の別れ際の言葉を胸にとどめ、店を後にした。もう訪れることもない

Joni James
『Little Girl Blue』(10inch)

【A】①Little Girl Blue ②I'm Through With You ③It's The Talk Of Town ④These Foolish Things【B】①Too Late Now ②In Love In Vain ③Autumn Leaves ④That Old Feeling
■David Terry(arr, cond)
［1954年］

MGM　E272

町の夜風は温かくも、もの寂しい気持ちを誘う旅愁の風であった。その日の収穫は20枚ほど、その一枚が本作である。嬉しかった、胸が高鳴るほど。蒐集はこの瞬間のためにあると言ってもいい。ジャケットはアメリカのファッション雑誌で見かけたような50年代特有のイラストレーション。ファンシーな色合いがエレガントさを醸し出しとても素敵だ。タイトル曲の「Little Girl Blue」や「Too Late Now」など甘くせつなく、アルバムのすべてがノスタルジック。楚々とした美人のはかなげな歌声が人気の秘密かなと思う。

本名Giovanna Carmella Babbo。1930年イリノイ州シカゴ生まれ。イタリア系の家庭で育ち12歳の頃から地元のダンス・チームに所属するが、足の怪我のために断念。やむなく地元のクラブで歌っていたところをスカウトされ、'52年シカゴのマイナー・レーベルSHARPから「Let There Be Love」でデビュー。その後、MGMに移籍。'52年の「Why Don't You Believe Me」がミリオン・セラーとなり注目され、翌年発売された10インチ盤『Let There Be Love』はビルボード誌の1位に輝いた。彼女は《カーネギー・ホール》のステージに立った初めてのポップ・シンガーであり、発売されたオリジナルLPは約40枚という、大衆から愛されたシンガーであった。懐かしい彼女のポップ・ソングに身を浸すたびに、旅の途中で受けた僕への親切と、センチメンタルな夜風のぬくもりを思い出させるのである。

感性でスタンダードを操る才女

◉ザ・ブロードウェイ・アルバム
◉クラシカル・バーブラ／バーブラ・ストライサンド

30年ほど前、ロスアンゼルスの20世紀フォックスで仕事をしていたブライアンに誘われ撮影所へ見学に行ったことがある。広大な敷地にセットが組まれていたが、これは『ハロー・ドーリー』（'69年）で使われたんだよと見せてくれたセットには驚いた。実物大のニューヨークの通りが細部まで再現され、どこから見てもニューヨーク！『ハロー・ドーリー』はブロードウェイ・ミュージカルを映画化した大作で、世話好きの未亡人ドーリー・レヴィ役を演じたのがバーブラ・ストライサンドであった。ショー・ビジネス界の大スターでありながら、彼女ほど賛否両論の分かれるスターも珍しい。彼女は女優・監督・プロデューサー・シナリオライターとさまざまな方面で活躍する才女で、男まさり・高慢・自己中心的などの言葉も付きまとうが、それがどうであれその足跡は華やかだ。

本名バーバラ・ジョーン・ストライサンドは、１９４２年ニューヨーク州ブルックリンの労働者階級の居住地区で生まれ、教師だった父の他界により、1歳の時から母親と二人の兄弟によって育てられた。そんな環境で正式な音楽教育を受けられずにいたが、'61年にグリニッジ・ヴィレッジのタレント・コンテストに出場し優勝。そしてクラブ《ボン・ソワール》のオーディションを受け、11週間連続出演となり、ニューヨークのショー・ビジ

Barbra Streisand
『The Broadway Album』

COLUMBIA　OC40092

【A】①Putting It Together ②If I Loved You ③Something's Coming ④Not While I'm Around ⑤Being Alive ⑥I Have Dreamed / We Kiss In A Shadow / Something Wonderful【B】①Adelaide's Lament ②Send In The Clowns ③Pretty Women / The Ladies Who Lunch ④Can't Help Lovin' That Man ⑤I Loves You Porgy / Porgy, I's Your Woman Now(Bess, You Is My Woman Now) ⑥Somewhere
■Peter Matz(arr, cond), Randy Waldman(arr), Richard Baskin(arr), Bob Esty(p, arr), Paul Jabara(arr), Sid Ramin(arr), Jeremy Lubbock(arr, cond), Conrad Salinger(arr), Alexander Courage(arr, cond), David Foster(key, arr)［1985年］

ネス界で注目されるようになった。その後ブロードウェイでの初舞台となる『アイ・キャン・ゲット・イット・フォー・ユー・ホールセール』で孤独な秘書役を演じ、後に映画『マッシュ』(’70年)や『ロング・グッドバイ』(’73年)で知られる共演者エリオット・グールドと短い結婚生活を送り、息子を授かっている。彼女は新しい世代の歌手として登場したが、当時一世を風靡していたロック・サウンドには目もくれず、独自の感性でスタンダードを操《あやつ》り、若年層に訴えながら従来のオールド・ファンにも新風を送り、両世代の心を惹きつけ、その非凡ぶりを証明した。

　デビュー・アルバム『ザ・バーブラ・ストライサンド・アルバム』(’63年)はミリオン・セラーとなり、それに続く2枚のアルバムも大ヒットした。’64年ニューヨークで上演された『ファニー・ガール』は、ファニー・ブライスの生涯を描いたミュージカルだが、彼女がブライス役を演じロングランとなって、劇中で歌った「People」もヒット。この初の主演でトニー賞を受賞。’68年に映画化された折にも再びブライスを演じ、アカデミー賞主演女優賞を獲得。人気を不動のものとし、その後の活躍は周知のとおりである。

　初期のアルバムから年を重ねるごとに、より現代的なサウンドを取り入れるが、『ザ・ブロードウェイ・アルバム』は自分のルーツを見つめ直したかのようなクラシック・ポップへ回帰した作りとなっており、その良さを再確認させるだけの説得力を秘めた秀作である。

　一方の『クラシカル・バーブラ』は、異色とも言えるクラシックの歌曲に取り組んだものだが、名匠クラウス・オーガーマン指揮・編曲のしなやかなオーケストレーションをバックに、何の気負いもなく、彼女の思慮深い優しさが漂う作品で、カントループの「子守

Barbra Streisand
『Classical Barbra』

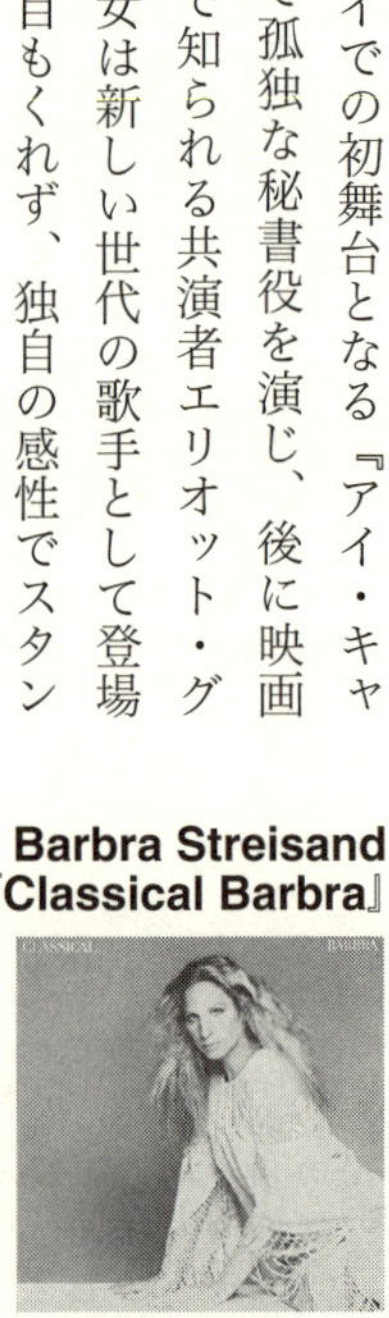

CBS-SONY　25AP7

【A】①Beau soir(Claude Debussy) ②Brezairola - Berceuse From ‘Songs Of The Auvergne’(Joseph Canteloube) ③Verschwiegene Liebe(Hugo Wolf) ④Pavane(Vocalise)(Gabriel Faur) ⑤Apr s un r ve (Faur) 【B】①In Trutina From ‘Carmina Burana’(Carl Orff) ②Lascia ch’io pianga From ‘Rinaldo’(George Frideric Handel) ③Mondnacht(Robert Schumann) ④Dank sei Dir, Herr(Unconfirmed composer; Handel Or Siegfried Ochs) ⑤I Loved You(Claus Ogerman) ■Claus Ogerman(arr, cond), The Columbia Symphony Orchestra［1976年］

歌　Brezairola」やオルフの「天秤棒に心をかけ　In Trutina」などの叙情的な美しさは、ヴォーカリストとしての成熟を感じさせる。そしてまた彼女の歌の素晴らしさを思う時、アカデミー主題歌賞を受けた2曲、映画『追憶』（'73年）の「The Way We Were」と『スター誕生』（'77年）の「Ever Green」が思い浮かぶ。この両曲の導入部での瞑想的なハミングは、懐かしんでも戻れない遠い日の輝きと憂いを与え、いつも僕を立ち止まらせる。

斯くも長き光と陰の栄光

◉フランキー
◉ソングズ・フォー・スウィンギン・ラヴァーズ
◉ア・マン・アローン／フランク・シナトラ

シナトラについて語るのは、万人が認める大スターだけに難しい。

以前、キティ・ケリー著の『ヒズ・ウェイ』（'89年）を読んだ。本書はマフィアの親分との癒着、女優や歌手との女性遍歴、そして政治家に至る多くの人物が実名で登場し、話題騒然となりベストセラーとなった。読むにつれ、シナトラの矛盾だらけの発言、親分気取りの高慢さ、無軌道な私生活にあきれながらも、シナトラの人生を通してアメリカの良心に潜む打算と欺瞞、そして当時の音楽状況の断片や世相を知ることとなり、読みごたえがあった。緻密なリサーチで書かれたとはいえ暴露本であるから鵜呑みにはしないが、胡散臭い男という思いを強めたのも確か。ただし歌の良さやアルバムに対する評価は変わらず、これ迄より聴くようになったから不思議である。

僕にとって興味深いのは物事の始まりであって、ここにおいては、シナトラのプロとしての幕開け「機縁」である。

両親は共にイタリア移民で、父アンソニーは、ニュージャージー州ホボーケンの造船所のボイラー組立工兼ボクサー、母ナタリーは看護師という家庭に1915年12月12日フラ

Frank Sinatra
『Frankie』

COLUMBIA　CL606

【A】①Hello, Young Lovers ②I Only Have Eyes For You ③Falling In Love With Love ④You'll Never Know ⑤It All Depends On You ⑥S'posin'【B】①All Of Me ②Time After Time ③How Cute Can You Be? ④Almost Like Being In Love ⑤"Nancy" ⑥Oh! What It Seemed To Be
■Axel Stordahl(arr, cond), Alex Wilder(arr), George Siravo(arr), Hugo Winterhalter(cond)［1956年］

ンシス・アルバート・シナトラとして生まれた。少年時代は流行《はやり》の曲を口ずさむこともあったが、あまり歌に関心を示さなかったという。しかし'33年に観たビング・クロスビーのショーに刺激を受けて歌手を志し、臨時に結成された「ホボーケン・フォア」でプロ・デビュー。その後グループ内の確執から脱退、ニュージャージーのクラブ《ラスティック・キャビン》のウェイター兼歌手として働く。

最大の機縁・転機が訪れたのは'39年。ベニー・グッドマン楽団を退団し、自身の楽団を結成したばかりのハリー・ジェームスがニューヨークで公演していた時のこと、ホテルの自室でラジオを聴いていた彼は、ハドソン川の対岸にあるラスティック・キャビンからの実況放送で一人の男性歌手の歌に耳を奪われた。男性歌手を捜していた彼は、早速、翌日の夜キャビンを訪ねた。シナトラは、あのトランペッターの名手が幹線道路沿いの冴えないクラブにやって来たことが信じられず、ジェームスもラジオで聴いた歌手がウェイターをやっていたことが信じられなかったという。リクエストに応じてシナトラが歌った「Begin The Beguine」を聴いたジェームスは、2年契約の週給75ドル、芸名フランキー・サテンの提案をし、シナトラは芸名を辞退したが、他の条件を承諾し入団となった。その約半年後、当時シンガーの夢であった人気絶頂のトミー・ドーシー楽団のオーディションを受け、合格となって喜んだが、ジェームスとの間にはまだ1年半の契約が残っていた。思い悩んだ末に相談すると、ジェームスはシナトラの将来や自分の楽団がまだ軌道に乗っていないことを考え、にやりと笑い〝ここから出ていけ〟と温かな握手ひとつで送り出した。シナトラは、雪の降る別れの夜、楽団を乗せたバスが去って行くのを見つめ、楽団の皆と別れてしまった自分がつくづく厭になり涙を流したという。

Frank Sinatra
『Songs For Swingin' Lovers!』

【A】①You Make Me Feel So Young ②It Happened In Monterey ③You're Getting To Be A Habit With Me ④You Brought A New Kind Of Love To Me ⑤Too Marvelous For Words ⑥Old Devil Moon ⑦Pennies From Heaven⑧Love Is Here To Stay 【B】①I've Got You Under My Skin ②I Thought About You ③We'll Be Together Again ④Makin' Whoopie ⑤Swingin' Down The Lane ⑥Anything Goes ⑦How About You?
■Nelson Riddle(arr, cond) ［1956年］

CAPITOL　W653

'40年にトミー・ドーシー楽団に移籍、初のミリオン・セラー「I'll Never Smile Again」を放ち、男性バンド・シンガー及び男性ヴォーカリストの両部門でトップの座を獲得。徐々に国際的なスターの道を歩んで行くことになる。

それにしても、一介のウェイター兼歌手に可能性を見い出した眼力、握手ひとつでドーシー楽団に送り出した心意気（ドーシーは'42年シナトラ独立の際、法外な条件を突き付けている）、この恩人とも言えるハリー・ジェームスとの出会いと別れは〝夢の途中〟での男のロマンを感じさせ、とても好きなエピソードである。

初の12インチLP『フランキー』は、初期の甘い歌声とイラスト・ジャケットの古き時代の手触りがなごませる。

『ソングズ・フォー・スウィンギン・ラヴァーズ』は、ちょっと元気が欲しい時に最適、フェイヴァリットの「I've Got You Under My Skin」を始め名曲ぞろいの傑作。

ロッド・マッケン作品集の『ア・マン・アローン』は、しっとりとした歌とオーケストレーション、そして時折入る詩の語りもうまく、陰影に富んだ味わいの一枚。

'98年の死去と共に残された多くの悪い噂や良い噂、叩けば埃の立つような波瀾万丈の人生だが、全盛期のシナトラなら、たとえ石膏《せっこう》のヴィーナスの瞳であろうと、涙を流させることもできただろう。

Frank Sinatra
『A Man Alone』

REPRISE　SJET8188

【A】①A Man Alone ②Night ③I've Been To Town ④From Promise To Promise ⑤The Single Man ⑥The Beautiful Strangers 【B】①Lonesome Cities ②Love's Been Good To Me ③Empty Is ④Out Beyond The Window ⑤Some Traveling Music ⑥A Man Alone (Reprise)
■Don Costa(arr, cond)
［1969年］

気分転換には、コーラス・グループが最適だ

◉ホワイル・アット・バードランド／ザ・パット・モラン・カルテット

いくら見目麗しい彼女でも、毎日べったり一緒では良さが霞んでしまう。ヴォーカルだって同じこと。そんな時の気分転換には、心を〝パット〟華やかに高揚させるコーラス・グループが最適である。コーラスは簡単そうで奥が深い。何人でもできるが、僕は4人のグループが好きだ。何故ならば旋律を軸に高音・低音さらにシックスやナインスなどの音を加え4声にしたハーモニーは、適度に複雑でモダンなハーモニーとなるからである。だからといって、あまりにもぴったりと整ったコーラスはスリルが乏しく面白くない。コーラスは人の声であるからして、そこにはかならず微妙な音程のズレが生まれる。そのズレの倍音、個々の声の特性が曲にムードやインパクトを与えグループの持ち味となるからだ。それが楽しいのだ。

パット・モラン・カルテットは楽器も達者なコーラス・グループだが、コーラスが特別うまいとは聴こえない。だが多くの魅力を秘めている。ハーモニーは下手うまで少々荒いが、よくスウィングする。本作では、リード・ヴォーカル、ビヴァリー・ケリーの若々しい歌が随所で聴け、彼女の独唱曲もあり、さらに活きのいい歌抜きのトリオの演奏やゲスト・プレーヤーの演奏もバックに加わるなど、盛りだくさん。五目そばの大盛をいただいたような満足感がある。

The Pat Moran Quartet
『While At Birdland』

【A】①Thou Swell ②Have You Met Miss Jones ③Lover Man ④Jor-Du ⑤It Never Entered My Mind ⑥Come Rain Or Come Shine【B】①I'll Be Around ②Just Squeeze Me ③I Can't Get Started ④Lullaby Of The Leaves ⑤I'll Remember April ⑥Mother Macree
■Pat Moran(p, vo), Beverly Kelly(vo), Oscar Pettiford(b), John Doling(b, vo), John Whited(ds, vo), Burt Collins(tp), Tony Ortega(as), Dick Meldonian(as), Sam Most(fl), Earl Swope(tb)
［1957年］

BETHLEHEM　BCP6018

リーダーの女性ピアニスト、パット・モランは１９３４年に本名ヘレン・マジェットとしてオクラホマ州エニッドで生まれた。両親は音楽家という環境で育ち、８歳からピアノを習い、後にニューヨークとシンシナティの音楽院で学びコンサート・ピアニストとなるが、バド・パウエルやジョン・ルイスに影響を受けジャズに転向。'54年にオハイオ州ディトンのクラブに出演した折に、ピアノ兼シンガーとしてチャンスをうかがっていたビヴァリー・ケリーと意気投合しデュオで活動。その後、歌もいけるジョン・ドーリング（b）とジョニー・ホワイテッド（ds）を加えたカルテットの活躍がシカゴを中心に話題となり、BETHLEHEMにデビュー作『ザ・パット・モラン・カルテット』（'56年）と本作を残した。

ビヴァリー・ケリーは'58年にソロ・シンガーとなり、RIVERSIDEやVGMに興味深いアルバムがあるが、AUDIO FIDELITYにはカルテットの時代に録音したソロ・アルバム『ビヴァリー・ケリー・シングス』（'57年）とピアノ・トリオでの『ディス・イズ・パット・モラン』（'58年）がある。ケリーのソロも含めこの2枚はパット・モラン・トリオの演奏だが、ベースは後にビル・エヴァンス・トリオで見事なインター・プレイを披露し、天才と言われたスコット・ラファロが参加している。彼は'61年7月、自動車事故により25歳で早世するが、この2枚のアルバムは、内容のよさもさることながら彼の参加が価値を高め、コレクターズ・アイテムとなっている。『ホワイル・アット・バードランド』の愛聴曲は、コーラスと演奏のドライヴ感が爽快な「Thow Swell」、パウエル風のピアノとベースの唸りが小気味よい「Jor-Du」、情感を込めたケリーのソロとコーラスがロマンティックな「I'll Be Around」など。

名高いとは言えないが、50年代の愛すべきグループとして記憶に留めておきたい。

デビュー盤に、あまり文句は言えないが

◉ザ・メロー・ラークス・アンド・ジェイミー／ザ・メロー・ラークス・アンド・ジェイミー

まだ少年だった昭和の頃、真空管ラジオから流れていたガール・グループやドゥ・ワップそして和製ポップスなどが、開け放たれた家々のドアや窓から流れ、僕は好きな曲では立ち止まり耳を澄ませて聴いていた。長閑な日々。やがて安物のギターを手に入れ友達とグループを結成するが、そこには必然的にコーラスが欠かせないものとなった。今では誰も信じてくれないだろうが、当時の僕は高いパートのファルセットが得意で、ビシッと決まった時の爽快な気分を今も忘れてはいない。そんな気分の良さを聴きたくてコーラス・グループの蒐集にも目がない。

ニューヨークで偶然出会ったメロー・ラークスのデビュー盤。ジャケットを手にした瞬間にこれはいいに違いないと興奮し持ち帰ったが、聴いてみるとハーモニーの付け方がダサく、選曲の多くがノヴェルティ風の曲と、ガックリとした僕の眼の前に悪霊が舞い降りてきた。50年代はコーラス・グループ花盛りの時代。当時はジャズやスタンダードを歌うグループ以外の、今はオールディーズと言われるポップスやのドゥ・ワップそしてロックンロール系のグループなども、スタンダードをレパートリーとしてリメイク盤をヒットさせたりしていたが、まだ未熟だった僕はそのヒット曲をグループのオリジナルと思って聴

The Mello-Larks And Jamie
『The Mello-Larks And Jamie』(10inch)

【A】①Whatever Lola Wants ②Gideon Bible ③Stardust【B】①Shoeless Joe From Hannibal. Mo. ②Here I Am In Love Again ③Dom-Dum Widdy［1955年］

EPIC　LN1106

いていた。スタンダードを歌ってはいるが、メロー・ラークスもあまたのポップ・グループとして発生したのではと思わせるコーラスの形態である。本作のすべてがいいとは言えないが、僕はもぎたての果実のように甘酸っぱいジェイミーのソロが気を引く「Stardust」と「Here I Am In Love Again」の2曲を拾い聴きしている。その後、メロー・ラークスはCAMDEN、ABC、TOP RANKに、そしてジェイミーはCBSに『ジェイズ・ウィズ・ジェイミー』のアルバムも残しているが、いずれも洗練されたグループとして成長を遂げている。

ワールド・ワイドな実力ながら……

◉ゼアー・ヴォイセズ・アンド・インストゥルメンツ／ザ・シグネチュアーズ

賭け事が極端に下手な僕であるから、知らないレコードを買っても成功率が窮《きわ》めて低い。だからよく迷う。そんな時はえ〜いと、指先にちょっと勇気を込めて引き寄せる。ザ・シグネチュアーズもそんな迷いの末に出会ったグループだったが、聴いた途端に一目惚れ的な、大当たり盤であった。

グループは男性３名、女性２名の混声コーラスで、楽器はピアノ・トリオだけではなくトロンボーン、トランペット、アコーディオンなどもメンバーで賄《まかな》い演奏もうまい。コーラスは爽やか且つワイド、ハーモニーは凝ってはいるがテクニックをひけらかすような厭味はない。女性リード・シンガー、バニー・フィリップスの魅惑のハスキー・ヴォイスがいい「Someone In Love」などを聴くとソロ歌手でも通用しそうだ。サッチモの物真似が聴けて、コーラスも演奏も御機嫌な「I Get A Kick Out Of You」、アカペラで迫る「Little Girl Blue」、ハル・カーティスのトランペットが冴える「Judaline」、そして男性ヴォーカルのソロも悪くないと、なんでも御座れだが、決して器用貧乏とはならないセンスのよさがある。

グループは１９５４年ワシントン州シアトルで、ボブ・アルシヴァーによって結成された。同地のジャズ・プロモーター兼ＤＪのノーム・ボブロウの後押しでジャズ・コンサー

The Signatures
『Their Voices And Instruments』

【A】①April In Paris ②I Should Care ③Julie Is Her Name ④Cross Your Heart ⑤Little Girl Blue ⑥Free Speech 【B】①I Get A Kick Out Of You ②Over The Rainbow ③Someone In Love ④Judaline ⑤Where Are You ⑥Bernie's Tune
■Bunny Phillips(lead vo), Ruff Alcivar(vo, ds), Lee Humes(vo, b, tb), Bob Alcivar(vo, arr, p, acc), Hal Curtis(vo, tp, mellophone, b)［1957年］

WHIPPET　WLP702

ト・シリーズに出演、ツアーでシアトルを訪れていたスタン・ケントンはグループに将来性を感じ、国際的になるようにと熱心に編曲やアンサンブルについての助言を与えた。その後、ハリウッド・パラディアムやラスベガスのザ・ニュー・フロンティア、リビエラ・ホテルなどで活躍したが、実力派のメンバー揃いなのにワールド・ワイドとはいかず、アルバム3枚ほどで〝星屑となってしまった〟のは、なんとも惜しいことであった。

オクラホマ美人の優しき歌声

◉アンド・アイ・ソート・アバウト・ユー
◉セイ・ワンダフル・シングス／パティ・ペイジ

年明け早々、傍で新聞を見ていた家内から、パティ・ペイジが亡くなったわよと言われた。えぇ！　と新聞を取りあげ読むと【1日に米カリフォルニア州南部エンシニータスの療養施設で死去、85歳】と略歴及び小さな写真で報じられていた。なんてこった、おみくじは大吉だったのに。その日から数日Ｓｉｎｇｓでは彼女の話題が多くなり、レコードやＤＶＤを観ながらああ～ぁなどと溜め息まじりに偲んだのであった。それにしてもさすが往年の大スター、忘れようもない元日に逝くとは、深く人々の脳裏に刻まれたことだろう。

１９２７年11月８日オクラホマ州クレアモアにクララ・アン・ファウラとして生まれた。その優しげな人柄と美貌から少女時代の貧しさはうかがわれないが、幼年期は折しも30年代の大恐慌、スタインベックの小説を映像化した名作『怒りの葡萄』（'40）の世界、数千というオクラホマの農民たちは荒廃した黄塵地帯を逃れ新天地カリフォルニアを目指した、そんな時代だった。彼女の家族はオクラホマに留まったものの11人兄弟という子沢山で、鉄道員の父の給金では家計は苦しく母も綿つみの仕事をし、彼女は裸足で学校に通い一足だけ持っていた靴は日曜日だけ履いてもいいと言われていたという。そんな生活環境ながら成長した彼女は、音楽ではなく美術の奨学金を得てタルサ大学へ入学、しかし裕福とは

Patti Page
『And I Thought About You』(10inch)

MERCURY　MG25209

【A】①I Thougt About You ②While A Cigarette Was Burning ③The Touch Of Your Lips ④Where Are You 【B】① Come Rain Or Come Shine ②I Wished On The Moon ③Stay As Sweet As You Are ④When Your Lover Has Gone
■Jack Rael Orchestra, Billy Usselton(ts)
［1954年］

無縁の彼女は、ラジオ局KTULで広告デザインの仕事に就いた。やがてスポンサーであるペイジ・ミルクのラジオ番組で女性歌手が降板した折に、オーデションに挑み見事合格となりパティ・ペイジという芸名の歌手が誕生した。飛躍のきっかけとなったのは、ジャック・レナルとの出会い。当時人気のジミー・ジョイ・オーケストラがタルサで公演の際、マネージャーをしていたジャック・レナルはKTULのラジオ番組から流れてきた彼女の歌にいたく感銘し、即座に本人と連絡を取りタルサで会った。不安げな彼女に、歌手としての資質と才能を力説してソロになることを薦め、それ以降ジャックは長年にわたって彼女のマネージャーを務めることになる。

その後シカゴのABCネットワークの『ブレックファースト・クラブ』に出演、CBS系列での『パティ・ペイジ・ショウ』、そしてまだシカゴの新興レーベルであったMERCURYと専属契約を結んだ。しばらくヒット曲を出せずにいたが「Confess」に続き、古いバラードに声を3度被せた「With My Eyes Wide Open I'm Dreaming」('50年)が初のミリオン・セラーとなり、全米で注目される存在となった。当時、長く全盛を誇っていたビッグバンドの時代は終焉に向かい、バンド・シンガーからソロに転じたフランク・シナトラ、ドリス・デイ、ダイナ・ショア、ペギー・リーを始め、多くの歌手がビルボード誌のヒット・チャートを賑わしていた。その後「The Tennessee Waltz」は世界中で大ヒット、超ミリオン・セラーを記録しワルツの女王と呼ばれ、さらに「Mockin' Bird Hill」「Changing Partners」「Old Cape Cod」などを、米国のみならず各国でも続々とヒットさせ、アメリカ・ショウ・ビジネス界を代表するシンガーの一人となった。'62年にCOLUMBIAに移籍、翌年、一作目の『セイ・ワンダフル・シングス』をヒットさせ、'65

Patti Page
『Say Wonderful Things』

COLUMBIA　CL2049

【A】①Fly Me To The Moon(In Other Words) ②The Good Life ③Love Letters ④Can't Get Used To Losing You ⑤Call Me Irresponsible ⑥Say Wonderful Things【B】①If And When ②Days Of Wine And Roses ③I Wanna Be Around ④Moon River ⑤The End Of The World ⑥Our Day Will Come
■Robert Mersey(arr, cond)
［1963年］

年のベティ・デイヴィス主演のスリラー映画『ふるえて眠れ』の主題歌「Hush… Hush, Sweet Charlotte」は彼女のレコードでベスト・セラーを記録した。また度々日本を訪れているが、'65年に来日の際の《新宿厚生年金会館》での公演は、折よく彼女の38歳の誕生日と重なり、ライヴ盤『パティ・ペイジ・イン・トウキョウ』として日本だけで発売された。

不思議に思うことがある。彼女は先に述べたバンド・シンガー出身の著名な歌手たちに勝るとも劣らないスタンダード・ソングの歌い手だが、そんな数多《あまた》の歌手を扱った著書に彼女の名前が見あたらないことが多いのだ。彼女をただのポップ・シンガー（流行歌手）と思っての扱いだろうか。それなら著名な歌手たちの多くもポップ・ソングを歌いジャンルも多岐に渡っており〝彼女と何ら変わらず〟なんとも理解しかねる。

『アンド・アイ・ソート・アバウト・ユー』は、バラードで構成された初期のスタンダード集だが、全編サックスを絡ませての切なくあたたかな歌唱はムーディー極まりなく、ただ素直に酔わさずにはおかない力量を感じさせる。

『セイ・ワンダフル・シングス』移籍したCOLUMBIAでの1作目ということで力の入れようもあるだろうが、よく知られた「The Good Life」や「Days Of Wine And Roses」のメロディーが、あの独自の優しくどこまでも甘さをたたえた歌声や、さりげない時折の見事なフェイクによって、まったく新鮮な感動を持って聴こえる。まさに30代半ばの成熟した歌のよさに感じ入ってしまうアルバムである。

40年代後半のSP時代から80年代と長く現役を全うしたが、激しい世の移り変わりを考えると、ヴォーカルの遺産とも言うべき彼女の歌とて、何時の世まで聴かれ続けて行くのだろうかと思う。まあ、それを失ってしまった世に住みたいとは思わないが。

美しく生まれたばかりに

◉イタリア／ピア・アンジェリ

まだ映画が娯楽の中心だった頃、洋画を熱心に見ていた方なら彼女の清純な美しさに、はっ！として、胸を焦がしたのではないだろうか。まして思春期真っただ中の少年なら、なおさら印象は強烈である。

本名アンナマリア・ピエランジェリ、1932年イタリアはサルディニア島のカリアリ生まれ。ローマの美術学校を卒業後、レオニード・モギー監督が青春の性を描いた『明日では遅すぎる』（'50年）で映画デビュー、目映いばかりの清楚な容姿で一躍注目を集めた。その美少女ぶりに素早く目を付けたMGMと'51年に契約し渡米、『赤い唇』（'52年）や『葡萄の季節』（'57年）などに主演し人気をよんだ。

カーク・ダグラスの自伝に因ると、'53年制作の映画で出会い彼女と婚約していたという。その後、ジェームズ・ディーンの恋人と言われたが、宗教上の理由から彼女の母親の反対などもあって実を結ばず、歌手のヴィック・ダモンと結婚。それがディーンの死の原因のひとつとも噂されたが、それは眉唾だろう。孰れにせよ故郷イタリアを離れ異郷で暮らす彼女が、イタリア移民の2世ダモンと親密な交わりを持ったとしても、それは必然である。だがそのダモンとも'61年に離婚、イタリアへ戻り映画音楽家と再婚したがほどなく別れ、その後ポール・ニューマンと共演した『傷だらけの栄光』（'56年）、『ソドムとゴモラ』（'61

Pia Angeli
『Italia』

PHILIPS　SLP9041

【A】①Volare ②Luna Rossa ③Amore Baciami ④Na Voce, 'Na Chitarra, E 'O Poco 'E Luna ⑤Nu Quarto E Luna ⑥Anema E Core【B】①Torero ②Non Ti Scordar Di Me(Say You Will Not Forget Me) ③Souvenir D'italie ④Return To Me(Ritorna A Me) ⑤Aggio Perduto O Suonno ⑥Arrivederci Roma
［1959年］

年）を始め各国の映画にも出演したが、'71年ビヴァリーヒルズの友人宅で睡眠薬の過剰服用により急逝した。自殺説もあるが謎である。

『イタリア』は、タイトルに偽なくイタリア風味満載で、全曲通して聴くとピザとパスタを食べ過ぎたような胃もたれ感が生じる。歌は余技であるから歌唱力が……などと言わず、旅先で出会った別嬪さんが歌ってくれていると、妄想でもしながら異国情緒を楽しめばオツな気分、というアルバムである。

ピア・アンジェリの39歳の人生、美しく生まれたばかりに幸薄いという感がある。凡人には計り知れないが、煌めくスターが凌《しの》ぎを削る映画界だけに、美女といえど、いや美女ゆえに過酷だと思うのである。

『サイコ』が代表作？

◉フロム・マイ・ハート
◉オン・ア・レイニー・アフタヌーン／アンソニー（トニー）・パーキンス

Ｓｉｎｇｓをやり始めてから行動半径が狭くなり、都心に出掛けることも稀になってしまった。近頃の愉しみというと、いっぱい飲みながら借りて来たＤＶＤで映画を観ることである。

久しぶりにアルフレッド・ヒッチコック監督の『サイコ』を見た。マザー・コンプレックスで精神の病んだ役柄をアンソニー・パーキンスが演じた。彼の代表作と言われているが、僕にとって『サイコ』はサイコーではなく、ジェーン・フォンダと共演した『のっぽ物語』（'60年）や年上の女性を慕うイングリット・バーグマンと共演した『さよならをもう一度』（'61年）でのナイーブな青年役の方が好きだ。

１９３２年ニューヨーク生まれ。舞台俳優の父、オズグッド・パーキンスと映画女優の母、ジャネット・レインという両親の血を受け継いだ彼は、ハイスクールを優秀な成績で卒業すると共に大学の学生演劇で活躍。在学中にＭＧＭ映画『ザ・アクトレス』やＴＶドラマなどに出演。その後、ジェームズ・ディーンの主演で名作となった『エデンの東』（'55年）のキャル役のオーディションを受け失敗したが、舞台『お茶と同情』の主役に起用され、その評判が引き金となり、ウィリアム・ワイラー監督の『友情ある説得』（'56年）

Anthony (Tony) Perkins
『From My Heart』

【A】①Kentuckian Song ②Careless Years ③Taking A Chance On Love ④Saddle The Wind ⑤The More I See You ⑥Too Marvelous For Words【B】①Ole Buttermilk Sky ②Boy On A Dolphin ③Swinging On A Star ④Speak Low ⑤You Keep Coming Back Like ⑥This Is My Lucky Day
■Urbie Green(tb) And His Orchstra, Al Cohn(arr)［1958年］

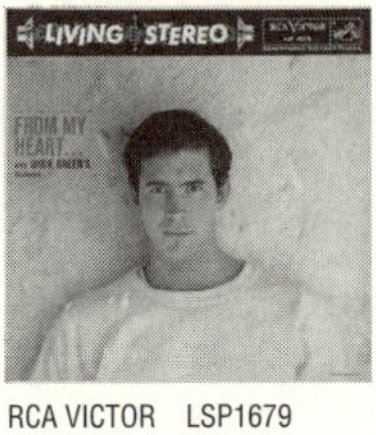

RCA VICTOR　LSP1679

に出演、ゲーリー・クーパーの息子役でアカデミー助演男優賞にノミネートされ、注目される俳優となった。

パーキンスの歌は素人の域を出ず、美声でも達者とも言いがたいが、なんと！'57年頃彼の歌った楽しげなハワイアン風の「月影のなぎさ」が、日本のヒット・パレードのトップを飾ったことがある（米国では24位）。それは素人っぽさ故に好感が持てるといった曲であった。

『フロム・マイ・ハート』は、弦入りのオーケストラをバックに、ある時は優しくムーディーに、またある時には軽快にと緩急の変化が心地好く、時折入るアービー・グリーン（tb）のソロが光る。

『オン・ア・レイニー・アフタヌーン』は、前作と歌に変わりはないが、ジャズ奏者の参加によりジャズ色を少し強調した都会的な内容となっている。いずれもその歌声には、素朴な語り口の中に暖かさとナイーブさをさりげなく知的に伝える良さがある。

パーキンスは50年代中期から60年代にかけて、女学生から熟年層までも、身悶えさせる程の人気があった。それは代表作と言われる『サイコ』での陰鬱なイメージではなく、男性の我々でさえも羨むほどのハンサムで長身の姿を、爽やかにアイヴィ・ルックで決めた、まさに青春のスター像であった。

Anthony (Tony) Perkins
『On A Rainy Afternoon』

【A】①The World Is Your Balloon ②I Remember You ③Why Was I Born ④Miss Otis Regrets ⑤I've Got Sand In My Shoes ⑥Long Ago And Far Away
【B】①You'd Be So Nice To Come Home To ②Have You Met Miss Jones? ③You Came Along(From Out Of Nowhere) ④It Could Happen To You ⑤Darn That Dream ⑥Back In Your Own Back Yard
■John Mehegan(p, arr), Eddie Safranski(b), Chuck Wayne(g), Hal McKusick(s), Jerome Richardson(fl), Jimmy Cleveland(tb)［1958年］

RCA VICTOR　LSP1863

芸歴は、努力と運で輝きを増す

◉ラヴ／ジュリー・ウィルソン

ジュリー・ウィルソンは40年代から80年代と芸歴は長く、エンターテイナーとして米国で少しは知られた存在だが、日本では少数の方の耳を潤しているに留まっている。

本名メリー・ジュリア、１９２４年ネブラスカ州オマハ生まれ。幼い頃から歌うことに興味を持ち、17歳で美人コンテストに出場、ミス・ネブラスカとなる。最終審査のミス・アメリカには若年のため出場不可となるが、その評判がオマハのダンス・バンドで歌うきっかけとなる。大学一年の時、アール・キャロルのヴァニティーズの地方公演に歌手として参加、ニューヨークに行く。公演終了後、モデルをしながらシカゴのクラブに出演するが、実力不足を感じオマハに帰り、デュシェイン・カレッジで演劇を学ぶ。卒業後、再びニューヨークに戻り有名クラブ《コパカバーナ》に出演するチャンスを掴み、’46年『コパカバーナ・レヴュー』での新曲「Coffee Song」を歌い脚光を浴び、以後全米のクラブやホテルのステージに立ち、人気を博す。’48年にはコール・ポーターのブロードウェイ・ミュージカル『キス・ミー・ケイト』にビアンカ役で出演。ロンドン公演にも参加。４年ほど同地に留まり、滞在中に『南太平洋』やイギリスの新作ミュージカル『ベット・ユア・ライフ』に出演し、ロイヤル・アカデミーで演劇を学んだ。その後ニューヨークに戻り、『キスメット』（’53年）、『パジャマ・ゲーム』（’54年）、トニー賞の指名を受けた『レッグ

Julie Wilson
『Love』

DOLPHIN　DOLPHIN6

【A】①From This Moment On ②He Was Too Good To Me ③You Shoud Have Told Me ④I'm Thru With Love ⑤Why Can't I ⑥Pagliacci Has Nothing On Me【B】①Don't Ever Leave Me ②Travelin' Light ③True Blue Lou ④You've Changed ⑤There's So Much More ⑥You've Got Me Crying Again
■Phil Moore(arr, cond), Don Elliott(tp), Urban Green(tp), Barry Galbraith(g), Milt Hinton(b), Sol Gubin(ds), etc.［1956年］

ス・ダイヤモンド』（'58年）と活躍。TVも『ジャッキー・グリースン・ショー』、『ペリー・コモ・ショー』、『エド・サリバン・ショー』など出演多数。当然ハリウッドからも誘いがかかり、『ザ・ストレンジ・ワン』（'57年）、『ジス・グッド・ビー・ザ・ナイト』（'57年）がある。私生活では華やかな表舞台のようにはいかず、二度の結婚と離婚を経験するが、二人の息子を授かっている。

本作『ラヴ』は、軽快にスタートする「From This Moment On」、心にデリケートな余韻を残す「He Was Too Good To Me」、軽やかにスウィングする「You Should Have Told Me」と続き、それだけでグッときてしまう。また各曲ごとにミュージシャンのオブリガートで変化を加えるフィル・モアーの好編曲も聴きもので、彼女の私的ベスト・アルバムとなっている。

ジュリー・ウィルソンの努力によって培われた多彩な芸歴を追っていて思い出したことがある。それはとあるアメリカのレストランでのこと、食事をしているとピアノをバックに簡素なステージで年配の女性シンガーが歌い始めた。客席はまばらで拍手もぱらぱら、歌を聴いている様子でもなく切ないが、彼女は気にも留めず宙を見つめ、どこか見知らぬ誰かのために歌っているようでもあった。やがてゆったりとしなやかに、年季という歌唱力でじわじわと僕を魅了したのだった。若い頃は綺麗だったんだろうなと思わせる容姿、一流と二流の差とは紙一重と思わされてしまう。努力と運の使い方をちょっと間違えてしまったのだろうと思えるほど記憶に残るいいシンガーであった。ジュリー・ウィルソンのような輝かしい芸歴の歌手の下には、人知れず無名で終わった多くのシンガーたちの影があり、それは随分時が経った今でも変わることがない。

恋い焦がれるように

◉ダウン・イン・ザ・デプス・オブ・ザ・90thフロア／ヘレン・カー
◉マックス・ベネット・クインテット／マックス・ベネット（ヘレン・カー）

人はどこか変な性癖を持っているものだが、実は僕にもある。恋い焦がれるように好き故に誰にも内緒にしてしまうシンガーがいるのだ。そんな一人、ヘレン・カーを僕は静かに心の奥で密愛していた。夏のある日、歌好きの先輩である倉田さんからポスト・カードを頂戴した。文を読み表の写真を見て、はっと胸騒ぎがした。チャーリー・パーカー、チェット・ベイカーなどの巨人をバックに白人女性の歌う姿が……ヘレン・カーであった。撮影はジャズ・フォトグラファーで有名なウィリアム・クラクストン、Tiffany Club, LA, 1951と書いてある。むむ凄い、何を歌っているんだろう。音源が残っていないだろうか？　音が想像できるほど格好いい写真で、この日の演奏と歌を聴けた人は幸せだなぁなどと一日中ながめ暮らしたのであった。

　1922年ユタ州ソルト・レイク・シティ生まれ、若い時からリー・ワイリー、ビリー・ホリデイ、エラ・フィッツジェラルドなどの歌を聴き、シンガーになることを夢見ていたという。20歳の頃、ピアニストのドン・トレナーと出会い結婚（彼は本作でピアノ及び「Memory Of The Rain」を彼女と共作）。'47年にバディ・モロウ楽団のシンガーとなり、翌年に夫とグループを結成し、サンフランシスコを拠点に活動。'50年に夫と共にチャ

Helen Carr
『Down In The Depths Of The 90th Floor』(10inch)

BETHLEHEM　BCP1027

【A】①Not Mine ②I Don't Want To Cry Anymore ③Tulip Or Turnip ④Memory Of The Rain【B】①Down In The Depths Of The 90th Floor ②You're Driving Me Crazy ③I'm Glad There Is You ④ Moments Like This
■Donn Trenner(p), Max Bennett(b), Stan Levy(ds) Don Fagerquist(tp), Charlie Mariano(as)
［1955年］

ーリー・バネット楽団に参加、ポスト・カードはこの頃のものだ。チャーリー・パーカーのグループに何度か飛び入りで歌い、'52年からジョージ・オールド楽団、スキニー・エニス楽団、そしてあのスタン・ケントン楽団でも歌ったという。ざっとこんな経歴だが、ここで僕が彼女を好きな理由を述べたい。

まず、チャーミングな唱法と声質が好みであること。後世に名を残すシンガーではないとはいえ〝山椒は小粒でもピリリと辛い〟存在であること。ブロンド美人と言われているが、それほどでもなく手が届きそうな?ほどほどの小美人であること。自転車事故により38歳の若さで亡くなったため、もっとアルバムを残して欲しかったと残念に思わせること。そして3枚ある録音のすべてが、レコード蒐集の欲求に値するBETHLEHEMである、ということである。

BETHLEHEMは'53年、当時若干27歳の青年ガス・ウィルディがニューヨークのブロードウェイに設立したレーベル。いつかは大手レーベルにと情熱を傾けた創始者ウィルディと、彼と意気投合し'56年まで手腕家の制作チーフとして良質なアルバムを作り続けた元ミュージシャンのレッド・クライド、レーベルの基盤を築いたこの二人の熱い息吹を感じさせるひと味違う肌触りのアルバムは、今もなお蒐集家に喜びを与え続けている。

デビュー盤である『ダウン・イン・ザ・デプス・オブ・ザ・90thフロア』は、恋は盲目の僕にとってはどれも良く聴こえるが、キュートにスウィングする「Not Mine」や「Tell Me Tell Me Dream Face」に胸が疼く。またジャズ・スピリットを発散させるチャーリー・マリアーノ(as)、ドン・ファガーキスト(tp)、軽快にプッシュするマックス・ベネット(b)、スタン・リーヴィ(ds)、それらのミュージシャンが気持ちを込めて演奏し、

Max Bennett(Helen Carr)
『Max Bennett Quintet』(10inch)

BETHLEHEM　BCP1028

【A】①Rubberneck ②Just Max ③Jeepers Creepers ④T. K. 【B】①I'll Never Smile Again ②Sweet Georgia Brown ③They Say ④Do You Know Why
■Max Bennett (b), Claude Williamson (p), Stan Levey(ds), Charlie Mariano(as), Frank Rosolino(tb), Helen Carr (vo -7, 8)
[1955年]

ヴォーカリストが思いを込めて歌う、そんな当たり前のことが相俟ってすがしいグルーヴ感を生み、僕をのけぞり悶えさせると共に、当然のことを当然に行ったメンバーの凛々しさに愛をおぼえる。そしてもう一枚おまけといってはなんだが、同時期に彼女が「They Say」と「Do You Know Why」の2曲で参加したマックス・ベネットのリーダー作『マックス・ベネット・クインテット』も、シマウマのお尻に興味はないが歌よし演奏よしで一聴の価値のあるアルバムだ。

摩天楼の一室に明かりが灯る寂し気なジャケットに、短命だった彼女の一生が滲む。スタンダードがまだフレッシュだったその全盛期に、一瞬の輝きを放ち駆け抜けた彼女を、恋い焦がれるようにほろほろと愛しく思うのである。

ヨーロッパ・ジャズのファースト・レディ

◉ザ・クール・ヴォイス・オブ・リタ・ライス
◉リタ・ライス・トゥデイ／リタ・ライス

昔、ヨーロッパのヴォーカリストは紹介されることが少なく、一部のマニアだけの狭き世界だった。それが今はどうだろう。インターネットや雑誌でいとも簡単に情報を得ることができ、ひとつのジャンルとして認知されるようになった結果、大量のアルバムが続々と発売されているのには驚くばかりである。しかし、その大半が女性シンガー、それも美形ばかりというのは情けないが。

ヨーロッパのヴォーカリストというと、ぱっと数人の顔が思い浮かぶが、知名度・人気・実力を兼ね揃えたシンガーといえば、やはり〝ヨーロッパ・ジャズのファースト・レディ〟と呼ばれ先駆者的な存在であったリタ・ライスである。過去形で〝あった〟と言うのは、残念と寂しく思うが、今年の7月28日に88歳で天に召されたからである。

1924年12月21日オランダ・ロッテルダム生まれ。ジャズとは関係のない家庭環境ではあったが、父親はバイオリン奏者兼コンダクター、母親はダンサーで、クラシック音楽を聴きながら育ったという。10代になって歌うことに喜びを感じ、地元のコンテストに多く出場し経験を積んだ。ジャズへのきっかけは'43年19歳の時、後に最初の夫となったジャズ・ドラマー、ウエセル・イルケンのバンドで歌い始め、バンドはヨーロッパ各地で演奏

Rita Reys
『The Cool Voice Of Rita Reys』

【A】①It's All Right With Me ②Gone With The Wind ③My Funny Valentine ④But Not For Me ⑤I Should Care ⑥There'll Never Be Another You【B】①I Cried For You ②You'd Be So Nice To Come Home To ③My One And Only Love ④That Old Black Magic ⑤Spring Will Be A Little Late This Year ⑥Taking A Chance On Love ■The Wes Ilcken Combo(side-A), The Jazz Messengers(side-B)［1956年］

COLUMBIA　CL903

を重ね徐々に実力が認められるようになった。そして、大きな飛躍となったのが、コロムビア・レコードのプロデューサー、ジョージ・アバキアンとの出会い。彼はクラブ《シェヘラザード》に出演していた彼女の歌に感銘を受け米国に来ることを薦める。その招待に応え'56年にニューヨークに赴き、ジョージの尽力によりアート・ブレイキー&ジャズ・メッセンジャーズとアルバム片面分を録音、この『ザ・クール・ヴォイス・オブ・リタ・ライス』によって広く国外でも注目されることとなった。これからという'57年にウエセルが死去、悲しみに暮れる間もなく仕事を続けていた彼女だったが、やがてウエセルのバンドでピアノを弾いていた10歳年下の、やはりオランダのピム・ヤコブスのプロポーズを受け再婚した。ピムはオーソドックスながら品のいい美しい音を奏でるピアニストであり、代表作と言える弟のルード・ヤコブス（b）やピーター・イプマ（ds）と録音した『カム・フライ・ウィズ・ミー』でのクリーンかつまた力感あふれる三者のプレイは、真のピアノ・トリオの名作として伝えられてゆくべきアルバムである。ピムとの再婚は出会うべくして出会った良縁と言え、歌伴もうまいピムと『マリッジ・イン・モダン・ジャズ』（'60年）、ケニー・クラーク（ds）と共演した『ジャズ・ピクチャーズ』（'61年）、『リタ・ライス・ミーツ・オリヴァー・ネルソン』（'65年）、そしてジョージ・ガーシュウィン集（'75年）、アントニオ・カルロス・ジョビン集（'81年）など、精力的にアルバムを発表。他にも数多くのアルバムを録音しているが、それらに駄作と言えるものはなく、どれも傑作ばかりの素晴らしさ、オランダにリタ・ライスありと印象付けた。これは彼女の資質もあろうが、公私を共にし良き伴侶であった名ピアニスト、ピムのアドバイスの賜物であったと思うのである。彼女は'85年に乳癌と診断されそれを克服しているが、ピムは'96年に癌を煩

Rita Reys
『Rita Reys Today』

【A】①The Moment Of Truth ②When I Look In Your Eyes ③On A Clear Day You Can See Forever ④Our Language Of Love ⑤What The World Needs Now Is Love ⑥Soon It's Gonna Rain【B】①More Than You Know ②You'd Better Love Me ③Sing A Rainbow ④The Look Of Love ⑤Baubles, Bangles And Beads ⑥Come Back To Me
■Peter Knight(arr, cond)［1969年］

PHILIPS　849 013PY

い61歳で世を去っている。

『ザ・クール・ヴォイス・オブ・リタ・ライス』は、A面にウエセル・イルケンのコンボ、B面にはジャズ・メッセンジャーズとの共演が収められているが、御大ブレイキーを始めホレス・シルヴァー、ハンク・モブレー、ドナルド・バード、そしてケニー・ドリューなどを配した黄金期のメッセンジャーズは、さすがにオランダ勢を上回る安定した演奏を繰り広げている。一方のウエセル・コンボの演奏はどことなくぎこちなく淡泊に聴こえ、また彼女の歌も少々粗く素っ気なく思える。しかしその反面ジャズといえば米国という当時の世情を考えれば、彼女やコンボの気負いや意気込みは当然のこと。そのことに思いを巡らして聴けば、愛らしくもあり健闘しているなぁと好意的に感じられるアルバムである。

『リタ・ライス・トゥデイ』は、ロンドンに赴き録音された、ジャズの枠を越えスケール・アップした瑞々しい作品だ。声量もなく色気もそこそこという彼女だが「On A Clearday You Can See Forever」や「Our Language Of Love」など、その表現の美しさを何に譬えよう。45歳という彼女のピークを捉えたアルバムとして、ことあるごとに称賛したい逸品である。

リタ・ライスは、オランダが生んだ、〝ヨーロッパ・ジャズのファースト・レディ〟の名に相応しい輝きを放った女性であったと思う。

心地良い声に不満は贅沢か？

◉カム・オン・オーバー／ダーレン

お店をやっていると思い懸《が》けないことが多々ある。うっすらと初夏めいた日、これは武田さんが持つべきものですよと、アナログ向上委員の竹本氏が一枚のレコードを差し出した。ほほぉ〜それはそれは本当ですかぁと、ターンテーブルに乗せた。ふうむ……まろやかな耳当たり、そして優しくいたわってくれなきゃいやぁ〜んといった、しなだれかかるような愛らしさがある。その上ストリングスの合間を縫ってサックスやトロンボーンが時折現れ、おらおら、どうだ、どうなんだ、とムーディーなこと極まりない。これには強固な武田城、敢《ぁ》えなく陥落と相成った。その向上委員様、〝2枚あるのでお譲りしましょう〟とおっしゃり、おかげで生殺し状態を免れた次第である。

ダーレンの『Come On Over』は、スタンダードとオリジナルが6曲ずつ収められているが、どのナンバーも違和感なくゆったりとしたバラードで統一されており、ただ彼女の歌と演奏に身を任せれば、俗世間は遥か彼方である。一言いわせてもらえば、気持ちよすぎるというか、まとまりすぎという感じがしないでもないが、それは贅沢というものかな。

このアルバムの立て役者は二人のアレンジャー。その一人ニック・ペリートは、ジュリアード音楽院を卒業後、ピアニスト兼指揮者として活躍、アレンジャーとしてもドロシ

Darlene
『Come On Over』

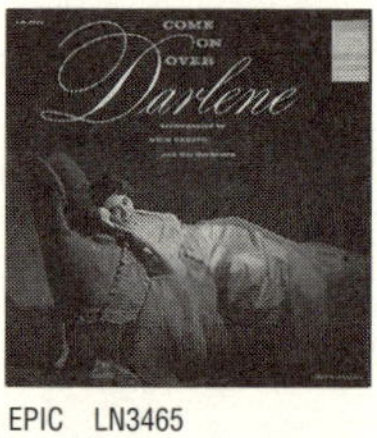

EPIC　LN3465

【A】①Come On Over ②My One And Only Love ③Warm All Over ④Is It Any Wonder ⑤The Nearnesws Of You⑥You Bother Me
【B】①Will Wonder Never Cease ②I Wanna Be Loved ③Please Be Kind ④That's The Way ⑤Build Me A Dream ⑥You Better Go Now
■Nick Perito(arr, cond), Bob Haggart(arr), Urbie Green(tb), Jimmie maxwell(tp), Sid Jekowsky(reed), Kenny Burrell(g)［1958年］

ー・ダンドリッチやマクガイヤ・シスターズなどの編曲・指揮を手掛け、ニューヨークでは名の知れた存在だった。一方のボブ・ハガートは、ボブ・クロスビー楽団のベース奏者だったが、'38年に「What's New」を作曲。歌い継がれて来たこの名曲により、彼は現代にもその名を留めている。

ダーレン・ジトーはコネチカット州ハートフォード生まれ。4歳の時から演芸界で生きて来たベテランであり、ダンサー、女優・振付師、そして歌手という多芸な女性で、そのすべてにおいてプロとして活動してきたという。またニューヨークの有名なクラブ《ベルサイユ》や《エンバシー》の主演ダンサーを務め、あの名司会者エド・サリバンの『トースト・オブ・ザ・タウン』とドン・マクネイルの『ブレイクファースト・クラブ』のメイン・ソリストでもあった。スターの座には程遠く知名度も限られていた彼女だが、その声は大衆の耳にはお馴染だったのである。というのも、彼女の心地良い声はコマーシャルにうってつけで、チキータバナナ・石鹸・煙草・車・化粧品など多くの宣伝に貢献し、CM業界のスーパー・セールス・ウーマンとして名を馳せたからだ。

『カム・オン・オーバー』は、聴きやすくて歌もうまく、これといった欠点もないが、心地良さと個性は似て非なるもの。〝万人受けする〟その声は、一方で個性を希薄にしているようで多少の不満を残す。しかしそれがダーレンの武器とあれば致し方ないと思うのである。

ジャケットに惚れた弱味で

◉ザット・オールド・フィーリング／バート・キース

なんともいい感じのジャケットに惹かれて、中身も分らず衝動買いしたが、巧くもなく下手とも言えない、その生涯をレコード棚の肥やしで終えそうな男性ヴォーカルだった。家内もなんだか下手な人ねと、かけてる傍でのたまっちゃって、こりゃもう駄目だもう聴くこともないなぁと思ったが、ジャケットに惚れた弱味で無理矢理何度もかけていたら、どことなく薄ぼんやり……悪くもないかと。人にお薦めはできないが、こんなアルバムがあってもいいではないかと納得した。

ニューヨークのブルックリンで生まれ育ったバート・キースは、ブルックリンの男子校に通いグリー（合唱団）に所属しながら学校のバンドやオーケストラの指揮を行い、また学生仲間とヴォーカル・グループを結成と、日々音楽に勤しんだ。卒業後グループはプロ顔負けの歌と演奏を披露し、バートはピアノ及びヴォーカルで才能を発揮、時折ピアニストとしての活動も行った。そしてさらにリーダーがエディ・クームスやダベリー・グラントなどのグループに参加、ピアニスト兼シンガーとして活躍する。やがてソロでやることを決意したバートは、ニューヨークのタイムズスクエア沿いの、パリジャン・ダンス・ホールの〝タクシー・ダンス・ホール〟でソロ活動をスタートさせ、その後も多くのナイト・クラブで演奏した。

Bert Keyes
『That Old Feeling』

MGM　E3581

【A】①That Old Feelings ②All Of Me ③My Funny Valentine ④Almost Like Being Love ⑤Lorelei ⑥As Time Goes By【B】①Where Or When ②I've Got You Under My Skin ③Only Strangers Say Goodbye ④For All We Know ⑤Passing Emotions ⑥Exactly Like You
■Bert Keyes(vo, p)
［1957年］

『ザット・オールド・フィーリング』は、バートのピアノと歌、そしてギター・ベース・ドラムの編成で、スタンダードの名曲を寄せ集め作られている。アップテンポの曲はノリが好調だが、ちょっと荒さを感じさせる歌が残念。むしろ適当に甘くハスキーな「Lorelei」や「For All We Know」などのバラードがいい。一聴やけに普通なので一般受けは望めないが、ヴォーカル愛好家の方ならその良さを探し出してくださるのかなと思う。しかしピアニストとしてそこそこの腕を持つバートの本領が発揮されるのは、やはりレコードではなくナイト・クラブなどでお酒を片手に聴いたりすれば、それなりにいい夜を与えてくれるんだろうなぁと想像させる。

不敵な笑みを浮かべる男

◉オー・ユー・ビューティフル・ドール／トニー・マーティン

彼の歌が話題になることは少ない。女性ヴォーカル全盛の今となってはなおさらである。彼の唱法は好古趣味を心情としている者にとっては安らぎとなるが、そうでない皆さんには古さだけを耳に残すかもしれない。

本名アル・ノーリス、1912年カリフォルニア州オークランドでクリスマスの日に生まれた。ハイスクール時代は、ザ・クラリオン・フォーというバンドで音楽に勤しみ、プロとしてサンフランシスコのホテルに出演していたアンソン・ウィークス楽団のサックス奏者の一員としてスタートを切り、ウディ・ハーマンやジニー・シムズらと仕事をした。その後、ラジオの『ラッキー・ストライク・アワー』に出演、シンガーとしてデビュー。やがて映画界入りを勧められると男性的な甘いマスクと豊かなバリトン及びテノールを同時に操り、1930年中頃から20世紀フォックスのミュージカルに出演、アリス・フェイやシャーリー・テンプルなど多くの女優と共演した。MGMに移ってもマルクス・ブラザーズの『ザ・ビッグ・ストアー』（41年）、『雲流るるはてに』（46年）、『艦隊は踊る』（55年）など出演作は多数あるが、僕の好きな『雲流るるはてに』では、ショー・ボートから降りてくる美女に、不敵な笑みを送る百戦錬磨の色男ギャンブラー風の役柄で、美女も好奇心いっぱいの桃色目線を送るという、役柄とはいえ、この色事師と胸ぐらのひとつも掴み、

Tony Martin
『Oh You Beautiful Doll』（EP BOX）

3054【A】Oh You Beautiful Doll【B】I Want You To Want Me(To Want You)
3055【A】Peg O' My Heart【B】When I Get You Alone Tonight
3056【A】There's A Broken Heart For Every Light On Broadway【B】Come, Josephine In My Flying Machine
■Skip Martin(arr, cond), The Pied Pipers(vo)
［1952年］

RCA VICTOR　EPA252

怒鳴りたいほどはまり役に見えた。実生活でもフレッド・アステアと『バンド・ワゴン』（'53年）で、「ダンシング・イン・ザ・ダーク」をバックに踊った脚線美の女優シド・チャリシと結婚しており、彼女は再び、おのれぇ〜と逆上したくなるほどの大美人である。

本作は'28年初演、'49年に再演されたミュージカル『オー・ユー・ビューティフル・ドール』からの曲が収められたEP盤ボックスセットだが、同じRCAにトミー・ドーシー楽団が在籍していたための、素晴らしいおまけがある。あのザ・パイド・パイパーズがコーラスで参加しているのだ。どの曲もいいのだが特に「Peg O' My Heart」は、彼の声量豊かで甘さをたたえた歌声に、コーラスがキラキラと夢のように絡み合い、また合間に入るジューン・ハットンのソロも愛らしい美事な一曲である。30年代中頃からシンガー及びミュージカル映画の二枚目スターとして活躍し、「Kiss Of Fire」のヒットや「To Each His Own」のミリオン・セラーと彼の経歴は輝かしい。アナログ好きの僕は好古趣味の一人かも知れないが、ロマンティックな歌の数々とその経歴を考えれば、彼の評価は低過ぎると思わずにはいられない。

黄昏どきの女王

◉テディ・ウィルソン＝ビリー・ホリデイ
◉ソリチュード／ビリー・ホリデイ

　ビリー・ホリデイの歌は嫌いじゃないけど、たまにしか聴かないという方が多い。僕も似たり寄ったりだが、彼女にはちょっと屈折した思いがある。こんなたとえをするとお叱りを受けそうだが、彼女の歌は僕にとっては〝カツ丼〟なのである。田舎に住んでいた少年時代、食糧事情の悪さに慢性的に飢えていた。初めて小さなデパートの食堂で食べたカツ丼。その黄金色の美しい輝き〝肉・卵・衣〟の絶妙な味のアンサンブル、その美味しさは僕に深い感動を与え、その瞬間からカツ丼は僕にとって〝食の王様〟として君臨した。今でも〝油物はいけない、カロリーが高い！〟と言われながらも我慢できず、年に何度かガツガツと欲求を満たしている。

　僕にとって彼女の歌もそうだ。どうしても聴かずにはいられないという病的な日が必ず訪れる。聴くなら店に人の少ない黄昏どきか閉店間近がいい。一瞬にしてその歌は夕闇の支配者となり、浮遊した安らぎを投げ与えてくれる。しかし無防備な好まざる者にとっては耳障りで、憂鬱な気分にさせたりもするので要注意だ。

　1915年4月7日、本名エリノーラ・ハリスは母親セイディ・ハリス（19歳）の私生児として、セイディの仕事先であったフィラデルフィア総合病院で生まれた。その後'20年

Teddy Wilson / Billie Holiday
『Teddy Wilson / Billie Holiday』(10inch)

【A】①Miss Brown To You ②I Wished On The Moon ③If You Were Mine ④What A Little Moonlight Can Do【B】①I Must Have That Man ②Foolin' Myself ③Easy Living ④When Your Smiling
■Teddy Wilson And His Orchestra
［1950年］

COLUMBIA　CL6040

に母セイディが自分の父親のフェイガンの姓に変えたため、エリノーラ・フェイガンと名のる。父親はクラレンス・ホリデイ（16歳）といい、'28年から'32年にかけてフレッチャー・ヘンダーソン楽団のギター奏者だった（後の'36年にニューヨークのハーレムで、一度だけ彼女は父親と一緒のステージに立った）。彼を通じ幼年時代から音楽に触れて過ごし、ルイ・アームストロングやベッシー・スミスを聴きたいがために、贅沢品である蓄音機が置いてあった売春宿の女たちの使い走りや雑用をこなし、そこでジャズ的なフィーリングを身につけたという。彼女の魅力的な容姿は、アイルランド系の大農園所有者チャールス・フェイガンとアフリカ系の女奴隷の孫娘だった母親から受け継いでいる。彼女を可愛がった曾祖母は、奴隷として身も心も農園主に束縛され、農園の窓から南北戦争（1861〜1865年）を眺めたというから凄いルーツである。

まだ若かりし頃、長距離列車でロスからシアトルまで車中一拍の旅をしたことがある。陽の落ちる頃、景色を楽しみながら食堂車で一人食事をしていると黒人の老女がちょっと会釈をして僕の前に座った。緊張したが、老女には落ち着きを与える品のようなものがあった。やがて優しげに〝どこから来たんだい？〟と話しかけてきた。〝日本からだけど、知ってる？〟と言うと〝フジヤマ、サムライ、ゲイシャガール〟と、外人日本知識の古典ベスト3で答え、ウフフと小柄な体を揺すった。〝アメリカは好き？〟と訊く。〝ええ色々あるけど音楽が、特にヴォーカルが〟と、代表的なシンガーを数名あげると、それで思い出したかのように〝随分昔、シカゴの小さなクラブでビリー・ホリデイを聴いたことがあるの〟と言った。〝まだ有名じゃなかったけど、私たちの層には評判でクラブはいっぱい、歌はブルージーでレイジー。ライトの中の彼女はまだ若く、とてもファンタスティックだ

Billie Holiday
『Solitude』

VERVE　MGV8074

【A】①East Of The Sun(West Of The Moon) ②Blue Moon ③You Go To My Head ④You Turned The Tables On Me ⑤Easy To Love ⑥These Foolish Things(Remind Me Of You) 【B】①I Only Have Eyes For You ②Solitude ③Everything I Have Is Yours ④Love For Sale ⑤Moonglow ⑥Tenderly
■Oscar Peterson(p), Ray Brown(b), Alvin Stoller(ds), J.C.Heard(ds), Barney Kessel(g), Charlie Shavers(tp), Flip Phillips(ts)
［1956年］

った。そして私も若かったわ〟と、遠い日を懐かしむように微笑んだが、その笑みには深い時のシワが刻まれていた。

『奇妙な果実』や『レディ・シングス・ザ・ブルース』のせいだろうか、彼女の歌を暗いとおっしゃる方が多い。だがレパートリーの大半はクラシック・ポップ、当時の流行歌でブルースはわずかだ。しかし生い立ちや黒人ゆえに与えられた屈辱を考えれば、ブルース＝憂鬱さを感じさせても当然だが、実際にはイメージよりも明るさを含んだ歌が多いのも事実である。

テディ・ウィルソン楽団との『テディ・ウィルソン＝ビリー・ホリデイ』には、'37年にベイシー楽団のメンバーと初共演した時の録音が収められている。彼女の声は若々しく活気に溢れ、歌う悦びを随所から伝えてくる。哀愁を滲ませた「I Must Have That Man」の良さは格別だ。温かく寄り添うレスター・ヤング（ts）、小粋にメロディーを奏でるベニー・グッドマン（cl）、曲の終わりを印象深く吹き締めくるバック・クレイトン（tp）、聴くたびに素晴らしい余韻を残す名演・名唱である。

一方『ソリチュード』は、声は艶を失い嗄れているが、レスターばりのフリップ・フィリップス（ts）やオスカー・ピーターソン（p）、チャーリー・シェーバース（tp）などの名手に引き立てられ、枯れた味わいと寛いだムードが漂うアルバムとなっている。声が衰え晩年となった歌の数々には、死者となった懐かしい友に語りかけるような哀惜を感じさせるが、いずれにせよ彼女は〝しみじみと美しい〟名歌手だったと思うのである。

弾き語りの名花

◉マイ・ジェントルマン・フレンド
◉メイ・アイ・カム・イン／ブロッサム・ディアリー

ちょっとざわついた昼が過ぎ、ほっと一息の午後は僕にとってのリスニング・タイム。人の出入りがおさまりＳｉｎｇｓの微睡《まどろ》むひととき、さぁ何か聴こうかなという整った気分になる。アフタヌーン・ヴォーカルの常連となると彼女だ。〝ブロッサム・ディアリー〟なんて彼女に相応しい素敵な名前なんだろう。

彼女の歌に初めて触れた時、猫がもし歌をうたうとしたらこんな感じかなぁと、摩訶不思議な気持ちにさせられたが、僕の心を奪うのにそう時間はかからなかった。緩やかな日射しの差しこむ午後に、大人と少女を綿菓子で包んだようなブロッサムの世界。まさに現実緩和の特効薬、ちょっと物憂げな白昼夢のここちよさである。まれにカマトト風の猫撫で声が厭だとか、こんなのジャズとは違うなどと言うお方がいるが、それはご無体というもの。その〝固定観念に捕らわれた物言い〟に、可哀想にと僕は哀れみの眼を向けてしまう。ヴォーカルは、そのパーソナリティ・個性を聴く世界、玉石混淆、色とりどりであってこそ、と心から思うからである。

本名ブロッサム・ディアリーは、色白のブロンドでヨーロッパ的なセンスを感じさせるが、それもそのはず、父親はアイルランドとスコットランドの血筋、母親はノルウェーの

Blossom Dearie
『My Gentleman Friend』

【A】①Little Jazz Bird ②Gentleman Friend ③It's Too Good To Talk About Now ④Chez Moi ⑤You Fascinate Me So【B】①You've Got Something I Want ②Boum ③L'Etang ④Hello Love ⑤Someone To Watch Over Me
■Blossom Dearie(vo, p), Ray Brown(b), Ed Thigpen(ds), Kenny Burrell(g), Bobby Jaspar(fl, ts)
［1959年］

VERVE　MGV2125

移民であり、その両親のもと１９２６年４月28日ニューヨーク州イースト・ダーハムで生まれた。幼い頃からクラシック・ピアノを学び、その後ハイスクールのダンス・バンドなどでピアノを演奏しジャズに傾倒するようになる。'46年ニューヨークに出た彼女は、ウディ・ハーマン楽団のコーラス・グループ、ブルー・フレイムズを皮切に、アルビノ・レイ楽団、フレッド・ワーニング楽団などのコーラス・グループでも活躍。'48年デイヴ・ランバートやバディ・スチュアートと一緒に、バップ・コーラスをアル・ヘイグのグループと初吹込み、スタン・ゲッツやキング・プレジャーなどとも録音を残している。'52年にはフランスに渡り、彼女の歌とピアノはパリのクラブの人々に愛され、BARCLAYレーベルにも録音。'55年にミシェル・ルグランの姉クリスチーヌ・ルグランを含む、男声４・女声４のコーラス・グループ、ブルー・スターズを結成、フランス初のモダン・ジャズのコーラス・グループとして注目され、フランス語で歌った「Lullaby Of Birdland」はフランス及びアメリカでもEMERCYレーベルから発売されヒット。ブルー・スターズは、後のダブル・シックス・オブ・パリやスウィングル・シンガーズの原型となったグループであった。またその頃に、ベルギー出身のサックス&フルート奏者ボビー・ジャスパー（'63年ニューヨークで死去）と結婚して共演するなどの充実した日々を過ごした。そして、当地を訪れていたVERVEのノーマン・グランツの誘いにより、'56年にアメリカに戻りLP『ブロッサム・ディアリー』を初め、VERVEに６枚のアルバムを残した。その他、CAPITOL、FONTANA、PHILIPS、また自身のレーベル、DAFFODILLでも多くのアルバムを発売、'78年には来日して弾き語りを披露した。その後も進歩的な姿勢で活躍したが、かくも長きに渡った彼女の音楽人生は２００９年に静かに終止符を打った。

Blossom Dearie
『May I Come In?』

CAPITOL　T2086

【A】①Something Happens To Me ②(I'm) In Love Again ③When Sunny Gets Blue ④Quiet Nights ⑤Don't Wait Too Long ⑥I Wish You Love【B】①Charade ②May I Come In? ③I'm Old Fashioned ④Love Is A Necessary Evil ⑤The Best Is Yet To Come ⑥Put On A Happy Face
■Jack Marshall(arr, cond)
［1964年］

『マイ・ジェントルマン・フレンド』1曲目の「Little Jazz Bird」から、彼女ならではのキュートなスウィング・ナンバーが続き、4曲目の「Chez Moi」ではパリ仕込みのシャンソンを小粋に決め、ガーシュウィンの名曲「Someone To Watch Over Me」のラストまで、物腰の優しい彼女の世界に酔えるアルバムである。

『メイ・アイ・カム・イン』はジャケット・内容共にすべてキャピトル仕立てで、ミス・マッチではと思ったが、ロマンティックに呟く「Don't Wait Too Long」、古いスタイルの私だけど……と愛らしく歌いかけてくる「I'm Old Fashioned」、彼女の作品の中でも最もゴージャスな唯一のCAPITOL盤。

今年の10月5日、日本のジャズ界の至宝と言える岩浪洋三さんが、79歳で惜しくも永眠された。岩浪さんは著書の中で〝ブロッサムの歌はキュートな中にも不思議な色気があり、ビッグ・ヴォイスではないが、よくコントロールされており、ユーモアと典雅なしゃれた雰囲気があり、最高に粋であり、上等なエンタテインメントがある〟と書かれている。岩浪さんも彼女の歌とピアノを愛していたことが感じられ、なんだか微笑ましい気持ちになる。岩浪さんにはいろいろお世話になった。会うたびに興味をそそる面白い話しをしてくださって、いつも優しく接していただいた。その親切を忘れません。合掌。

神様のおめこぼし

◉メイク・ザ・マン・ラヴ・ミー／ジョイス・カー

インターネットの著しい進歩とその便利さには感心するばかりだが、便利さ故に手放しで喜べないことも多い。近頃は世界的にインターネットで商売するレコード業者や個人で売り買いする人達も大勢いて、そのせいか、どのレコード店をのぞいても価格が均一化され味気ないが、それでも神様は希におめこぼしをくれたりする。

ニューヨークでのある日のこと。フリーマーケットに行こうと話はまとまったが、なにせニューヨークの冬は寒い。だが頭の隅に〝もしやレコードが〟との思いが閃光の如くよぎり、そ、それではと、寒風の街に我が身を押しださせた。たどり着くと2階建の大きなパーキング場が会場で40店ほどが並んでいる。何だこのガラクタはという日用品から、結構いいと思えるアンティーク類などが所狭しと売られている。ある店で古いポストカードを眺めながらふっと台の下を見ると、レコードが200枚ほどダンボールに詰められ置いてあった。早速数本の足をかき分け、台の下に潜り込み続々と見たが、どれもクラシックばかりでこれは駄目だと諦めかけたその目の端に、見覚えのあるジャケットが跳び込んで来た。おお以前から欲しいと思っていたジョイス・カーではないか！　よく見るとジャケットは破れ汚れているが盤は傷が少ない。プライスを尋ねると3ドルという安さ。冗談でコンディションがちょっとねえ〜と言ったら2ドルでいいという。笑いが込み上げてく

Joyce Carr
『Make The Man Love Me』

SEECO　CELP440

【A】①Make The Man Love Me ②Most Gentlemen Don't Like Love ③My Future Just Passed ④I Talk To The Trees ⑤I Got It Bad And That Ain't Good ⑥Little Girl Blues 【B】①Rolling Road ②Sad Sad Sad ③They All Laughed ④I Know What The Score Is ⑤Hi Lili, Hi Lo ⑥When The World Was Young
■Ellis Larkins(arr, p), Charlie Shavers(tp), Joe Benjamin(b)［1959年］

る。すべてクラシックの中に何故一枚だけ彼女のレコードが？と不思議に思うが、取りあえず飲めや歌えやの心境である。収穫はこの一枚だけであったが神のおめこぼしに感謝しつつ、寒風吹きすさぶ摩天楼の下を娘のアパートへと急いだのであった。

ジョイス・カーはモンタナ大学を中退しニューヨークへ上京。まもなくワシントンに移りオフィスで働きながらナイト・クラブやラウンジで歌い、その後6年間《キング・コール・ルーム》のシンガーを勤めたのち、更なる活躍を求めて出場した、アーサー・ゴッドフリーのタレント・スカウト・ショウで優勝。それによって、一流クラブやホテルに出演するようになった。

彼女のアルバムは少ない。'67年に一度だされ'81年にAUDIOPHILEから新作のようにでた『ジョイス・カー』もあるが、ニューヨークでラテン専門のレーベルとしてスタートし、その後ポピュラーやジャズも手掛けたSEECOの本作『メイク・ザ・マン・ラヴ・ミー』が代表作だ。マイナー・レーベル故にプレス枚数も僅か。日本で発売されることもなく話題になることもまれな日陰盤だが、名人芸と言えるアレンジとピアノのエリス・ラーキンス、トランペットのチャーリー・シェーバースの演奏。そして「Make The Man Love Me」や「I Got It Bad And That Ain't Good」などで聴かれる、正統派白人女性シンガーの気品を含ませた歌声は、日頃の乱聴きの衿を正してくれるようですがすがしい。

七つの顔の男

◉アクセンチュエイト・ザ・ポジティヴ／ジョニー・マーサー

多芸多才であった敬愛するマーサーのことを考えていたら、ある人物が浮かんでしまった。冒頭からなんではあるが、それは少年時代に見た片岡千恵蔵主演の『多羅尾伴内シリーズ』七つの顔の男であった。〃ある時は片目の運転手……また、ある時はインドの魔術師ハッサンカン……〃などと変装を駆使するのだが、知恵蔵のでかい顔と独特の口調で伴内とすぐ分かった。またちょっと様子をうかがうシーンだけなのにわざわざ変装しなくてもいいのに……と子供心に思ったりもしたが、七変化のキャッチ・フレーズを守るためにどうしても〃七つの顔を登場させなければならない〃伴内も大変だったのである。

ところで肝心のマーサーであるが、彼は伴内より必然性がある七つの顔の男だ。俳優・作詞家・作曲家・シンガー・司会者・CAPITOLの創始者兼管理職・家庭人とさまざまな顔を持つが、その流れは極めて自然である。

1909年ジョージア州で生まれ、少年期は俳優を目指しながら曲作りに勤しんでいたといい、初の作品は14歳の時の「Sister Susie、Strut Your Stuff」。また演劇に熱中し小劇団で出場した全国コンテストで優勝。'28年ニューヨークに行き端役をこなしながらミラー音楽出版社のオーディションを受け合格。それを足掛かりに活躍の場を広げていった。マーサーはポール・ホワイトマン楽団、ボブ・クロスビー楽団、ベニー・グッドマン楽団な

Johnny Mercer
『Accentuate The Positive』

CAPITOL　T907

【A】①Accentuate The Positive ②One For My Baby ③On The Atchison, Topeka And The Santa Fe ④My Sugar Is So Refined ⑤G. I. Jive ⑥The Glow Worm【B】①Personality ②Alexander's Ragtime Band ③Sugar Blues ④I Lost My Sugar In Salt Lake City ⑤Candy ⑥Strip Polka ■Alvino Rey's Orchestra, Freddy Slack's Orchestra, Paul Weston And His Orchestra, Jo Stafford(vo), The Blue Reys(vo), The Pied Pipers(vo)［1958年］

どで歌っているが、僕は鼻をつまらせたような風邪ひき声のユーモラスな彼の歌が好きだ。

『アクセンチュエイト・ザ・ポジティヴ』は、どのナンバーも心を弾ませるが、「Candy」のよさは格別だ。夢の中を漂うようなパイド・パイパーズのコーラス、ほのぼのとしたマーサーの歌、美しいソロで登場するジョー・スタッフォード。素晴らしいこの三位一体は無敵と思える。マーサーは大作詞家で名曲揃いだが、特にオードリー・ヘップバーンが窓に腰掛け、ギターをつま弾いて歌う愛らしさが心に残る、映画『ティファニーで朝食を』（'61年）の主題歌「Moon River」。そして〝酒とバラの日々は遊んでいる子供のように笑いながら走り去る〟なんて素敵な詞なんだろう、映画『酒とバラの日々』（'62年）の主題歌「Days Of Wine And Roses」、ヘンリー・マンシーニと共作し2年連続アカデミー賞を受けたこれらの名曲は、映画と共に人々の心に深く刻まれ、エバー・グリーンの煌きを絶やすことはないだろう。

散漫ではなく、多才

◉ミート・クレオ／クレオ・レーン

この世には何故？ということが多いが、ヴォーカルの世界にもそれは言える。彼女の歌唱力と輝かしい実績を考えれば、日本での評価と知名度は無に等しい。『ミート・クレオ』は例外として、他のアルバムは悲しみを憶えるほど廉価な値段が付いている。彼女はジャズ・ポップス・クラシック・そしてミュージカルやドラマの女優と、そのどれもが一流で知的な多面性を持った女性だが、何が彼女の歌に向き合うことを躊躇させているのだろう。押し並べて、ヴォーカルに限らず純粋な音楽ファンほど、一途な音楽へのアプローチ、ある種の音楽体系の中でひたむきに高めて行く姿勢、そんなアーティスト精神が好きである。それには僕も魅力を感じるが、しかしその才能と知的感性は基本的なカテゴリーの中だけでは窮屈と思えるほど、彼女は消化能力の勝れたシンガーなのである。その辺を分かってあげたらなぁと思う。

1927年イギリスのミドルセックス州生まれ。子供の頃から歌やダンス、ピアノのレッスンを受け才能の片鱗をうかがわせたが、歌手の道に踏み切れず18歳の頃から職業を転々とした。歌への情熱を救ったのは、後に結婚することになるサックスとクラリネットの名手ジョン・ダンクワースで、'53年に彼の新楽団の専属歌手となり、やがてデビュー・アルバムが注目され'56年のメロディー・メイカー誌の人気投票で1位となる。その後、他

Cleo Laine
『Meet Cleo』

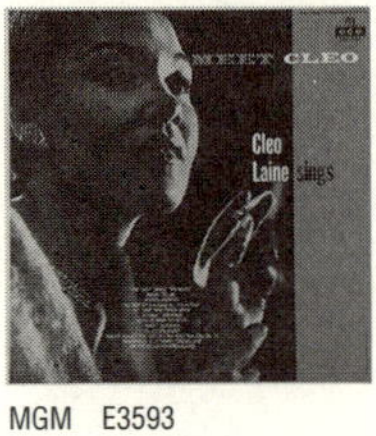

MGM　E3593

【A】①The Lady Sings The Blues ②Mean To Me ③Mood Indigo ④I'll Get By ⑤My One And Only Love⑥Stormy Weather【B】①Love Is Here To Stay ②Early Autumn ③St. Louis Blues ④'T' Ain't What You Do ⑤Happiness Is A Thing Called Joe ⑥Hit The Road To Dreamland
［1957年］

分野に渡り数々の賞にも恵まれるが、あくまでもその核は歌である。

まずは『ミート・クレオ』を聴いていただきたい。抑えの効いた歌唱が見事な「The Lady Sings The Blues」、知的な温かさが美しい「Love Is Here To Say」どのナンバーもスタンダードの歌い手として、彼女が一流であることを示している。彼女の多様な活動は散漫とも受けるが、我々聴き手は彼女の一番美味しい部分をチョイスして愉しめばいいと思うが、いかがだろうか。

ヴォーカルの大地

◉シングス・ザ・ロジャース・アンド・ハート・ソング・ブック／エラ・フィッツジェラルド

彼女への褒め言葉をいくら並べても、その素晴らしい歩みの前では物足りなさを感じるだろう。1996年6月15日、ビヴァリー・ヒルズの自宅で安らかに去った。享年78歳。20世紀で最も偉大な女性シンガーの死は、世界中でどれだけの人を哀しませたことだろう。

1918年ヴァージニア州ニューポート・ニューズ生まれ。生後すぐに父親を亡くし母と一緒にニューヨークに移るが、彼女はリヴァーデイル孤児院で育つことになる。シンガーとしてのきっかけは、’34年ハーレムのアポロ劇場で毎週開催されていたアマチュア・コンテスト。若干16歳の少女は、ボスウェル・シスターズのナンバーを人前で初めて歌ったにもかかわらず優勝、賞金25ドルを手にした。その場に居合わせた聴衆のどれだけの人が、後に不世出のシンガーとなる彼女の姿を、この16歳の少女に重ねることができただろうか。’35年にタイニー・ブラッドショウ楽団でプロ歌手としてデビュー。その後30年代にスウィングの王者として人気のあったチック・ウェッブ楽団の専属歌手となり初レコード「Love And Kisses」を録音。’38年に病気で療養中のウェッブを励まそうと共作した「A Tisket A Tasket」が大ヒット。17週間1位の座を独占、彼女の名は全土に知れ渡った。’39年、良き師であったウェッブが亡くなり最年少の女性バンド・リーダーとなるが、

Ella Fitzgerald
『Sings The Rodgers And Hart Song Book』

VERVE　MGV4002-2

【A】①Have You Met Miss Jones? ②You Took Advantage Of Me ③A Ship Without A Sail ④To Keep My Love Alive ⑤Dancing On The Ceiling ⑥The Lady Is A Tramp ⑦With A Song In My Heart ⑧Manhattan【B】①Johnny One Note ②I Wish I Were In Love Again ③Spring Is Here ④It Never Entered My Mind ⑤This Can't Be Love ⑥Thou Swell ⑦My Romance ⑧Where Or When ⑨Little Girl Blue【C】①Give It Back To The Indians ②Ten Cents A Dance ③There's A Small Hotel ④I Didn't Know What Time It Was ⑤Everything I've Got ⑥I Could Write A Book ⑦Blue Room ⑧My Funny Valentine【D】①Bewitched ②Mountain Greenery ③Wait Til You See Her ④Lover ⑤Isn't It Romantic ⑥Here In My Arms ⑦Blue Moon ⑧My Heart Stood Still⑨I've Got Five Dolla
■Buddy Bregman(arr, cond)［1956年］

黄金のビッグバンド時代の終末は近く’41年にバンドは解散。’42年にソロ・シンガーとなり、その後の快進撃はご存知の通りである。

彼女は決して個性的でもなければ見栄えがいいというわけでもなく、どちらかといえばずんぐりと不器量そうだ。しかし歌となると全く正反対で、いかなるジャンルの音楽も彼女の中にある感受性という浄水装置を使い、独自のスタイルに変え表現する。それは例えようもない美唱であり、時に機敏でチャーミングと思わせるものだ。彼女は比類のない歌唱力と愛すべき人柄で大衆を魅了し続けてきたが、同時に多くのシンガーたちからも賛辞が送られた歌い手であった。’56年にVERVEから『コール・ポーター・ソング・ブック』を発売すると、これが好評で同様のシリーズを続々と発表、’58年の『ジ・アーヴィング・バーリーン・ソング・ブック』では初のグラミー賞を受賞した。『ザ・ジョージ・アンド・アイラ・ガーシュウィン・ソング・ブック』を聴いたアイラは、〝彼女が歌うのを聴くまで、僕らの歌があんなにいい歌だとは知らなかった〟と語ったという。

僕は親しみの湧くナンバーが多くが収められた『ザ・ロジャース・アンド・ハート・ソング・ブック』を愛聴している。内容もいいが、ジャケットから人柄が滲むような彼女の表情が好きだ。僕は彼女をヴォーカルの母のように思う。その歌声はアメリカの歩みと大地を感じさせ、都市や片田舎、どんな町で聴こうとその歌に不自然さはなく、〝人種の枠を越えて〟聴く者に郷愁のようなものを抱かせるのである。

美貌の効力

◉ザ・レディ・イン・レッド／アビ・レーン

彼女は大魔人もびっくりの大美人と言えるが、ドレスというよりこれは下着ですな、といった格好で挑発の、この色っぽい仕草はいかがなものだろうか。と言って本心は厭であるはずがなく嬉しすぎるのだが。しかし、こんなジャケットを眺めているのを見られた日には、〝あぁ〜いやらしい。そんなものジーッと物欲しそうに見ちゃって、まぁ〟と、かみさんに全人格を否定するような鋭い眼差しで言われそうだ。男性はなにも好きこのんで見ているわけだが、しかしこんな格好で写させる彼女も罪とは思わないのか女性の皆みな様方。

彼女は’48年にジミー・マクヒュー作曲のミュージカル『アズ・ザ・ガールズ・ゴー』のメンバーとしてデビューしたが、不評に終わり幕をおろすと、’50年にザビア・クガート楽団に歌姫として加わった。クガート楽団はアメリカナイズされた演奏で〝ルンバの王様〟と呼ばれ、その当時熱い旋風を巻き起こしていた。クガートが彼女を楽団に招き入れたのが〝歌でなのか艶姿なのか〟は分からないが、やがてバンド・リーダーと歌姫のよくある、古典的な男女の起こるべきことが起きた。彼女と恋仲になったクガートは、別居中の奥方に別れてくれとお頼み申すが嫉妬もあるのだろう、なかなか首を縦に振らない。訴訟を起こしてやっと離婚。’52年に晴れて彼女は4人目の（！）妻となった。この話でも分かる通

Abbe Lane
『The Lady In Red』

【A】①In A Little Spanish Town ②Do It Again ③No Good To Me ④The Lady In Red ⑤Ain't Misbehavin' ⑥Breezin' Along With The Breeze【B】①You're Driving Me Crazy(What Did I Do?) ②Femininity ③All Of Me ④Get A Kick Out Of You ⑤It's Been A Long, Long Time ⑥We're Not Children
■Sid Ramin(arr, cond)
［1958年］

RCA VICTOR　LSP1688

りクガートは〝女性においても王様〟であった。なんとも羨ましいではないか。'53年にはハリウッドから声が掛かり、クガートが共作した曲もヒットした『パンと恋とチャチャチャ』など多数の映画に出演。'57年に楽団を離れソロ・シンガーとなるが、美貌の効力は絶大で、ホテルやクラブ、TVなどで広く活躍した。その後クガートとは離婚したが、その後もテレビやステージで共演したという。

『ザ・レディ・イン・レッド』は、ジャケットから受けるイメージよりもずっとノーマルで、ほのかな艶っぽさに気持よく酔える。選曲もスタンダード中心で、ちょっとエキゾチックな「In A Little Spanish Town」、編曲が面白い「No Good To Me」、しっとりと歌う「Ain't Misbehavin'」と、愉しく寛ぎを与えてくれるアルバムである。1932年ニューヨーク生まれということは現在76歳、健在だろうか。彼女は当時のショービジネス界やハリウッドの匂いを感じさせる、華やかさを持ったシンガーであったと、つくづく思う。

バカラックとの、あの5秒

◉ラヴ・イズ・レイニー／レイニー・カザン

『ラヴ・イズ・レイニー』には、最近新たに見直され、若いシンガーに好んで取り上げられているバート・バカラックのナンバーが4曲収められている。彼は60年代から70年代に洒落たポップス「This Guy」「Raindrops Keep Fallin' On My Head」「The Look Of Love」など、数多くのヒット曲を放ち〝新しい世代〟の担い手として注目を集めた作曲家であった。申し訳ないが、僕がこのアルバムを愛しているのは、バート・バカラック／ハル・デヴィット作のバラード「A House Is Not A Home」ただ一曲の素晴らしさゆえだ。この曲はアルバムの欠点〝当時、新しいとされた試み、アレンジ・サウンドが今では古さを感じさせる〟そんな欠点を補って余りあるほど歌も編曲も見事な一曲である。

レイニーはディーン・マーティンが自分のショーのためにスカウトしたという、歌の巧い、ルックスとプロポーションに恵まれたエンターテイナー系のシンガーである。従って見得を切るような大袈裟なところもあるが、このバラードには感情を極力抑えた、熱い静けさとも言える力感がある。それは我々男性には不可能と思える母性的な優しさであって、その女性ならではの表現にはヴォーカルの魔力のようなものが秘められている。

32年ほど前の話だが、僕は音楽の仕事のために《新宿厚生年金会館》小ホールにいた。その日、上の大ホールではバート・バカラックが来日、コンサートが行われることを僕は

Lainie Kazan
『Love Is Lainie』

MGM　SE4496

【A】①A House Is Not A Home ②The Look Of Love ③When I Look In Your Eyes ④Sunny ⑤Night Song ⑤An Angel Died【B】①They Don't Give Medals(To Yesterday's Heroes) ②How Can I Be Sure ③Flower Child ④Windows Of The World ⑤Song Without Words
■Pat Williams(arr, cond), Bob Florence(arr, cond), Claus Ogerman(arr), Peter Danieis(cond), Tommy Tedesco(g)
［1967年］

知っていた。もちろん仕事が終わり次第、バカラックのコンサートをのぞこうと心に決めていた。やっと仕事のすべてが終了し、心そぞろに大ホールへの暗い通路を急いだ。途中までくると小さかった歓声が大歓声に変わった。アンコールだろうか、まずい。さらに急ぎ足で進むと前方から足早に誰かが近づいてくる。バカラックだった！　彼は白いタオルを首にかけ、片手に花束を抱きかかえ、汗を滲ませた顔を僕に向け、ゆっくりと前で立ち止まった。彼は僕をジーッと見つめ、話しかけてくるのを待っている様子だったが、予期せぬ驚きは僕から言葉を奪っていた。何よりも目の前にいる世界的なコンポーザーとこの暗い通路に二人でいる、そんな有り得ない現実と、時がぴたりと静止したままの、その不思議な空間が信じられず、動けずにいた。やがて彼はわずかに目礼《もくれい》をすると、僕の横をすり抜け、楽屋へと向かう通路の闇に消えて行った……。

彼女の歌う「A House Is Not A Home」を聴くたびに〝あの日、暗い通路〟で、バカラックに声をかけることのできなかった、26歳の自分を思い出すのである。

解説のようなもの

寺島靖国

この本は、単なる解説本、紹介本の類に収まっていないのがいい。著者である武田さんの世界がそっくり、これでもかと具現されており、まぁ要するに誰がなんと言おうと俺が好きなんだから文句あるかと開き直ってみせる中年男の格好よさが、読みどころとなっている。それにあきれる方もおられるでしょうが、好き者の世界とは、元来このように率直かつ無遠慮でありたいじゃないですか。タンカを切っています。胸のスク思いがします。

私がいちばんいいなぁと思ったのはジョー・スタッフォードの一文で、彼女のベストはと問われると大抵の人は『ジョー・プラス・ジャズ』と答える。違うだろうと武田さんは異議を申し立てています。スイングジャーナルのゴールドディスクやバックのインスト偏重で聴くからそういう答えになる。本当はポール・ウエストンと一緒にやったものがベストなんだと。ついでに言うと私は『ジョー・プラス・ジャズ』をベストに挙げる人はボーカル・ファンとして未熟だと思います。このディスクは、そういう意味では武田さんのように正しく粋なボーカル・ファンになれるかどうかの分水嶺的ディスクでしょう。『ジョー・プラス・ジャズ』などとホザいているうちはまだ尻が青い。

さらに武田さんの本書における美点はユーモアにあります。たくまざるユーモアがそこかしこに散りばめられている。思わずクスッと笑ってしまいます。中にはたくらんでいるものもありますが、それすらも武田さんのあたたかい人柄につつまれているからちっとも気にならない。四方八方に気を配っていて普通は自慢に聞こえるところも苦にならない。たまに自己揶揄などもまぜて、多才です。

やっぱり文章がいいんですよ。すべてわかったような上から見た文を私は嫌いですが、武田さんの文章は画家とかイラストレーターなどアーティストの文章と喝破した人がいました。たしかに独特のノリとフレーズはミュージシャンや歌手のそれであり、ありきたりの評論文を読んでいる人には最初ちょっととまどいがあるかもしれない。しかし読み進むうち、すぐに慣れ、引き込まれ、しまいに、やみつきになります。

◉ラ

◉ワ

◉マ

人名索引

※太字は、該当アーティストのアルバムが紹介されているページを示します。

本書は、『ジャズ批評』2007年1月号から2014年5月号までの連載「ヴォーカルは、いつも最高だ!」および同誌特集記事を修正・加筆してまとめたものです。

【著者】

武田清一（たけだ・せいいち）

1950年、岩手県生まれ。FM東京系列ミュージックバード「ターンテーブルの夜」のパーソナリティを務め、『ジャズ批評』（ジャズ批評社）に執筆、現在は『季刊アナログ』（音元出版）に「方形の宇宙・アナログレコードの魔力 ジャズ編」を連載中。

60年代後半に、中学の後輩、忌野清志郎や小林和生らとRCサクセションの前身である「The Remainders of The Clover」を結成。その後、「ストロベリー・クリーム」を経て、榊原尚美、中村幸雄らと「日暮し」を結成。5枚のアルバムを発表、「いにしえ」などのヒット曲がある。

東京・国立市にあるヴォーカル喫茶・CaféSings店主。

【表紙・帯イラスト】 山下セイジ
【装丁・本文デザイン・組版】 上村茂生（ひとま舎）
【編集協力】 内藤丈志（ひとま舎）

ヴォーカルはいつも最高だ！

武田流アナログで聴くヴォーカルの愛し方

2015年3月9日 初版発行

著 者 武田清一
発行者 井上弘治
発行所 **駒草出版** 株式会社ダンク出版事業部
〒110-0016
東京都台東区台東3-16-5 ミハマビル9階
TEL 03-3834-9087
FAX 03-3831-8885
http://www.komakusa-pub.jp

印刷・製本 日経印刷株式会社

落丁・乱丁本はお取り替えいたします。定価はカバーに表記してあります。

ISBN978-4-905447-44-3 C0073